应用型人才培养规划教材·经济管理系列

秘书学概论

胡 伟 编著

清华大学出版社
北 京

内 容 简 介

本书分为十一章，内容包括秘书、秘书学与秘书工作，我国古代秘书史，秘书语言，秘书心理学，事务管理，会议管理，秘书写作，文档管理，参谋辅助，团队管理与协作，系统地阐述了秘书学各个方面的知识。

本书既可作为秘书学专业的教材，又可作为汉语言文学等专业的教材，还可以作为秘书工作者的参考用书。

本书封面贴有清华大学出版社防伪标签，无标签者不得销售。
版权所有，侵权必究。举报：010-62782989，beiqinquan@tup.tsinghua.edu.cn。

图书在版编目（CIP）数据

秘书学概论/胡伟编著.—北京：清华大学出版社，2021.5（2023.12重印）
应用型人才培养规划教材. 经济管理系列
ISBN 978-7-302-57868-0

I. ①秘… II. ①胡… III. ①秘书学－高等学校－教材 IV. ①C931.46

中国版本图书馆 CIP 数据核字（2021）第 056460 号

责任编辑：邓　婷
封面设计：刘　超
版式设计：文森时代
责任校对：马军令
责任印制：沈　露

出版发行：清华大学出版社
网　　址：https://www.tup.com.cn，https://www.wqxuetang.com
地　　址：北京清华大学学研大厦 A 座　　邮　　编：100084
社 总 机：010-83470000　　邮　　购：010-62786544
投稿与读者服务：010-62776969，c-service@tup.tsinghua.edu.cn
质量反馈：010-62772015，zhiliang@tup.tsinghua.edu.cn

印 装 者：三河市龙大印装有限公司
经　　销：全国新华书店
开　　本：185mm×260mm　　印　　张：14　　字　　数：345 千字
版　　次：2021 年 5 月第 1 版　　印　　次：2023 年 12 月第 3 次印刷
定　　价：49.80 元

产品编号：081556-01

前 言 | Foreword

教育部党组副书记、副部长杜玉波指出:"本科教育要稳定规模,以培养应用型、复合型人才为重点。要培养适量的基础性、学术型人才,但更重要的是要加大力度培养多规格、多样化的应用型、复合型人才……研究生教育要从严从紧、保持稳定,以培养高层次创新型人才为重点。发展方式要从注重规模发展向注重质量提升转变,培养类型结构从以学术学位为主向学术学位与专业学位协调发展转变,培养模式从以注重知识学习为主向知识学习和能力培养并重转变,人才质量评价方式从注重在学培养质量向与职业发展质量并重转变。在培养模式上,学术学位研究生培养更多地要以提高创新能力为目标,而专业学位研究生培养更多地要以提升职业能力为导向,大力推进校所联合、校企对接、跨学科联合培养。"(《光明日报》《适应经济社会发展需要 高等教育亟待转变发展方式》,2014年8月5日13版)笔者认为,秘书学本科培养的就是应用型、复合型人才,秘书学研究生教育培养的就是高创新、高职业能力人才。

秘书、文秘中的"秘"和管理学科有关,"书""文"和中文学科有关。秘书要学习中文、管理、经济、心理等多学科知识,但其重点是要掌握中文和管理两大学科的知识技能。秘书学是中文和管理融会贯通、协同创新的学科,它不应该被简单地归属为中文或管理中的某一个学科,否则就会使秘书学成为附属学科,丧失竞争优势,失去发展空间。尽管目前秘书学仍可能被归属为中文或管理学科的二级学科,但未来势必会将其独立出来,成为一个单独的学科。

现在,部分教师提出一种"去中文化"的说法,他们认为秘书学应该归属于行政管理学或企业管理学,而笔者认为,这是没有系统全面地思考秘书的专业体系的说法。秘书专业的学生有四个层次:中职、高职、本科、研究生(包括硕士和博士)。绝大多数中、高职学生毕业后是去企业从事文员或秘书工作,需要着重培养学生的办会、办事能力,以及简单的办文和企业管理能力。秘书专业本科生毕业后有可能考取公务员,进入行政系统或者进入企事业单位,这类单位需要的是具有较高写作能力的人,要能够撰写公文、领导讲话稿、调研报告等,故要求学生具有较强的文字能力。秘书专业研究生毕业后有可能需要进行大型综合文稿(如政府工作报告等)的写作,这也需要他们具有深厚的文化底蕴。广西壮族自治区贵港市原来有一位化学教师被调到市委办公厅做秘书,因为天天要和文字打交道,所以他一直非常注重积累中文知识,最后成长为贵港市人民政府副秘书长,还在《光明日报》发表了赋体文章《贵港赋》。由此可见,在秘书学科的本科和研究生阶段,一方面不仅不能"去中文化",还应该适量开设古代文学、现当代文学、古代汉语、现代汉语等课程,为学生成为"笔杆子"积累文化知识。另一方面要设置相应的行政管理和企业管理课程,让学生能熟悉将来工作的环境,掌握秘书必备的技能。秘书的学科定位应是中文和管理等学科的协同创新,而不是简单的"中文+管理",它应该是独立的学科,应有自己独特的竞争优势。

秘书学专业课程体系要有全新的理念，要有能够提升秘书学地位和影响力的教材，本科生的教材也是学生考研的参考书，不但要有实操，还要有理论。就像中国语言文学可以细分为文艺学、汉语言文字学、语言学与应用语言学、古代文学、现当代文学、比较文学等二级学科或方向一样，秘书学也可以细分出二级学科或方向，秘书学的课程体系应体现出这种细分。秘书学本科的课程体系可以为：秘书学概论（大一开设的基础入门课）、秘书事务管理学、秘书会务管理学、秘书文档管理学、秘书写作学、秘书参谋学、办公室主任管理学、秘书沟通协调学、秘书礼仪学、中国秘书史、秘书心理学等，之所以起名为"秘书××学"，是因为秘书学要有独立的学科价值和独有的研究空间及研究价值。

很多教师困惑于秘书学没有深入的理论和实践知识可用于指导学生学习，笔者认为，这是思路没有打开的缘故。培养秘书要注重可持续发展，一般地，从业六年左右的初级秘书在企业内会晋升为主管或行政部经理，而在行政单位内会晋升为科长、处长、办公室主任等。由此，教师不仅要培养学生具备初级秘书的技能，更要培养他们懂管理、学会揣摩和理解领导是如何管理的，这样才能在工作中更好地满足领导的需求。这个思路一打开，秘书学的学习内容就清晰多了。以《秘书实务》为例，传统的《秘书实务》的研究范围狭小，主要研究"办文、办事、办会"，这使很多人误认为秘书专业培养的只是单纯的办事员、文员或会务工作人员，大多数《秘书实务》教材也是按办文、办事、办会三个模块编写的，而笔者主编的《秘书实务》本科教材是按照办事、办会、办文、写作、参谋、管理（协作）六项职能编写的。

目前，秘书专业的实践教学模式急需创新。很多高校会让秘书学专业的学生在大二或大三时在本校党政办公室或其他校内办公室实习，这能很好地锻炼学生的实操能力，从效果来看，也十分好。但除此之外，我们还可以有更多的创新。例如，曾有高职高专学校安排秘书专业学生去北京参加全国人民代表大会的会务服务和接待工作，这不仅让学生受到了高标准的训练，能力得到了大幅度的提升，也让他们收获了令人羡慕的实习经历。再如，有的本科院校联系了省委、省政府或市委、市政府的相关部门，建立了自己的实训基地，通过安排学生前去实习让家长、学生体会到了实践模式的有效性。对于秘书专业实践教学模式的创新，严华教授十分注重博士生、硕士生的双导师制度，即由一名校内导师负责论文体例撰写、学术规范的督导等，另一名校外导师，一般是省、市办公厅的秘书长或办公室主任等，负责学生的实习等工作，以提高学生的动手能力。综上所述，笔者认为，秘书学专业还应该开拓出更多更好的实践教学模式。

此外，秘书学的报考条件和内容设置要合适。现行的考证教材没有突出秘书专业的学科研究，以中国就业培训技术指导中心编写的教材（中央广播电视大学出版社出版）为例，该教材对三级秘书、二级秘书（目前最高级别的秘书）的报考条件设置过低，内容单薄，让很多学者看了都觉得秘书学专业只有少量的办文、办事、办会知识，太简单了。针对四级和五级秘书，考证内容可以主要是办文、办事和办会，而针对高级秘书，教材内容应包括秘书学的理论和研究。三级秘书（高级秘书）的报考条件应该是本科毕业或专科毕业三年以上，或有五年以上秘书工作经验，主要考写作（撰写大型综合文稿，如政府工作报告、领导讲话稿等）、参谋和辅助管理（如作为秘书科科长应该如何进行办公室的布置、如何制定办公规章制度、如何调动秘书团队的积极性等）等内容。二级秘书的报考条件应该是硕士研究生及以上毕业，或有处级（如办公室主任）及以上办公经验，或在企业有中层领导经验，考证内容应是如何做好办公室主任等。一级秘书的报考条件应是博士研究生毕业，或有厅级及以上办公经验，或有在大型企业担任总经理办公室主任等工作经验，并有论文在秘书类核心期刊发表，考证内容是如何做好办公厅主任或大型企业总经理办公室主任等，如何整合办公厅团队，如何调整办公厅机构等重大问题。

秘书专业最重要的是培养师资，抓好内涵建设。秘书学教师应该是"有开拓进取思想+研究能力强+能指导实操"的复合型人才。秘书学专业教师之所以要有开拓进取的思想，是因为秘书学是一门新兴学科，需要广大教师通过自己的努力，在各个方面为秘书学专业注入新鲜血液，共同奋斗，做大、做强秘书学专业。同时，秘书学教师的研究能力也很重要。秘书学本科教师一般应为硕士或博士，在取得学位的过程中，他们的研究能力也得以强化。秘书学教师还要有秘书工作经验，这样才能指导学生胜任秘书岗位，才可以通过实习、实训等方法帮助学生获得实操能力。秘书学本科培养的学生应该是"应用型+复合型+懂管理+笔杆子"的人才；秘书学研究生培养的应该是"高创新能力+高职业能力+应用型+复合型+懂管理+笔杆子"的人才。秘书学专业的学生要有自己的思想，这样才能发挥参谋和辅助决策作用，同时还得是管理型人才，会管理团队、事务和会务等，会操作办公设备。另外，要成为"笔杆子"，写作能力的培养也很重要。

目前，秘书学专业正逐渐被家长和学生认可，秘书学本科阶段培养的应用型、复合型人才，秘书学研究生阶段培养的高创新、高职业能力人才也逐步被社会接受，秘书学专业的前景将越来越好。

本书的编写得到了严华、杨桐、甘于恩、赵春利、陈志英、黄庆勇、刘文清、黄卓、莫嘉丽、马莎等教授的指导与支持，暨南大学高级秘书与行政助理学2011届的一百多位研究生（包括同等学力研究生）也参与了书稿的讨论与修改，如博士生张斓、姚怡然、蓝媛慧、李小平、郭进、高胜文、林雯娟、翟柱玉等，硕士生张文杰、柯文彬、郭渊、周洋、周庭、陈玲、刘君、潘雅雯、李梦萍、李琪、张春梅、黄光淼、黄中慈、李韩嫣、陈绮涵、马玺、郭嘉锐、李娟娟、杨思琦、张静静、祖羞月、黄相瑜、王玥、曾静红、林子瑶、林彭昱、秦静雅、徐晓冰、李一帆、刘霞、段天增等，在此一并感谢，书中不再一一致谢。此外，书中引用了大量前辈或时贤的著作，未有一一注明，敬请谅解，特此致谢！

作者
2021年3月

目 录 | Contents

第一章 秘书、秘书学与秘书工作 1
  第一节 秘书概述 1
  第二节 秘书学 6
  第三节 秘书工作 7
  本章参考文献 11

第二章 我国古代秘书史 13
  第一节 古代的秘书机构、官职、制度与秘书工作 13
  第二节 我国古代公文及公文制度 18
  本章参考文献 25

第三章 秘书语言 27
  第一节 概述 27
  第二节 秘书口头语言 29
  第三节 秘书书面语言 30
  第四节 秘书态势语言 31
  第五节 秘书语言能力的培养 33
  本章参考文献 34

第四章 秘书心理学 35
  第一节 概述 35
  第二节 秘书心理特征分析 37
  第三节 秘书心理障碍及调适 40
  本章参考文献 43

第五章 事务管理（上） 44
  第一节 办公环境管理 44
  第二节 办公用品的管理 48
  第三节 接待工作 50
  第四节 时间管理 54
  第五节 信息工作 60
  第六节 调研 75
  本章参考文献 83

第六章　事务管理（下）……85
第一节　督查工作……85
第二节　信访工作……90
第三节　机要保密工作……97
第四节　值班工作……101
第五节　印信管理……103
本章参考文献……109

第七章　会议管理……111
第一节　常见会议……111
第二节　会前工作……117
第三节　会间工作……128
第四节　会后工作……140
本章参考文献……149

第八章　秘书写作……151
第一节　通知……151
第二节　演讲稿……156
本章参考文献……167

第九章　文档管理……169
第一节　概述……169
第二节　公文拟制……179
第三节　公文办理……181
第四节　文书的整理归档……189
第五节　公文管理……198
本章参考文献……200

第十章　参谋辅助……201
第一节　概述……201
第二节　参谋辅助的原则与方式……202
本章参考文献……205

第十一章　团队管理与协作……208
第一节　秘书团队管理……208
第二节　团队协作……210
本章参考文献……213

第一章 秘书、秘书学与秘书工作

第一节 秘书概述

一、秘书的含义

"秘书"在我国古代有两层含义：一是指秘密的书籍、文件，如《汉书》中有"及歆校秘书，见古文《春秋左氏传》，歆大好之"，《西京赋》中有"匪唯玩好，乃有秘书。小说九百，本自虞初"。二是指掌管图书、机要文书的官员，如秘书监、秘书郎、秘书令、秘书丞。

现在，秘书主要指为领导处理通信及日常事务和杂务的人，其主要职责是协助领导处理综合情况、调查研究、联系接待、办理文书和完成领导交办的事务等。一般机关单位里的秘书不是某个领导的私人秘书，而是要为整个机关单位的领导群体服务的，其工作具有从属性、被动性、事务性等特点。领导与秘书之间的关系有别于同事关系，处理结果的好坏关乎全局工作能否顺利开展，也决定着秘书工作的成败。

二、秘书的产生与发展

在我国，"秘书"一词最早出现于汉代，最初的含义指物而非指人，即宫廷秘藏图书、典籍。根据古籍记载，"秘书"主要有两类：一是指宫禁里的秘籍，即宫禁内收藏的各种经典文献，一般不予公开，故称为"秘书"，如《晋书·荀勖传》中有"及得汲郡冢中古文竹书，诏勖撰次之，以为《中经》，列在秘书"；二是指谶纬图箓，这是一种流行于汉代，由巫师或方士制作的可预算吉凶的隐语。至东汉后期，秘书不再仅仅指物，也指机构和人员，如"秘书令""秘书监"等具有掌管图书典籍的职能的官员。不过，那时的秘书并非现代意义上的秘书，其工作性质相当于皇家图书馆馆长。

秘书与秘书工作的出现离不开两个条件。

(1) 管理组织的出现。原始社会时期，由于生产力低下，人类没有领导和被领导之分，也就不存在秘书与秘书工作，而后随着生产力的发展，社会管理组织出现，随之出现了领导和公务活动，由此需要秘书协助领导处理公务。秘书与领导有着天然的联系，先有领导，后有秘书。

(2) 文字的出现。有文字才能有公文，而公文的制作、传递、管理是秘书工作的重要内容。根据考古学家证实，我国现存最早的公文是商朝的甲骨文文书，而使用和撰写甲骨文文书的"巫"则可以说是我国最早的秘书人员。封建时期，神权逐渐没落，皇权日益稳固，为皇帝起草文书、掌管印玺、提供参谋意见等"秘书工作"由各级官员承担，官职名称也多种多样，如史官、御史大夫、尚书、长史、主簿等。辛亥革命后，随着孙中山先生任命宋庆龄等为秘书，帮助处理文书和日常工作，现代意义上的秘书产生，但是在相当长的一段时间里，秘书还是一种行政职位，由政府任命。改革开放后，随着经济的发展和社会需求的增长，秘书的工作性质、含义发生了较大的变化，私人秘书、商务秘书逐渐出现，行政秘书角色开始向社会化、职业化、市场化转变，职业秘书逐渐形成。

三、秘书的种类

秘书从不同的角度可分为不同的类别。

（一）根据工作性质划分

根据工作性质划分，秘书的种类如表1-1所示。

表1-1 秘书的种类（根据工作性质划分）

工 作 性 质	种 类
为各级机关、企事业单位、社会团体服务；由组织与人事部门选调；国家或集体出薪	公务秘书
由私人出资聘请并为聘请者个人服务	私人秘书

（二）根据服务领域划分

根据服务领域划分，秘书的种类如表1-2所示。

表1-2 秘书的种类（根据服务领域划分）

服 务 领 域	种 类
党政机关	机要秘书、党务秘书、行政秘书、文字秘书、外事秘书、信访秘书、事务秘书、生活秘书等
商务领域	行政总监、经理助理、董事秘书、各类文员等
其他行业	科技秘书、法律秘书、医学秘书等

其中，商务领域内的秘书主要服务于企业，他们熟悉各类商务活动，是现代秘书团队的生力军，也是秘书职业发展的主要方向。

（三）根据层次级别划分

根据层次级别划分，秘书的种类如表1-3所示。

表1-3 秘书的种类（根据层次级别划分）

工作领域	层 次 级 别		
	高级秘书（国家职业资格二级、三级）	中级秘书（国家职业资格四级）	初级秘书（国家职业资格五级）
机关单位	秘书长、办公厅（室）主任	文字秘书（处长、科长）	科员、办事员
企业	跨国公司首脑秘书、董事会秘书、地区总裁秘书	各类助理、部门经理秘书、经理助理、中小公司的经理秘书	前台文员、接待文员、行政文员、人事文员

四、秘书的职能

我国众多学者都曾对秘书的职能做出过解释。董继超认为，秘书职能分为基本职能和一般职能。基本职能包括辅助政务、处理事务，一般职能包括辅助决策、协助管理、沟通信息、协调关系、保守秘密。吕发成、方国雄认为，秘书活动的综合职能包括处理信息、辅助决策、协调关系、督促检查。诸孝正、罗列杰、王世国认为，秘书职能为辅助决策、处理事务、协调关系。张同钦、杨锋从秘书机构、秘书职位的功能角度定义了秘书职能，总结出秘书职能包括信息管理职能、综合协调职能、督促检查职能、参谋辅助职能、后勤保障职能、不管部职能。常崇宜认为，党政机关秘书部门的职能有文书撰写与处理、行政与后勤保障、信息管理、综合协调、督促检查、随机完成交办任务六种。

笔者认为，上述学者对秘书职能的阐述，特别是对职能主体的界定并不准确。秘书的职能并不等同于秘书机构的职能，更不同于秘书工作的职能，虽然三者的职责内容相近，但角度和侧重点存在一定的差异。根据对秘书职能的思考，我们认为，秘书职能的主体应是秘书或秘书职业，定义秘书的基本职能时应该跳出具体的秘书工作，更多地关注秘书的职责、作用和功能。

暨南大学高级秘书与行政助理学博士生导师严华教授在《当代国际行政事务视野下的中国秘书学》中提出，秘书的主要职能是"书（书写记录）、办（办文办会办事）、谋（谋事与参谋）、管（协助管理）"，本书借鉴严华教授的理论将秘书的职能定义为"事、会、文、写、谋、协"，即"办事、办会、办文、写作、参谋、协作"，也可以称为"事务管理、会务管理、文档管理、写作、参谋辅助和团队协作（团队管理）"。

五、秘书素养

（一）职业道德

职业道德是从业人员在职业活动中应当遵守的行为标准，它通过人们的信念、习惯和社会舆论发挥作用，是人们评判是非、辨别好坏的标尺。通过促使人们不断增强职业道德观念，可以有效地提高工作水平。秘书人员的职业道德主要包括以下几个方面。

（1）忠于职守。秘书人员应忠于职守，大而言之是要忠于国家和人民的利益，小而言之是要忠于本职工作，要做到对工作认真负责、一丝不苟，甘当助手、配角，不越权或滥用职权。

（2）严守机密。秘书人员接触机密文件、参加重要会议的机会较多，因此要严格遵守保密规定，严守国家或组织的机密，不得在任何场合向任何人泄露机密信息，以免给国家或组织造成损失。

（3）讲求效率。在日常工作中，秘书人员一定要注重工作效率的提高，当场可以办理的事就不要说"研究研究"，当日可以处理完的事就不要拖到次日，紧急的事就要马不停蹄地去办。

（4）善于合作。秘书工作涉及方方面面，有些事务并非单枪匹马就能完成，因此秘书人员要善于同他人合作，做到密切配合、步调一致，以顺利完成任务。善于合作既要求秘书人员尊重和理解他人，也要求其能公允地与他人分享胜利的成果和分担失败的责任。

（5）恪守信用。对于允诺他人的事情（如约定会晤、安排会议、组织联络、收发函件、传递文件等），秘书人员要尽一切力量办到，如不能按时完成，必须及时汇报，不能拖延或擅自更改。

（二）知识修养

领导视秘书为左膀右臂，秘书的知识修养高低直接关系到领导工作的质量与效率高低。

首先，一名合格的秘书应具有广博扎实的基础知识，包括文学、艺术、哲学、历史、地理、政治、经济、法律等方面的知识。其中，法律知识尤为重要。秘书工作的政策性很强，秘书人员如果不具备充足的法律知识，就无法更好地为领导服务，甚至可能造成严重的法律后果。秘书人员需要学习和掌握的法律知识包括两个方面：一是同秘书工作有关的法律法规、规章政策；二是同服务单位的业务活动有关的法律法规、规章政策。

其次，秘书人员要具备精深系统的专业知识，主要包括秘书学、文书学、公文写作学、信访学、会议学、调研学、档案管理学等方面的知识以及现代通信知识、办公自动化知识等。专业知识是秘书知识结构体系中的核心部分，只有精通并能熟练运用秘书学专业知识的秘书才能成为合格的专业人才。

最后，秘书人员还要具备全面多样的辅助知识，主要包括管理学、公共关系学、心理学等方面的知识。辅助知识可以帮助秘书人员丰富头脑、开阔视野、拓展思路、提高工作效率。

【阅读资料1-1】

中办秘书局如何工作（节选）

（三）心理素质

秘书人员需要具备的心理素质包括以下几个方面。

1. 坚定的意志

秘书人员要具有坚定的意志，在确定目标和接受任务时，要加强自主性，克服盲目性；在遇到困难和挫折时，要坚韧不拔、勇往直前；在复杂的情况下协助领导处理问题时，要多出主意，发现问题及时上报，做错事及时改正。

2. 随和的性格

性格是人在态度和行为方面表现出的比较稳定的心理特征的总和。秘书工作的特殊性对于秘书人员具有以下性格要求。

（1）宽容豁达。秘书常常要与各种人打交道，在处理事务时难免会引起他人的误解和不满，因此，秘书人员对人对事需要做到豁达开朗，即在坚持原则的前提下采取宽容、忍耐的态度，对所服务的领导要多加体谅、细致周到，对其他同事要主动热情、乐于帮助，以促进集体的团结。

（2）机敏灵活。秘书工作的涉及面广、变化性强，因此，秘书要有敏锐的观察力和迅速的判断力，要善于沟通、长于协调，做到既不丧失原则，又不激化矛盾。特别是在遇到突发事件和复杂情况时，要能够随机应变，及时而恰当地解决问题。

（3）幽默风趣。秘书工作内容繁杂，秘书人员在压力很大时不免会产生烦躁、厌倦的情绪，幽默感强的秘书则善于化解这种困境，重新获得良好的心境，保证工作的顺利进行。此外，在交往活动中，幽默风趣的性格可以使双方感到轻松自在，从而易于沟通情感，取得理解，消除陌生和紧张的情绪，营造和睦的交际氛围。

3. 稳定的工作兴趣

优秀的秘书应自觉培养对本职工作的兴趣，以充足的精力和热情投身工作，高效完成工作任务。另外，秘书人员还应注重对业余爱好的培养，以丰富生活、陶冶情操、保持身心健康。

4. 自控力

秘书人员要时刻把握自己的情绪状态，保持稳定的心境，镇静、从容、敏捷、果断地处理问题。

（四）职业形象

秘书部门是机关单位或企业的窗口部门，秘书的形象至关重要，它在某种程度上代表着组织的形象。秘书的职业形象包括个人的仪容仪表、谈吐举止等。

秘书人员的基本仪容要求是整洁、有生气，仪表则要符合场合、时节等的要求。

在国际社交场合上，服装大致分为礼服和便服，正式、隆重、严肃的场合适宜着深色礼服（如燕尾服或西装），一般场合则可着便服。目前，除个别国家在某些场合另有规定（如禁止妇女穿长裤或超短裙参加典礼活动）外，穿着要求在整体上趋于简化。

一般而言，在我国，工作场合中，男女均着职业装；社交场合中，男子通常着上下同质同色的中山装或上下同质同色的深色西服并系领带，搭配同服装颜色相宜的皮鞋，女子则穿旗袍或连衣裙；非正式场合中（如参观、游览等）可穿各式休闲装，搭配颜色相宜的皮鞋或布质鞋。

举止谈吐方面主要有以下几点需要注意。

（1）姿态。站立时保持身姿挺拔，坐姿要端正，行进时步伐要轻松敏捷。

（2）表情。交谈中要保持微笑，注视对方。

（3）手势。手势不宜单调重复，打招呼、致意、告别、欢呼、鼓掌时要注意力度的大小、速度的快慢、时间的长短，不可过度。握手时要注意先后顺序，应由主人、年长者、身份高者、妇女先伸手，客人、年幼者、身份低者先问候，待对方伸出手后再握手。年幼者与年长者握手或身份低者与身份高者握手时，应稍稍欠身，双手握住对方的手，以示尊敬。男士与女士握手时，轻轻地握一下女士的手指部分即可。多人同时握手时，切忌交叉进行，应等他人握手完毕后再伸手。握手前应先脱下手套、摘下帽子，握手时注视对方，微笑致意。

【案例 1-1】

张秘书的困扰

张秘书是个年轻时尚的女孩,刚到公司上班不久,每天都信心满满的,还总是提早到岗,但是,她渐渐发现同事看到她时的表情总有些不自然,有时候还在背地里窃窃私语。在这样一个陌生的环境中,张秘书渐渐感觉到孤单和无助,身心疲惫的她一连好几次在工作时出现了差错,遭到上司的多次训斥。一天,同在一个办公室的同事约张秘书吃午饭,聊天时,张秘书把自己最近的疑惑告诉了这位与她关系较好的同事。原来,因为张秘书的穿着总是非常入时,有时甚至穿着性感的服装接待客户和向经理汇报工作,所以其他同事很质疑她的工作能力,才会在背地里窃窃私语。听完同事的话后,张秘书才恍然明白是自己我行我素的穿衣风格让同事和客户对自己的工作能力产生了质疑,之后在工作时便改换成了深色系的职业套装。

(五)职业能力

秘书应具备的职业能力和技能如表 1-4 所示。

表 1-4 秘书的职业能力和技能[①]

能　　力	技　　能
阅读与倾听的能力	计算机应用
表达能力	办公自动化设备运用
协调能力	运用计算机或笔进行速记
管理能力	财务辅助
信息处理能力	各种通信工具运用
公关交际能力	驾驶技能

第二节　秘　书　学

一、秘书学的含义和研究对象

秘书学是研究秘书工作及秘书人员等内容的学科。其中,秘书工作主要包括事务管理、会务管理、文书写作、文档管理、参谋辅助与团队管理;秘书人员包括从初级秘书到高级秘书(包括办公厅主任)等各个层级的秘书,也包括各行各业的秘书。

二、秘书学专业在我国高校的发展

2012 年以前,我国高校中的秘书学专业多是专科专业,只有陕西师范大学、湖南师范

---

① 王凌,肖传亮. 新编商务秘书实务[M]. 2 版. 北京:电子工业出版社,2014.

大学等高校开设了秘书教育本科专业。

2012年，秘书学专业正式进入《普通高等学校本科专业目录》，秘书学由此开始了其学科发展和专业建设之路。历经多年的教育教学实践，时至今日，虽然不可避免地暴露出一些问题，但秘书学专业的发展势头依旧良好。

随着地方本科高校向应用型高校转变成为国家战略的一部分，为了在转型中抢占先机、占据优势，成为转型成功的典范和引领者，部分高校开始依据社会发展需求开设秘书学专业，由此，秘书学学科的定位日益清晰，并逐渐形成了与本科层次汉语言文学专业秘书学方向、文秘方向、文秘教育方向以及专科层次文秘专业、自学考试秘书学专业相区别的，具有自身特色的学科建设体系。同时，广大专业教师通过积极改进教育教学方法，强化了课堂教学与实习实训的融合，项目教学、案例教学、情境教学、任务演练教学等职业教育教学模式也被广泛应用，有效地提升了人才培养质量。此外，一些传统的秘书职业技能竞赛也开始按照本科、专科、中职三个组别设置比赛项目。

暨南大学、南京师范大学、郑州大学、安徽师范大学、首都师范大学、聊城大学等高校及时设立秘书学专业硕士点并招收硕士研究生的举措有效地推动了秘书学专业的发展。在此基础上，暨南大学和南京师范大学还设立了秘书学专业博士点。

第三节 秘书工作

一、秘书工作的含义

秘书工作的含义有广义和狭义之分。

广义的秘书工作的主要内容有三类：第一类是事务性工作，包括处理信件、接听电话、撰写公文、管理档案、收发公文、回复 E-mail、整理报纸杂志、接收传真、接待访客、安排上司约会、参加会议并记录、安排差旅等；第二类是管理性工作，包括办公室管理、计算机操作、设备采购等；第三类是沟通支援性工作，包括服务客户、应对媒体、公关策划、主持公司庆典、参加应酬、外勤工作、完成领导临时交办的其他事项等。

狭义的秘书工作包括起草文件、处理文电、办理会务、收集信息、调查研究、查办催办、印信管理等基本工作。

二、秘书工作的特点

（一）从属性

从属性是现代秘书工作最根本的属性和特点，这是因为：第一，秘书工作不能脱离领导工作而独立存在，秘书工作总是围绕领导工作而开展，领导工作涉及哪里，秘书工作的范围就必须延伸到哪里；第二，秘书人员在处理任何问题时都要根据领导的意图和指示精神办理，不能超越职权范围自作主张；第三，秘书人员虽然常常参与领导班子的会议，与领导者共同研究问题，但秘书人员只有发言权，没有表决权。

秘书工作的从属性是与领导者工作的"主导性"相对而言的。领导是决策管理的中心，处于主导地位；秘书机构是协助决策管理中心的辅助机构，处于从属地位，因此，秘书人员应听命于领导，不折不扣地完成领导交办的事务。需要强调的是，听命于领导并不等于要对领导者一味盲从，而应本着对工作负责的精神，多思考、多做调查研究，一旦发现工作中存在问题，就应及时地向领导提出合理的改进意见；对于领导者的某些失误与疏漏，应及时提醒，并提出纠正与补救的办法，供领导者参考。也就是说，秘书人员在工作中应把"听命"与"劝谏"结合起来，既当助手，又当"谏官"，只有这样才能真正起到辅助领导工作的作用。

（二）被动性

秘书机构的辅助性地位决定了秘书工作的被动性。秘书工作的被动性主要表现为：第一，秘书工作是为满足领导工作活动的需要而产生和展开的，受领导活动的制约和支配。秘书人员必须以领导的活动目标为中心，根据领导的工作需要来制订自己的工作计划，不能脱离领导工作活动的需要而另搞一套。第二，秘书部门需要处理的日常事务工作（如处理来往公文、信件，接听电话，接待内、外宾，处理某些突发事件等）往往无法预估，秘书只能随机应变，来了什么文件就处理什么文件，领导交办什么事就办理什么事，因此是被动的。但这种被动并不意味着秘书人员在工作中难有作为，秘书人员要学会充分发挥自己的主观能动性，在常规工作中寻找到主动出击的突破口，在被动中争取主动。例如，秘书人员可以将深入基层调查研究所获得的重要信息及时地提供给领导，为领导者进行工作决策提供依据；也可以将从群众来信来访中发现的具有普遍性的问题反映给领导，帮助领导纠正工作中的某些偏差；还可以在认真分析、掌握规律的基础上预测下一步工作中可能出现的问题，使领导者有所准备，做到防患于未然。

（三）事务性

绝大多数秘书工作都是具体的事务工作，如收发文件、接打电话、接待客户、布置会场、派车买票、安排食宿等，因此秘书工作具有很强的事务性。

（四）综合性

秘书机构是综合性办事机构，秘书工作具有明显的综合性，具体表现在三个方面：第一，秘书工作的内容十分复杂且涉及所有职能部门，秘书部门必须在全局范围内为领导提供帮助和服务，凡是领导要抓的工作，秘书人员都要了解。第二，秘书部门处于机关或企业的枢纽位置，担负着沟通上下、联系左右之责，秘书人员经常要按照领导者的指示并在领导者的授权下出席各种会议或进行各方面的协调工作（如协调本单位各职能部门之间的关系、协调本单位与外单位的关系等）。第三，秘书人员在办文、办会和向领导反映情况以及处理日常事务性工作时，必须对各方面情况进行综合了解，这样才能有效地为领导提供帮助和服务。例如，在根据领导的意图草拟公文时，秘书人员不能简单地照搬领导口授的每一句话，而应该在忠于领导意图的前提下，综合各方面情况（包括上级或下级发来的有关文件内容、受文单位的实际情况等）并按照行文规则下笔；再如，为领导提供各种信息时，秘书人员需要对所收集的原始信息素材进行加工处理、综合分析，以去伪存真、去粗取精，确保信息的真实性、准确性和全面性。此外，秘书人员在处理其他日常事务性工作时也要进行综合分析，按照轻重缓急分别予以处理，做到及时稳妥。

（五）机要性

机要性即机密性和重要性。秘书部门是最靠近领导中枢的部门，秘书的工作就是辅助领导进行管理决策和参与公务活动，所以秘书必须了解领导的工作范围和内容，甚至要在需要的时候代替领导实施管理和开展公务活动，这是秘书工作的重要性所在。此外，领导的工作内容常常涉及重大、重要事项，这些事项中，有些是在研究和决策的过程中具有较强的机密性，也有些是在一定的时间、地点或条件下属于保密内容，不便被基层员工知道，但是出于事务办理的需要，领导对秘书是不保密的，这是秘书工作的机密性所在。

三、秘书工作的作用

现代社会中，随着人们社会活动的范围逐渐扩大，现代管理工作日趋复杂，因而秘书工作的作用更加突出。现代秘书工作的作用主要有以下几个方面。

（一）枢纽作用

秘书部门处于领导与各个职能部门之间，是领导实施管理的中介部门，因此，秘书工作具有沟通上下、联系内外的枢纽作用，具体表现在纵向与横向两个方面。从纵向上说，秘书部门是组织内各种情况、资料、函件、信息的中转站，秘书的工作是将上级的指令传达给下级，将下级的意见上报给领导，将各方面的信息加工处理后周转出去。从横向上说，秘书人员要在领导的授权之下，运用各种有效的方式和手段，在单位与单位、部门与部门、个人与个人之间进行联络沟通，以平衡协调双方关系，使双方消除隔膜、化解矛盾、密切合作。

（二）参谋助手作用

秘书人员在协助领导进行决策和管理时，既要为领导办事，当好领导的助手，又要为领导出谋划策，当好领导的参谋，因此，秘书工作既有助手作用，又有参谋作用。秘书工作的参谋助手作用贯穿于秘书人员辅助领导工作的整个过程中，具体来说主要体现在：第一，秘书人员要为本单位某一时期的重点工作、重要会议或重大活动制订具体的计划，供领导参考；第二，秘书人员要将各种重要信息提供给领导，为领导进行决策提供依据；第三，秘书人员要主动协助领导完成工作计划、政策、制度的制定；第四，凡是需要领导批示的文件，秘书人员不仅要做到及时呈送，还要事先提出一种或几种参考性处理意见供领导选择；第五，秘书人员在替领导办事时要提出一种或几种办理方案供领导定夺。

（三）形象作用

人们常常把秘书部门称为"关口"或"窗口"。所谓"关口"，是指在一个机关里，秘书部门要负责把住文字关、用印关、保密关等，保证各种文件、信息的上传下达。所谓"窗口"，是指内外联系、群众来信来访、各方来人洽谈业务或协调工作等大都由秘书部门出面办理，人们从秘书人员的工作态度的优劣、办事效率的高低就大致可以推断出该单位领导的工作作风优劣及领导水平的高低。这就是说，秘书工作能使人"窥一斑而知全豹"，具有门面作用。因此，秘书人员一定要牢记自己是代表本单位领导办事的，必须时时、处处注意自己的一言一行，以良好的工作作风和高效率、高质量的办事原则为本单位树立良好的形象，真正做到全心全意为广大人民群众服务。

四、秘书工作的基本原则

秘书工作的基本原则是准确、迅速、求实、保密。

（一）准确

准确是对秘书工作质量的要求。无论是为领导提供信息、向领导反映情况，还是协助领导起草、审核文稿，秘书人员都必须做到准确，即数字要准确、时间要准确、概念要准确、名称要准确，不能使用"可能""大概""大约""差不多"之类的字眼，一字之差或用错一个标点符号都有可能造成严重的后果。另外，秘书人员在抄写、打印、登记文件时，应反复校对、核实；在处理和传递文件时，切记不能写错、寄错。秘书工作是领导工作的重要组成部分，因而秘书工作的准确性在很大程度上影响着领导工作的正常运转。

（二）迅速

迅速是对秘书工作的效率要求。秘书工作绝不允许拖拉，凡是能在当天完成的，绝不拖到第二天；凡是能在一小时内办完的，绝不延至一小时以上；对领导已经做出的决定，要及时传达下去；对下级反映的情况、意见，要迅速向领导部门上报。秘书人员是秘书工作的主体，秘书工作若要做到迅速，秘书人员首先必须具有很强的工作责任心，要杜绝拖拉、懒散的工作作风；其次要建立科学的工作制度，合理地安排各项工作，尽量减少环节，简化程序；最后要尽可能地使用先进的技术、设备，提高工作效率。

（三）求实

求实是对秘书工作的基本要求。秘书工作必须尊重客观事实，不能脱离社会实际，更不能为了个人或小团体的利益而弄虚作假，否则就会造成领导工作或决策的失误，甚至严重损害党和国家的声誉。

（四）保密

保密既是对秘书人员的要求，也是秘书工作的基本原则。秘书人员经常会接触到机密文件或参加一些重要会议，有机会了解到秘密文件、资料、机要电文以及领导人的重要活动安排等，如不注意保密原则，一旦泄露机密信息，就会造成严重的后果，因此，秘书人员一定要遵守保密纪律，认真做好保密工作。

【案例 1-2】

广州市市委之行

去广州市市委办事要遵守严格的出入流程：来访者到达门口传达室后要出示身份证并做来往登记，同时，保安人员会打电话询问相关部门的工作人员是否确实有某人来办事，对方回答"是，请放行"之后，传达室会给予来访者放行条，上面写有来访者的身份证号、姓名、工作单位、放行时间、找何人等信息。来访者进去之后不能拍照，因为市委属于保密单位。

考研真题

本章参考文献

[1] 常崇宜. 秘书学概论[M]. 沈阳：辽宁教育出版社，2007.
[2] 陈合宜. 秘书学[M]. 6版. 广州：暨南大学出版社，2010.
[3] 董继超. 普通秘书学[M]. 北京：中央广播电视大学出版社，1997.
[4] 方晓蓉. 队伍庞大 分类严格：美国秘书工作概况（上）[J]. 秘书工作，2007（1）：57-59.
[5] 方尤瑜. 涉外秘书实务[M]. 广州：暨南大学出版社，2012.
[6] 郭玲，尤冬克. 秘书学导论[M]. 北京：人民出版社，2007.
[7] 张传禄，张泽金，胡伟. 守口如瓶[J]. 秘书工作，2014（8）：56-60.
[8] 胡伟，卢芳，赵修磊. 信息、文书与档案管理[M]. 北京：科学出版社，2010.
[9] 胡伟，唐燕儿，温子勤. 应用文写作[M]. 北京：北京大学出版社，2014.
[10] 胡伟，王凌，成海涛. 会议与商务活动[M]. 北京：科学出版社，2010.
[11] 黄立军. 试论秘书的类型和职能[J]. 华侨大学学报（哲学社会科学版），1994（3）：7.
[12] 姜爽，邱旸. 秘书学[M]. 北京：北京大学出版社，2013.
[13] 梁凤仪. 秘书必读[M]. 北京：中信出版社，1996.
[14] 林治文. 日本：秘书教育[J]. 秘书，1994（1）：43-44.
[15] 柳波. 港台秘书的组织及类型[J]. 秘书之友，1988（12）：35-36.
[16] 刘君. 秘书参谋职能研究[D]. 广州：暨南大学，2013.
[17] 陆瑜芳. 秘书学概论[M]. 上海：复旦大学出版社，2005.
[18] 潘永泽. 香港秘书工作简介[J]. 秘书工作，1997（5）：21-22.
[19] 石咏琦. 台湾的秘书组织与秘书教育[J]. 办公室业务，2012（10）：59-60.

[20] 石咏琦. 2013—2014 文秘教育各国发展趋势[J]. 办公室业务，2012（10）：59-60.
[21] 宋斌，张志伟，孙蕾. 国外秘书工作剪影[J]. 秘书工作，2006（1）：59-60.
[22] 王凌，肖传亮. 新编商务秘书实务[M]. 2 版. 北京：电子工业出版社，2014.
[23] 邢修桂. 试论秘书职能的转变[J]. 秘书之友，1988（8）：14-16.
[24] 严华. 高级秘书与行政助理（第一辑）[M]. 广州：暨南大学出版社，2010.
[25] 严华. 高级秘书与行政助理（第二辑）[M]. 广州：暨南大学出版社，2012.
[26] STROMAN J, WILSON K, WAUSON J. Administrative assistant and secretary's handbook[M]. New York: Amacom, 2014.
[27] 杨锋. 秘书学概论[M]. 北京：高等教育出版社，2011.
[28] 杨建宇. 涉外秘书实务[M]. 上海：华东师范大学出版社，2013.
[29] 杨树森. 秘书学概论教程[M]. 合肥：安徽大学出版社，2008.
[30] 张斓. 中国政务秘书系统运行机制研究[D]. 广州：暨南大学，2018.
[31] 张同钦，杨锋. 秘书学概论[M]. 广州：暨南大学出版社，2006.
[32] 张同钦. 秘书学概论[M]. 北京：中国人民大学出版社，2011.
[33] 诸孝正，罗列杰，王世国. 秘书学概论[M]. 广州：广东高等教育出版社，1998.

第二章 我国古代秘书史

第一节 古代的秘书机构、官职、制度与秘书工作

国家的产生和公共事务的发展促进了相应的秘书职位和人员的出现,但是,对于我国古代的秘书工作到底是从哪个时代开始产生的,学术界有着不同的观点。一部分学者认为秘书工作起源于夏代的奴隶社会,还有一部分学者则认为秘书工作起源于尧舜时期。

在我国,"秘书"一词最早出现在汉代,它最初的含义有四种[①]:第一,宫禁中的秘藏之书;第二,谶纬图录等类书;第三,官职名称;第四,官署名称。

承担秘书工作范围内全部或者一部分工作的官署即为秘书机构或具有秘书性质的机构。承担全部秘书工作的古代秘书机构有西周的太史寮,西汉武帝以后的尚书台,宋朝的通进银台司,明朝的通政使司,清朝的南书房、军机处等;承担部分秘书工作的有唐朝的甄使院,宋朝的鼓院、检院,明朝专掌保管皇帝玉玺的尚宝司等。

在我国长达数千年的古代封建社会中,王朝的更迭、政体的变更、官制的改革使得秘书官职的变化纷繁复杂,不仅不同朝代的秘书官职名称不同,同一朝代不同帝王在位时的秘书官职名称也不同,即使是同一帝王在位时,秘书官职名称也有前后变化。

一、战国时期之前

在漫长的原始社会时期,因为生产工具粗糙简陋、生产力低下,并没有阶级和国家产生。当人类进入氏族社会之后,产生了小规模的组织,随后开始出现一些公共事务和一定的管理机构和管理制度,因此产生了"秘书人员"。这一时期的秘书人员的工作任务只是完成会务活动、传达活动(一方面是将首领的意图传达下去,另一方面是将民众的意见传达给首领),其种类主要分为三种:第一种是管理者兼任氏族首领和秘书,即首领既从事社会组织管理活动,又从事管理活动中的秘书活动,和大家一起吃、一起住;第二种是由一些经验比较丰富的长老来掌管秘书事务,帮助首领处理公务;第三种是由专门人员完成秘书事务,这些人员具有一定的职务,由民众选举或者世袭产生。

到了夏朝,人类的生产工具得到了改进,生产力也得到了提高,因此,社会制度也就相应地发生了变化,逐渐出现了阶级和国家。这一时期专事国家事务的官吏充当的就是秘书的角色,称为"史官"。史官需要具备极高的文化修养,而普通老百姓得不到受教育的机会,所以史官一般不从白丁中选拔,大多由贵族子弟世袭。此外,秩宗和太史令也属于秘书官职。秩宗的主要任务是进行司典宗教祭礼。从某种意义上来说,秩宗是史官在宗教活动中的另一个身份,因此,它和史官一样,通过世袭的方式产生。太史令的主要任务是辅

[①] 杨剑宇. 中国秘书史[M]. 北京:高等教育出版社,2011.

助国君处理国政、记录国君的言行、起草和保管文书、掌管典志，有时还要了解民情，向国君进谏，协助君王制定相关法令。

到了商朝，国家管理机构有了新的发展，并且逐步建立了以国君为中心的官职体制，具体可分为政务官、事务官、武官和史官，其中，史官从事的就是秘书工作。商朝的史官分为两类，即史类史官和巫类史官。史类史官负责制作和保管重要公文，记录君王的言行、宫廷大事，观察天象，记录历法以及保管档案典籍等；巫类史官的主要工作包括占卜，解释卜辞，掌管祭神、祭祖典礼等。虽然由此看来，巫类史官和史类史官在工作内容方面有很大的差别，但有时需要官员身兼两职，因此并未做出严格的划分。商朝的史官在选拔方面也采取世袭的方式，但是和夏朝比起来，任职者需要具备的能力更多，主要涉及文字、军事、政治、天文、占卜等多方面的知识和技能。商朝时期，不仅担任秘书工作的官吏具有了较高的文化素养，朝廷还设立了不同名目、不同职掌、不同层次的史官官职，更在商末建立了我国最早的中央秘书机构——太史寮，负责拟写册命、组织祭祀典礼等事务。

西周时期，中央秘书机构太史寮已然成形，而地方政府、王公贵族以及众多诸侯国也成立了相应的秘书机构或者配备了相应的秘书人员。我国最早的中央档案机关——天府也在此时形成，并建立了初步的公文拟制制度、用印制度、制作制度，秘书人员的素质得到提高，形成了职业道德和行为规范。东周时期，御史等一批新的秘书官职的产生和更新扩大了我国古代秘书人员的队伍。战国时期，秘书工作由御史、主书、御书、尚书、掌书等担任，其主要职责是参与决策、草拟机要文书，甚至代替国君接收外国的重要文书。这个时期的秘书官员在选拔制度上也是通过世袭的形式，但相比前几个朝代具有更高的灵活性。有学者认为，战国时期秘书制度的发展为封建社会时期的秘书制度形成奠定了重要的基础。

二、秦汉时期

秦王朝虽然只存在了不到二十年的时间，但其对秘书机构和秘书官职的设置对后世具有很大的影响。秦始皇统一中国后创设了中央集权式的官吏制度，全国范围内的统一秘书机构——御史府也随之形成。同时，秦朝还建立了全国统一的各项秘书工作制度，并初步尝试以法令的手段使这些制度稳定下来，从而为封建社会的秘书工作发展奠定了基础。作为秦朝中央秘书机构的御史府，其主要职责为：受理公卿、百官和吏民对皇帝和中央政府的上书；负责监督和考查大小官员；掌管版籍、地图、法令等重要档案资料；受命代皇帝巡视各郡县，并监理郡务；受命处理皇帝交办的特殊事宜。

西汉前期沿袭秦朝的制度，御史府仍为中央政府的主要秘书机构，其职权有所增加，某些制书、诏书须经御史大夫过目再发往丞相府，然后由丞相府发往各部办理。下级部门或地方官署上呈的文书也由御史初阅筛选，以筛除违反圣意或不合规范的公文，并弹劾上呈该公文的官员。御史府内分曹办事，其中，奏曹专管拟写奏章；书曹负责收受、处理文书；令曹掌理密令、法令；印曹职掌刻印。各曹内均设有令史等一般秘书小吏，从事文书档案工作。后来，由于三公（即丞相、太尉、御史大夫）皆由开国功臣担任，为免丞相位高权重，架空皇权，汉代君主采取了一系列措施削减三公的权力，设立尚书台就是重要举措之一。尚书台在秦朝时仅承担内外传达的低级秘书职务，至汉武帝时成为重要的秘书机构，哀帝时成为机要秘书处，地位逐渐得到提高，不仅要办理文书和传达皇帝下达的诏令，还可以为皇帝出谋划策，直接参与朝政。

【案例2-1】

张　良

　　张良乃刘邦的首席谋士，曾为汉朝的建立及稳固做出了很大的贡献。公元前209年，秦末，农民起义，时局风起云涌。当时，在众多义军中，论影响力，刘邦比不过揭竿而起、应者云集的陈胜；论实力，他不及拥有八千江东子弟的项羽。结果，陈胜被车夫暗杀，项羽在乌江自刎，只有刘邦，用短短七年的时间便建立了西汉。刘邦曾言："夫运筹策帷帐之中，决胜于千里之外，吾不如子房……吾能用之，此吾所以取天下也。"这既是刘邦自夸善于用人，同时也是对张良的高度称赞。事实也的确如刘邦所言，没有张良，刘邦躲不过"鸿门宴"这一劫。张良在危机丛生时，能化被动为主动、化腐朽为神奇，显示了其谋略的强大力量。张良之谋略的成功对于今天的秘书工作者也多有启示：第一，要深入、广泛地做好调研工作，为领导决策打好基础。第二，收集信息，及时上报，帮助领导掌握先机，以处理突发事件。第三，纠正领导决策中的偏颇之处，保证决策目标的实现。

三、魏晋至元代

　　进入魏晋南北朝时期，我国古代的秘书工作出现了值得注意的进展。"秘书"作为一种官职名称，最早出现于东汉初设立的秘书监，到曹操为魏王时，把秘书监改为秘书令，"典尚书奏事"实际上是魏王的秘书长；到曹丕称帝后，又将其改为中书监、中书令，公署通称中书省。

　　魏晋南北朝时期是秘书工作大发展的时期，其官职的设立上承两汉、下开隋唐，是由秦汉的三公九卿制向隋唐的三省六部制演进的过渡形式。魏晋以后，尚书台从皇宫内廷独立出来，成为中央执行政务的行政机关。尚书台（省）由内廷的机要文书机构变为外廷的行政机构以后，为了收发文书、起草和传达诏令的需要，另设中书省为文书处理机关，其长官为中书监和中书令。晋代时，自东汉起就设于内廷的侍中寺改为"门下省"，以侍中为长官。至此，一直延续到宋代的"三省制"已初步形成。三省之间的关系是"中书出令，门下审议，尚书执行"。从三省的分工来看，中书省是起草政令的机关，它根据皇帝的旨意起草的政令要经过门下省审议，由皇帝亲自批准后才能成为国家的法令，然后交尚书省执行，所以门下省是审议机关，中书省则是典型的中央政府的秘书机关。虽然中书省的长官中书令实际上掌有相当大的实权，但中书省的机构性质仍然是秘书机构。中书省主官初为中书监和中书令两职，六朝后废中书监，只保留中书令。中书舍人为中书省内最主要的秘书官，虽然官位不高（正五品上），但专掌诏书拟制，参与机密，实际上是皇帝的高级秘书。中书省内还设有通事舍人（负责皇宫礼仪）、起居舍人（负责记录皇帝的起居言行）、主书（负责保管文书、抄写诏敕）、书吏（负责文书抄录誊写）等中低级秘书人员。

　　隋朝承袭了魏晋的中书、门下、尚书三省制，为避讳隋文帝杨坚父亲的名字，中书省改为内史省，中书监、中书令改为内史监、内史令，门下省侍中改为纳言。

　　唐朝时，秘书机构又恢复到了原来三省的名称，即将秘书工作分置于中书、门下、尚书三省内，并明确分工，即中书出令、门下审议、尚书执行，此外还一度设置了政事堂为朝廷中枢的秘书机构。在当时，中书省除了一直是中央政府的主要秘书机构外，还参与朝廷各种重大活动，其职权于唐代后期有所削弱。唐代前期，中书令是朝廷的宰相，"掌军国之政令"，其副手中书侍郎也可参议政事，二者实际上是行政长官，不是严格意义上的秘书官，但中书舍人则始终都是朝廷的秘书官。唐中期以后，皇帝重用宦官，代宗时于宫中设枢密院，以宦官为"内枢密使"，掌握朝廷机密，负责接受表章，向中书省、门下省传达皇帝旨意。唐朝末年，枢密使专权，引起祸乱。

到了宋代，内宫的枢密院被取消。开元年间，为限制中书省的权力，朝廷启用部分翰林为皇帝起草重要文件，皇帝任命将相、册立太子、宣布征伐等重要文书皆由翰林学士起草，翰林学士实际是皇帝的机要秘书，其所在的机构称为"翰林学士院"。翰林学士院除负责起草重要文件外，还侍从皇帝以备顾问应对，因此成为皇帝的机要秘书处，取代了中书省的部分重要职权。

【案例 2-2】

魏　征

魏征是唐太宗时期有名的谏臣，在历史上留下了"以人为镜"的千古佳话，他的"犯颜直谏"是十分讲究技巧的。贞观元年（公元 627 年），魏征升任尚书左丞。这时，有人告发他私自提拔亲戚做官，唐太宗立即派御史大夫温彦博调查此事，结果查无实据，但唐太宗仍派人转告魏征："自今后不得不存形迹。"魏征则当面向唐太宗进言："使臣为良臣，勿使臣为忠臣。"并阐释了二者的区别："良臣，稷、契、咎陶是也；忠臣，龙逢、比干是也。良臣使身获美名，君受显号，子孙传世，福禄无疆；忠臣，身受诛夷，君陷大恶，家国并丧，空有其名"，以此向唐太宗表明心迹，赢得太宗的认同，为之后君臣相处打下了信任的基础。

宋代，中书省内设有通进司、银台司，后来二者合为"通进银台司"，其长官是"知通进银台司"，该司职责是"掌受三省、枢密院、六曹及寺、监、百司奏牍，文武近臣表疏，及章奏房所领天下章奏案牍，具事目进而颁布于中外"（《宋史·官职志》）。可见，它是宋代上下公文的总枢纽机构，是朝廷的咽喉。宋朝时期的秘书活动沿袭了唐朝的规制，但在一定程度上有所改变。宋朝建朝之后，朝廷强化了封建专制中央集权，国家的行政机构较为庞大，为了维持正常的运行，中央和地方都设有专职或者兼职的秘书工作人员，并且制定了一系列严密的制度。

辽在南面官中仍设中书、门下、尚书三省，但因南面官不掌实权，中书省已不再是朝廷的主要秘书机构；金虚设三省，天德年间，金主完颜亮废中书、门下二省，仅留尚书省总揽政务。元代实行中书省、枢密院、御史台三足鼎立的官制，枢密院主管军事，御史台掌督查，中书省掌行政，这时的中书省完全成为行政机构，不再是秘书机构；明朝初年，朱元璋完全废除了中书省，至此，"中书省"这个在秘书工作发展史上占据重要地位的机构从历史上消失了。由于辽、金是少数民族政权，元代也是由少数民族建立，公文往往需要多种文字的文本，这就需要有人专门从事公文翻译工作。在辽、金以及元代，州以上官署中都设有专门从事公文翻译工作的秘书职务——译史，元代还设有为蒙古族或色目族充当口头翻译的官员——通事。元代统治者尚武，各官署和地方政府的主官都由武将担任，他们的文化水平较低，不得不任用汉人做助手，这些承担低级职务的汉人统称"吏员"。

四、明清时期

明朝建立后，皇帝将最高权力掌握在自己的手中，废中书，设六部来协助自己处理政务，因此，明代的秘书机构体制与前朝相比有很大的变化，史称"内阁制"。内阁的设立是丞相制度废除的必然产物。因为中书省及丞相被废除后，皇帝政务繁多，不可无辅臣，明太祖虽然又设殿阁大学士作为侍从顾问，但仍事必躬亲，大学士很少参决政务。到明成祖时，阁臣获得参决机务的权力，内阁制度正式确立；至明宣宗时，阁臣又获得票拟权，此后，内阁权力不断扩大，有些首辅甚至权压六部，俨然位比宰相。

关于内阁的性质，历来存在争议。一种意见认为，内阁是皇帝的辅政机构；另有一种意见认为，内阁是皇帝的秘书机构；还有一种意见认为，内阁是兼具秘书、顾问等职能特点的辅助皇帝决策的机构。一般历史书认为，明代内阁是为皇帝提供顾问服务的内侍机构，即秘书机构。阁臣的升降和职权的大小完全取决于皇帝的旨意，人选则大多由皇帝从翰林学士中挑选可信任者，其官品并不高（正五品）。内阁的职责大致是参与机务，充当顾问，出纳皇命，收阁奏章，起草诏诰谕敕，典藏御笔文书、档案、图书以及一切文书记录整理等。虽然内阁的权力在后来不断扩大，但从其性质来看，实为皇帝的机要秘书处。明代内阁中设有中书科、制敕房、诰敕房三个具体承办事务的二级机构。明清时期，在所有的进士中，一甲三人可直接进入翰林院，二甲和三甲中的精英通过考试后才可成为庶吉士，他们的职责是给皇帝讲解经史书籍，并帮皇帝起草诏书，是皇帝的秘书，权力很大，以至于到了明朝中期，形成了不是庶吉士不能当大学士的惯例。明清两代的宰相由皇帝亲任，直接领导六部，朝廷为此专门设立了协助皇帝处理六部事务的秘书机构——六科。六科并非六个不同的办事机构，而是集中办公，具体分管与各部的联系而已。六科中的官员称给事中，官位很低（七品官），但他们直接对皇帝负责，六部奏章必经其手。通政使司是明初洪武十年（1377年）设立的中央政府"掌受内外章疏敷奏封驳之事"的官署，掌出纳皇命、通达下情、关防诸司出入公文、奏报四方臣民建言、申诉冤屈或举告不法等事。清沿明制，也设有通政使司，职掌相同。明成祖后，皇帝大多沉湎享乐，疏于朝政，加上想利用宦官限制内阁的权力，便开始在内廷启用宦官掌握机要大权。明中期以后，宦官在组织上逐步形成庞大的机构，有所谓的十二监、四司、八局，计二十四衙门之设。其中，司礼监是皇帝在内廷安插的总掌朝政核心机务的秘书处。除司礼监外，宦官系统中的尚宝监、印授监、文书房、中书房、礼仪房等皆属秘书机构。

明朝处于我国封建社会后期，封建主义君主专制制度大幅度加强。明太祖朱元璋取缔了丞相一职，亲自处理政务，设立六部作为中央政务中枢，由六部尚书分任国务，各自对皇帝负责。这一改变，一方面造成了皇权的高度集中，另一方面导致了皇帝处理政务的数量剧增，于是，皇帝开始设立阵容庞大、数量众多的秘书机构，强化秘书工作，依靠专职秘书机构直接指挥国事，处理政务，从而推动了秘书工作的发展。由于代替了丞相的职位，中央秘书机构和秘书官吏的实际地位也随之提高，在国家管理活动中起到了重要作用，各项业务工作制度进一步健全，趋于完备。

清初，内阁是朝廷唯一的总秘书机构。康熙时，内宫设有南书房，接管内阁的部分批签题本、草拟诏旨的职能，和内阁同属皇帝的秘书机构。乾隆以后，机要事务转由军机处办理，内阁成为仅办理例行事务的无关紧要的秘书机构。雍正皇帝即位后大兴密奏之风，于通政使司外又设立了一个专门收受密奏的机构——奏事处。此后，通政使司主要收受例行公文，而涉及机要的密奏则由奏事处受理。

清代内外各官署负责文书起草、修改、缮写、收发及文卷、册籍、账簿保管的文员通称"书吏"，依所在行署高低、性质和所处理文书的具体内容"依役分名"，有京内和京外之别。京内的书吏分为供事、儒士、经承三类，京外的书吏分为书史、承差、典吏、攒典四类。书吏虽是没有官品的一般职员，却是政府职能的实际执行者，是国家机器整体链条的重要环节。值得注意的是，清代各级政府中的许多官员只通八股，根本不了解民情世事，他们饱食终日、无心政事，这造成了主官对书吏的依赖。由此，书吏在行政司法事务中把持案卷、作弊枉法，降低了行政效率，加剧了吏治的腐败，腐蚀了国家机构，朝廷多次治理无果。

雍正七年（1729年），因与准葛尔部作战，军报往返频繁，而内阁又距内廷过远，且办事效率不高，为了紧急处理西北军务，"始设军需房于隆宗门内"。军需房是军机处最早的叫法，军机处设有军机大臣，人选由雍正帝从大学士、尚书、侍郎以及亲贵中任命，此外还设有军机章京，由内阁、翰林院、六部、理藩院等衙门官员担任。所有这些人都是兼职，他们的升转仍在原衙门进行。军机处没有正式衙署，只有值班房，设在隆宗门内，靠近雍正帝的寝宫养心殿，以便于军机大臣被召见议事。作为受皇帝直接控制的机要秘书机构，军机处具有人员精干、办事效率高和高度保密的特点，这些特点可以为今天的秘书机构设置提供借鉴作用。

清朝是我国历史上最后一个封建君主专制的王朝。清初，国家机构的设置与各项工作制度全面效仿明制，因此，清朝的秘书工作不但未落后于前朝，反而在明朝的基础上继续向前发展。清统治者在吸取历代经验的基础上，一度扭转了明朝中后期秘书工作衰退的现象，解决了宦官秘书干政问题，并采用严密的防范措施有效地控制住了中央主要秘书部门的越权问题。同时，秘书机构和人员仍具有较宽的职掌范围且功能更全，文书档案等各项工作也发展完善。

清代是我国古代秘书工作的高度强化时期，但是，这种高度强化的结果只在中央主要秘书机构起到了明显的作用，而在地方政府中，实际政务在一定程度上由书吏和幕僚控制着，这导致了官吏徇私舞弊、官场昏暗，以致史称"清与吏胥共天下"，这也从侧面说明封建制度已走向腐朽没落。

第二节　我国古代公文及公文制度

一、我国古代公文的发展演变

（一）古代公文文体的发展脉络

作为文章的形式要素，文体不像内容那样频繁变化，具有相对的稳定性，但从历史的角度来说，它也是不断变化和逐渐演进的。公文活动在社会意识的表层，与国家、政府的现实动作直接相关，因此，和文学文体比较起来，公文文体的变化更频繁，演进方式更复杂。

研究古代公文的一项重要任务是对它的演进过程进行历时性研究。在动态的流动中，文体会显示出更为丰富的信息。以动态的眼光看待文体是本章的重要态度之一。本章只对古代公文文体的演变历史做轮廓式的描述，鸟瞰文体流变的大致走向，更为细微和具体的变化将在后面的内容中做详细探讨。

要研究文体的演变，首先要明确的问题是文体演变的条件，概括地说，可以分为外部条件和内部条件两个方面。

外部条件是指公文生存环境的变化。公文在社会结构中所处的特殊位置使得政治制度、文化潮流、价值取向、改朝换代、重大历史事件等社会要素的变动都会对它造成影响。其中，影响最显著的是政治制度和政务活动。公文作为国家、政府、机构或团体处理具体事务的工具和手段，必然会对政治事务的所有变动做出及时呼应，并产生相应的变化，而文体的变化是其中重要的一方面。

内部条件是指文体自身的属性和功能。社会的不断发展和进步导致了社会机构及其职能的持续细化，公文文体的出现和分化就是适应这种细化的结果，某一种文体或某一类文体总是和某种或某些政务活动相对应，文体自身对政务活动的适应程度、同类文体分工的明确程度等因素也会导致文体的变化。当某种文体完全适应所担负的职责时，就处于相对稳定的状态；当它不能完全适应所担负的职责时，就必然会发生变化；当某种文体所担负的职责与其他文体重合或交叉时，它们就会合并；当某种文体所担负的职责过于繁重时，就会分化出若干种文体；当某种文体完全不能适应所担负的职责时，只有消亡。文体对政务活动的适应程度和文体的分工情况是造成文体变化的内在因素，是社会政务变化引起的内部变化。

社会环境的变化和文体自身的内在因素在平衡中发展和变动，在发展和变动中达到新的平衡。平衡与失衡周而复始，使得文体的变化不可避免。

依据上面两个条件考查历代公文文体发展变化的大致趋势，笔者将古代公文文体的演变概括为四个阶段：秦代之前的萌芽生长期、秦汉至南北朝的初步规范期、隋唐宋元的发展整理期、明清的总结和衰落期。

需要说明的是，我们这里讨论的是古代公文文体而不是古代公文的演变历史。尽管两者的关系极为密切，但文体作为形式要素，与公文的其他要素相比，具有较强的稳定性，其变革往往滞后于公文本身，因此，上述阶段划分与公文史著作中的公文演变阶段不吻合是合理的。

（二）古代公文的发展演变

1. 夏商周和春秋战国

保留至今的古代历史文告汇编《尚书》是我国最早的一部历史文献，所谓"神州古籍，唯此为先"。从公文写作的角度来看，《尚书》中的绝大部分内容属于当时官府处理国家大事的公务文书，确切地说，它是我国最早的一部体例比较完备的公文总集。其内容包括虞、夏、商、周时期一些君主和大臣的讲话、誓词、政令等，分为典、谟、诰、誓、训、命六类，形成了篇章，有了较为完整的结构。《尚书》为我国封建社会的主要应用性文体，尤其是为官文书的文类奠定了基础。

晚于《尚书》的一部古代公文汇编《周礼》汇编了周王室和战国时期的各国制度，全书分为《天官冢宰》《地官司徒》《春官宗伯》《夏官司马》《秋官司寇》《冬官司空》六篇，基本属于公文的范围。

虽然《尚书》《周礼》等典籍里的应用文已经有了较为典型而规范的结构，体式也趋于完备，但从整体上看，还属于应用文体的初创阶段。

2. 秦汉时期

发展到秦代，应用文产生了很大的变化。秦始皇建立了我国第一个统一的封建帝国，制定了一整套中央集权制度，各类实用公文也大量出现，皇帝要用"制""诏"等公文号令天下、训诫臣子，而官员也要用"章""表"等公文向皇帝奏事，于是公文文体的分类制度得以确立。它不仅规定了下行文与上行文的体式，同时还规定，在行文中凡遇到皇帝之名或与之同音的字，都要回避，这就是公文避讳制度的产生。这种做法是我国历史上第一次以国家意志对公文各项制度进行认定，之后《秦律》中的各种补充规定则进一步完善了文书工作的法律体系，这标志着应用文体的基本定型。

汉承秦制，基本上沿用了秦朝的一些公文制度，但也有了一些新的变化，如百官对皇帝称"陛下"，史官记事则称其为"上"。值得一提的是，东汉末年，蔡邕首开自主系统研究应用文体的风气，总结了汉代及之前各类公文文体及文体流变特点，著成《独断》，并对汉代公文的分类、功用、作法、格式等做了较详细的论述，该书对魏晋南北朝时期形成的较为全面的文体研究之风有很大的影响。

3. 魏晋和唐宋时期

魏晋南北朝时期，应用文有了更大的发展，有关应用文的著作也多了起来。例如，曹丕的《典论·论文》将所有文体分为4科8类，其中6类是应用文，即奏、议、书、论、铭、诔；陆机的《文赋》将文体分为10类，其中8类是应用文；南朝任昉的《文章缘起》将文体分为84类，其中有60余类属于应用文范围；刘勰的《文心雕龙》对各类应用文体的定义、演变、特征、写法等做了系统而精要的阐述，使人们对各种应用文的认识更加深入、全面了。

唐宋时期是我国封建社会的繁盛时期，当时国家统一，政治稳定，经济繁荣，礼制越来越完善，为适应社会各个方面的需求，应用文体进一步发展，从而走入成熟阶段，主要体现在：一是应用文体的界定分类进一步系统化，如韩愈、欧阳修、苏轼等都表达了自己对应用文体的看法，并对应用文体进行了分类。二是强化了应用文的社会功用，对应用文与政事的关系阐述得愈加清晰，充分认识到应用文对社会道德价值建立的作用。从韩愈的"文以载道"到欧阳修的"明道""致用""事信""言文""关心天下百事"，再到王安石"治教政令"的阐述，既是道德思潮使整个意识形态逐步向现实理性发展的体现，也是社会维系机制、伦理道德、社会规范等逐渐完善的结果。三是改革应用文文风。唐宋八大家承前启后，对骈体文风进行了革新，使散体文风更加深入人心。四是应用文体的汇编渐成自主意识，出现了大量个人或集体的文体汇编文本。在唐宋时代，不仅应用文的类别日臻完整、全面，而且应用文的体式、制作，以及收文、发文制度也很严密，应用文走向成熟。

【案例2-3】

晏　殊

晏殊，抚州临川人，14岁即应神童试，仕途顺利，后曾同时担任宋朝最重要的两个职务——宰相、枢密使。在仕途前期，晏殊几乎当遍了朝廷中舞文弄墨的职务，后擢秘书省正字，再做太子舍人，不久后做到知制诰，又升任翰林学士。翰林学士是皇帝的亲近秘书，国家凡有重大政事、外交辞令，皆由学士负责起草撰拟。学士要轮流值宿宫中，随时听候皇帝召唤。晏殊博学多才，以能文著称于世，皇帝常有事情咨询他，史书上记载，"帝每访殊以事，率用方寸纸细书，已答奏，辄稿并封上，帝重其慎密"，可见皇帝对他的信任和欣赏。晏殊作为皇帝的高级秘书，"书"这个职能是他工作的主要部分，他一生作文无数，但今存文仅六篇，其中有两篇奏章。《天圣上殿札子》是晏殊回复皇帝对建言献策的要求的奏折，上殿札子是北宋官员上殿奏事时呈递给君主的文书，具有直达性强、保密性高、便于君主及时反馈等优势。

4. 元明清时期

明清时期（包括元代）是应用文自唐宋成熟后的稳定发展时期。

第一，明清时期的文体类别与体式虽是沿用唐宋时期的做法，但略有变化。例如，官府行移文书分为上行、平行、下行三类。这一时期，朝廷也增加了一些新公文，如在明清两代非常盛行的"折"。清代学者吴曾祺在《文体言》中说："折，迭也。"折又有奏折、手折之别。奏折是奏疏文体之一，因用折本缮写，故有此名，它是臣子向皇帝言事的奏本，属于上行文。手折是下属向长官申诉意见或禀陈公事的本子，大都由下属亲手呈递于长官。平关，又叫关文，是古代早就有的一种文体，取其关口、通道之义，后又转为相互关照的公文，属于平行文。到了明清时期，特别是清代，这种文体被广泛使用，各类官府乃至平民百姓都使用这种关文，属于官府间互相通报、质询的一般公文。

第二，各类公文制度更加严格。例如，公文用纸在全国都有统一规定：奏本纸，高一尺三寸；一品二品衙门的文移纸，高二尺五寸；三品至五品衙门的文移纸，高二尺；六品七品衙门的文移纸，高一尺八寸；八品九品及未入流衙门的文移纸，高一尺三寸等。明代还颁发了一系列格式、规程，从具体细节上对各种应用文进行严格的规范。清代则出现了密折制度等新的公文制度。

第三，应用文尤其是公文逐步成为执政的工具，成为社会少数人的工具，人们实现自我价值的途径逐步增加，整个社会对公文的关注程度有所下降。

第四，幕僚尤其是绍兴师爷的形成和发展使得通过幕府师承关系研究学习应用文成为时尚。

明清时期，除了官府公文外，随着社会交流的频繁和经济文化的发展，尤其是对外交往的增加，书信、契约、文据、祝祭文、序、跋等被广泛应用，并出现了条约等文体。尤其是鸦片战争后，应用文在用词、句式、体式、文种等方面都发生了很大的变化。总之，明清时期，应用文体在前代的基础上又有了新的发展。

二、古代公文处理制度

我国的古代公文在行文、办理方面积累了丰富的经验，形成了一系列严密的制度，对今天的公文处理仍然有重要的借鉴作用。

（一）最早的公文格式

最早的公文见于殷商的"甲骨卜辞"，大部分内容是对商朝后期（公元前13世纪到公元前11世纪）君王的各种活动的记录，比较简单。从格式上讲，一篇完整的"甲骨卜辞"大致可以分为四个部分：前辞（叙辞）、命辞、占辞和验辞。前辞记录占卜的日期和占卜人的姓名，命辞记录占卜的内容，占辞记录占卜后观察龟裂纹路而做出的判断，验辞记录验证结果。例如：

乙巳卜般贞，王大令众人曰协田，其受年，十一月。

乙巳，指乙巳日，是占卜的日期；卜，就是卜者根据钻灼龟甲或兽骨所呈现的裂纹判断吉凶；般，指占卜人的名字；贞，指卜问。

卜辞的大意是：王命令奴隶们同心协力耕田，就能获得好收成。卜辞表明了占卜的内容与结果。

（二）古代公文的拟写程序

先秦的公文多由史官负责拟写，而且大多是记言体的"王命文书"。史官所记录的"王命文书"后来被辑录在《尚书》中，《尚书》是辑存我国最早公文材料的文献总集。

春秋战国时期，公文的拟写程序已比较完备，而且特别注意反复修改。《论语·宪问》中有"子曰：为命，裨谌草创之，世叔讨论之，行人子羽修饰之，东里子产润色之"，这里的"命"是指郑国国君要发布的一篇文告，这篇文告先由裨谌（郑国大夫，善谋）受命写好初稿，然后由世叔（即太叔，美秀能文）加以推敲并提出意见，再经子羽（善于辞令）修饰，最后是子产（郑国相国）加工润色定稿，这个过程与今天公文的拟写过程大致相同。

（三）古代公文格式的正式确立

古代的公文格式正式确立于秦汉。秦代对公文用语、名称、书写格式等都做了具体的规定："天子"改称"皇帝"，自称"朕"，臣民称皇帝为"陛下"；皇帝下发的公文称"制"或"诏"，臣僚给皇帝上书称"奏"；"制诏"的开头要写"制诏××官"，结尾要写"×年×月×日×时下"；奏章的开头要写"臣昧死言"，最后要写"稽首以闻"；文中遇有"皇帝""始皇帝"字样时，还要另起一行顶格书写。汉代规定，臣僚向皇帝上表，开头要写"臣××言"，结尾要写"臣××诚惶诚恐，顿首顿首，死罪死罪"。

此外，从敦煌所发现的汉简中可以看出，在汉代中央和地方机关的来往公文中，下行公文的格式大致包括六个部分：①发文日期；②发文机关或官员名称；③收文机关或官员名称；④公文内容；⑤结语；⑥文书主管人员签字。由此可见，汉代公文已经初具较为完整的格式。

(四)一文一事制度

一文一事制度始于唐代,宋代亦普遍施行。南宋《庆元条法事类·文书门》中记载,宋朝群臣奏陈公事,"非一宗事者,不得同为一状",这一制度不仅可以防止行文关系紊乱,加快公文运转,而且易于突出公文的主旨,所以一直沿用至今。

(五)签名制度

签名制度始于殷商时期。殷商的"甲骨卜辞"是由巫史制作保管的,巫史在记录占卜问事结果时,常常在甲骨上面刻上自己的名字,以示对所制作的文书负责。这可以看作是当时的一种手续,也可以说是我国最早建立的签名制度。

(六)判署、会签制度

唐代规定,公文判署必须由主管部门负责,否则要受罚。五品以上的官吏,判署公文时画"可"字;六品以下的官吏,判署公文时画"闻"字;两者不得相混。南宋孝宗淳熙年间,经周益公奏请获准,判署一律改为批一"行"字,当时称为"画行"或"判行",这种"判行"制度一直延续到民国时期。

公文会签时,经三人以下会签的,给一天时间;经四人以上会签的,给两天时间;大事增一天时间;若有"军机急速"的公文,要随到随办,否则受罚。

(七)誊写制度

誊写制度形成于唐代,《唐律疏义·职制》中规定:誊写公文,文字不得脱漏,不得写错,更不能更动其中词句;如有犯者,按情节轻重予以处罚。南宋《庆元条法事类·文书门》又规定:凡誊写公文有脱误须填补改动的,必须在填补及改动的重要地方加盖印章。这一制度一直沿用至今。

(八)贴黄制度

"贴黄"制度从唐朝初期开始实行,皇帝颁发诏书都用黄纸书写,如果誊写官员发现了写错的地方,就用黄纸将错处贴上,然后在黄纸上更正。此外,宋朝规定,臣僚上奏表章应"一事一状",如果意犹未尽,可以摘录要点贴在表章之后,这种办法也称为"贴黄"。明代崇祯皇帝为解决公文烦冗问题,命令内阁制定贴黄式样,规定凡有奏章,必须撮取文中主要内容,用黄纸写成百字以内的提要,贴附于奏章之上,以便阅览。清承明制,雍正帝以后不限定贴黄字数(参阅顾炎武的《日知录·卷十八》)。这一制度虽不能避免繁文,但可以有效地提高办事效率,后来公文上的摘要、事由就是由此发展而来的。

(九)审查封驳制度

审查封驳制度建立于唐代。唐太宗李世民认为,诏书有"不稳便""皆须执论",如果诏书不经审查随便颁发,就会酿成"万人之大弊",是"亡国之政"(见《贞观政要》),所以规定"中书出令,门下审议,尚书执行"。具体做法是:皇帝的诏令文书由中书省起草(唐中晚期,部分由翰林学士起草)后,先呈皇帝审批,再送门下省重核,后交尚书省颁发执行。如门下省认为中书省所制诏书不妥，可封还重拟；臣下给皇帝的奏状，门下省也可审查，认为得当则将奏状交中书省呈皇帝，如果认为不当则可以驳回修改。这种制度可以加强监督，提高公文拟写的质量。

（十）用印、密封制度

印章大约出现在西周前期，但当时只有私人印章，而且不论用什么材料刻制，一律称"玺"（汉代蔡邕《独断》中有"玺者印也，印者信也，天子玺以玉螭虎纽。古者尊卑共之，脍曰：固封玺"）。直到春秋后期，王公大臣才开始在公务文书上用玺印封，但未普及。到战国时，往来公文必须用官印"封泥"，以此表示慎重并防止泄密。秦代规定，官吏的印章为"印"，只有皇帝的印章才称玺。秦始皇有七组玺，各有专门的用法，颁发不同的制诏要用不同的玺；中央和郡县各级机关来往公文，一律用官印"封泥"。魏晋时，公文书写改用纸，同时把"封泥"的盖印法改为在公文纸上盖朱色水印。唐朝时，据《唐六典》所载，公文经主管官员判署并誊写后，必须送交监印官审核，审明无误后才予以盖印。凡对外发送的所谓"施行公文"，都必须盖印，并且规定"一文一印"，印要盖在落款处；如果一件公文有两页以上的公文纸，则在首尾缝间加盖"骑缝章"。监印官在盖印后，还要在登记簿上登记，并于每月月底检查清理一次。宋朝规定，凡机密文件必须"实封"，一般公文则只需"通封"。"实封"就是密封，封口处必须加盖印章，"通封"是只封口不盖章。

（十一）密疏、密折制度

密疏制度是明代中央机构实行的文书保密制度。明成祖时规定，臣僚有机要事上奏疏，要用揭帖或题本，以文渊阁印封缄，径送某大臣拆阅，密疏制度由此产生。据《大明会典》载，明朝还规定："凡闻知朝廷及总兵将军调兵讨袭外蕃，及收捕反逆贼徒机密大事，而辄漏泄于敌人者，斩；若边将报到军情重事而泄漏者，杖一百，徒二年，仍以先传说者为首，传至者为从，减一等"；"若私开官司文书印封看视者，杖六十；事干军情事者，以泄漏论"；"若近侍官员漏泄机密重事于人者，斩；常事杖一百，罢职不叙"。

清又称"奏疏"为"奏折"，秘密的奏折则称为"密折"。据日本广岛大学杨启樵博士考证，"清代密折可能肇端于顺治，推行于康熙，至雍正而大盛"（见杨启樵《雍正帝及其密折制度研究》）。清代密折制度规定，"文官自布政使，武官自总兵以上，凡有见闻，即职责之外者，亦得密奏"。这种奏折直达御前，天子亲拆亲闻，旁人不得而闻。

（十二）编号制度

公文编号制度始于宋朝。宋朝规定，凡是实封（密封）公文，都要在封套上写明"编号"，以便收文机关拆封时查对。编号按照南朝梁武帝命周兴嗣编的《千字文》的字序依次而编。但是，皇帝发给官员和命妇的"诰命文书"，因为是用绞纸书写，所以在织造绞纸时就将编号织上，并以"尚、司、典、掌"等字依次编号。

（十三）正副本制度

西周时，朝廷很注意公文保管，故建立了正副本制度。当时的"王命文书"及各类重要的文书都有正副本，有的甚至有好几份副本。"王命文书"宣读后，正本交给受命官，内史另录副本交府史，收藏于王室的"府"中备考。

（十四）驿传制度

"驿传"是一种文书传递制度，始于西周，至唐更完备。唐代每隔30里设一驿，用于传递公文，并分陆驿、水驿及水陆兼办三种，全国驿馆1 639所，紧急公文300里行程朝发夕至。《唐律》规定，文书应该遣驿而不遣驿或不应遣驿而遣驿的，要杖责一百。传递公文有时间限制，"诸稽缓制书者，一日笞五十，一日加一等，十日徒一年"。

（十五）照刷、磨勘制度

元代监察官检查官府文卷称"照刷""磨勘"，并形成了固定的制度。"照"是明察，"刷"是"寻究"，"照刷"就是检查公文有无稽迟、失错、遗漏、规避、埋没、违枉等事。"磨"是复核，"勘"是检点，"磨勘"是对"照刷"后的公文进行复查，看其不当之处是否已改正。当时规定，每年"照刷"一次，经监察官"照刷"之后，公文才能立卷、分类、归档。

（十六）文书立卷制度

办结的文书经监察官照刷之后，即可编号归档管理。文书登记和立卷均要区别新案与旧案。立卷方法是一案一卷，卷宗上的贴签和收文登记簿的标题事目相同，每到年终交案一次。

 考研真题

本章参考文献

[1] 代国玺. 汉代公文形态新探[J]. 中国史研究，2015（2）：23-49.

[2] 丁晓昌. 古代公文研究[M]. 合肥：安徽文艺出版社，2000.

[3] 丁晓昌，冒志祥. 略论中国古代公文及其研究[J]. 南京师大学报（社会科学版），2000（5）：125-130.

[4] 何美荣. 中国古代秘书制度初探[J]. 中国行政管理，2001（10）：46-48.

[5] 胡明波. 简述我国古代应用文的分期[J]. 南京师范大学文学院学报，2009（1）：30-32.

[6] 胡明波. 中国古代公文名称演变及其分类[J]. 南京师范大学文学院学报，2007（4）：44-47.

[7] 胡元德. 古代公文文体流辨[D]. 南京：南京师范大学，2005.

[8] 孔安国，孔颖达. 尚书正义[M]. 上海：上海古籍出版社，2007.

[9] 李春燕. 浅谈我国古代秘书工作的沿革[J]. 牡丹江师范学院学报（哲学社会科学版），1995（3）：75-77.
[10] 李海霞. 我国古代秘书选拔制度[J]. 兰台世界，2007（3）：65.
[11] 李海霞. 中国古代中央秘书机构的设置[J]. 兰台世界，2006（23）：69.
[12] 李章程. 中国古代秘书工作的继承与发展[J]. 秘书之友，2008（3）：37-40.
[13] 马端临. 文献通考·职官四考[M]. 北京：中华书局，1986.
[14] 闵庚尧. 中国古代公文简史[M]. 北京：档案出版社，1988.
[15] 倪代川. 历代秘书选拔制度简介[J]. 秘书，2010（4）：22-23.
[16] 任雪浩，李伟华，刘新钰. 我国古代秘书工作制度探析[J]. 兰台世界，2009（15）：71-72.
[17] 宋宁. 论中国古代秘书工作的发展[J]. 兰台世界，2008（23）：18-19.
[18] 王晋卿. 我国古代秘书监制度[J]. 高校图书馆工作，1985（4）：31-36，65.
[19] 王铭. 公文选读[M]. 沈阳：辽宁大学出版社，2000.
[20] 卫世平. 古代公文工作简论[M]. 呼和浩特：内蒙古大学出版社，2001.
[21] 吴冰. 中国公文历史沿革初探[J]. 福州大学学报（哲学社会版），2001（1）：102-106.
[22] 许慎. 说文解字[M]. 上海：上海古籍出版社，2007.
[23] 杨剑宇. 中国秘书史[M]. 北京：高等教育出版社，2011.
[24] 杨树森，张树文. 中国秘书史[M]. 合肥：安徽大学出版社，2003.
[25] 游功惠. 中国古代公文载体流变研究[D]. 成都：四川师范大学，2013.
[26] 李林甫. 唐六典[M]. 北京：中华书局，1992.

第三章 秘书语言

第一节 概 述

一、秘书语言的含义

秘书语言可以被界定为一种职业语言，指的是秘书人员在各项工作中所要使用到的语言，其内容涉及各项需要通过语言来处理或解决的工作事项；既包括口头语言，也包括书面语言；既具有语言的共性，也具有自身的个性。理解、掌握并有效使用秘书语言有助于秘书人员在工作中更好地发挥语言的功能，提高办事效率和办事质量。

秘书是在国家机关和组织机构中辅助领导实施综合管理和处理日常事务的人员，是以"书（书写记录）、办（办文办会办事）、谋（谋事与参谋）、管（协助管理）"等为主要职能的社会化职业，而语言作为人类传达感情、交流思想的工具，贯穿于秘书工作的始终，秘书的任意一项工作都无法离开语言的运用。秘书人员身处管理中枢，跟随领导左右，经常要向上级汇报工作，向下级传达上级领导的指示，还时常需要深入基层开展调查研究，传递有关信息，负责组织接待工作，起草文件等，因此，要履行好各项职责、服务好领导，就必须具有驾驭语言的能力，不仅要能迅速准确地理解领导的讲话意图，还要能正确、出色地使用语言。离开语言，秘书的各项工作是无法正常开展的。

二、秘书语言的分类

语言作为交际中交流思想的手段，一般表现为文字、声音和体态三种形式，即书面语言、口头语言和态势语言。秘书语言同所有语言一样，也分为上述三种形式。口头语言主要贯穿于秘书的各项日常工作中；书面语言一般应用于秘书的书写记录工作中；态势语言主要体现在秘书工作的非言语沟通活动中，有体态语、副言语等。

三、秘书语言的特征

从总体来看，秘书语言除了具有单义性、完整性、简洁性、交际性等语言共性外，还具有辅助性、协调性、艺术性、程式化等个性特征。

（一）单义性

所谓单义性，即语言的表达不可模棱两可，以免因歧义而造成误解。

（二）完整性

秘书语言的完整性即在内容表达上要做到内容完整、条理清楚，切忌残缺不全、杂乱无章。例如，秘书向领导汇报一起事故的处理情况时，其汇报内容应当至少包括事故的经过、造成事故的原因、对事故处理的建议方案，否则就是不完整、不符合要求的。

（三）简洁性

秘书人员在起草公文或传达领导的指令时，务必要用简洁的语言让信息接收者一听便明白、一读就清楚。自封建社会时期起，我国就对公文的简洁性有着极高的要求，南宋官员邓肃曾为此向皇上直陈利弊："外夷之巧在文书简，简故速；中国之患在文书烦，烦故迟。"我们当前所处的时代，信息量极大并且种类繁多，因此简洁明了、讲究实效的公文更加应当受到重视和提倡。

（四）交际性

一切语言都是为了交流或交际，秘书语言也不例外。除了具有一般语言所具有的交际性外，秘书语言的交际性还有其独特之处，即受限于领导人员的需求和保密要求。

（五）辅助性

秘书是辅助领导人员工作的，因此秘书职业以辅助性为根本特征，相应地，秘书语言必然也具有辅助性。秘书在日常工作中接收各种指令时，要做到不插话、不打断，听取指令完毕后还要复述一遍，以保证准确无误；在向领导者提出异议时，应多用征求意见的语气，如"您看是不是可以……"。

（六）协调性

秘书语言的协调性首先体现在语气态度方面，如传达领导的指令时，秘书人员应保持谦虚、诚恳的态度，不可居高临下、颐指气使，要让接收指令的人明白领导的意图。

除了注意语气态度外，秘书人员还要在措辞上加以注意。首先，对于经常同时服务于多个领导的基层秘书来说，说话办事时要让领导们各自感到自己的意见是首先被考虑到的，不可用乙领导的观点反驳甲领导的意见。其次，在遇到领导决断有误的情况时，秘书要懂得以退为进，通过委婉的方式给领导创造重新判断、决定的机会。最后，秘书人员还应着力协调好领导与各职能部门、领导与群众之间的关系，如面对基层群众时，语气要亲切热情，切不可以貌取人，与其谈话时，不能动不动就说"某领导讲的……"，这样容易引起群众对领导的抵触情绪。

（七）艺术性

优秀的秘书必须提高自己的语言艺术性，运用秘书语言的艺术魅力来开展工作，为组织树立良好的形象。例如，接待来访是秘书工作的重要内容之一，而温和的语调、严谨的措辞加上适当的幽默感可以在接待工作中营造友好、融洽的气氛，缓和矛盾，避免摩擦，有助于问题的顺利解决。再如，接打电话时，秘书人员不仅要注意用"您好"开头，多说

"请"字,以"谢谢"结尾等礼貌,还要注意措辞的艺术。当自己不清楚对方询问的问题时,应尽量避免使用"大概""可能"这类模糊的用语,可用如"我马上去查,有结果后电话通知您,可以吗"等回答让对方知道自己在尽力解决他的疑问,这样,良好的印象就通过语言传递给对方了;如果来电者找领导而领导恰巧不在,切勿冒失地回答"你告诉我就好了",这样可能会使对方误会秘书人员的身份,合理的做法是先告知对方自己的秘书身份,再询问对方"您是否可以先告诉我?领导回来后我再向他汇报"。此外,秘书人员经常会接触到领导层才可能知道的保密事项,当有人想要打听这类消息时,生硬地拒绝对方可能会影响秘书人员与同事或访客之间的友好关系,这时发挥语言的艺术性,以委婉的方式回绝对方的做法更为可取,如可以用谈笑的方式一带而过,也可以尝试转移话题。

(八)程式化

秘书语言,特别是其中的书面语言,具有高度程式化的特点,主要表现在两个方面:一是惯用语的普遍使用。公文中的惯用语由来已久,发展至今已经形成一套十分完整的体系,很多研究者都对公文惯用语做过收集、诠释和总结等工作。惯用语通常包括开头词、引叙词、称谓词、期请词、过渡词、询问词、表态词、结束词等,每种惯用词的含义和出现的位置都具有专任性质。例如,开头词中,"根据"表缘由,"为了"表目的,"对于"表范围;结束词中,"特此奉达,盼予函复"用于"发函","特此函复,此致敬礼"用于"复函","以上报告,请审查""以上请示,望批准"用于上行文等。二是公文结构的多样和定型。公文的一般结构包括开头、主体和结尾三个部分,即三段式。开头部分交代发文原因,要求开门见山、亮出主旨;主体部分说明或叙述应知、应办事项,要求理由充足、意见合理、言之有序、切实可行;结尾部分,对下强调执行,对上强调寻求指示,均要求照应开头,语体得当。此外,应注意正文与标题相符、内容与文种和谐、观点与材料统一。需要说明的一点是,程式化并非凝固化,在具体的公文写作过程中,为追求简洁和提高效率,往往会突破三段式的写法。

第二节　秘书口头语言

现代社会中,个体最不可或缺的能力就是表达能力。作为处于组织枢纽位置的秘书部门,其秘书人员在工作中经常需要跟不同的人打交道,协调内外各种关系,因此优秀的表达能力是其必不可少的职业素养。

一、秘书口头语言的特色

(一)平实

平实是指语言表达准确易懂、朴实大方。秘书人员在辅助领导时,要做到说话做事稳重高效、平易朴实,不可养成浮夸的说话风格,要说真话,不说假话、大话、空话。需要注意的是,言语平实绝不等于贫乏、单调、呆板。

（二）简洁

简洁是指说话内容简明扼要。作为秘书人员，在向领导汇报情况、传递信息时，应该竭力做到简明扼要，不要浪费领导的宝贵时间，要将最重要的信息用最精练的话语表达出来。

（三）严谨

秘书人员讲话要端庄严肃，表达内容要严谨周到，要与对话者的身份、交际场合、交际目的和交际内容相适应，不要刻意追求幽默诙谐，不能给人留下浮夸油滑的印象。

（四）灵活

秘书经常会遇到各类突发情况，这就需要秘书在讲话时注意灵活性，即在适当的时刻委婉地讲出自己要讲的话。

二、秘书口头语言的原则

秘书口头语言的原则是合作原则。美国语言学家、逻辑学家与哲学家格赖斯（Grice）提出，要想言语交际成功进行，参与交际的人必须有一个共同的目标或方向，只有这样，参与谈话的人之间才会形成一种默契，遵守一种原则。这种参与交际的人所共同遵守的原则就是合作原则。理解并适当运用合作原则有助于秘书人员科学地进行语言表达，从而提高自身的沟通能力和会话水平。格赖斯认为，交际中的合作原则包括四个范畴，每一个范畴又包括一条准则，以下为每条准则的具体内容。

（1）质量准则。质量准则规定了说话的真实性，也就是要求秘书人员要说真话，不能说没有根据的话。

（2）数量准则。数量准则规定了说话时所传递的信息量，通俗地讲就是要求秘书人员在说话时既不应多说，也不应少说，只交代清楚对方要求或期待知晓的内容即可，不必事无巨细地将对方不需要或不想知道的内容也说出来。

（3）关联准则。关联准则规定秘书人员说话时要切题，不说和谈话主题无关的话。

（4）方式准则。方式准则在表达方式上对秘书人员提出了要求，即要求秘书人员在说话时要简明扼要，不要用语义含糊的词语，避免冗词赘句。

第三节　秘书书面语言

分析秘书书面语言自然离不开其载体，即秘书日常接触的各类文书（公文），由此，秘书书面语言可以分为两类来分析：一是党政机关公文，二是事务性文书。

一、党政机关公文

由中共中央办公厅、国务院办公厅于 2012 年 4 月 16 日联合印发，自 2012 年 7 月 1 日起施行的《党政机关公文处理工作条例》(以下简称《条例》)对党政机关公文的定义是:"党政机关公文是党政机关实施领导、履行职能、处理公务的具有特定效力和规范体式的文书,是传达贯彻党和国家的方针政策,公布法规和规章,指导、布置和商洽工作,请示和答复问题,报告、通报和交流情况等的重要工具。"现行的党政机关公文有 15 种,分别是决议、决定、命令(令)、公报、公告、通告、意见、通知、通报、报告、请示、批复、议案、函、纪要。党政机关公文最为显著的特征首先是鲜明的政治性,其次是法定性、特定的格式和严格的办理程序。秘书人员在进行党政机关公文写作时,要注意:第一,符合党和国家的方针政策及有关规定;第二,紧密结合实际;第三,选择恰当的文种;第四,严格遵守公文格式;第五,符合行文关系;第六,掌握公文的语言特点及其术语。

二、事务性文书

事务性文书是指党政机关、企事业单位、社会团体在处理公务活动中经常使用的、《条例》规定的党政机关公文以外的文书,它涉及秘书日常工作的各个方面,不仅包括领导授权秘书撰写的各种公文,还包括秘书因自身工作需要而写作的公文。秘书人员在工作中接触的事务性公文非常多,包括计划、总结、会议记录、述职报告、简报、规章制度、调查报告,各类礼仪文书(如领导演讲稿、请柬、邀请函、感谢信、祝贺信等),以及行业特点较强的专用文书(如合同书、协议书等),等等。事务性文书不像党政机关公文那样对格式有十分严格的要求,不过在经过发展改善之后也有了约定俗成的结构格式。拟写事务性文书最需要注意的一点是要紧密结合实际,将情况简明扼要地交代清楚。[①]

第四节　秘书态势语言

一、态势语言的含义

态势语言是以人的表情、目光、姿态和动作等来表达语义、进行信息传递的一种伴随性无声语言,又可以称为体态语。态势语言能有效地配合有声语言传递信息,起到补充和强化有声语言的作用。态势语言运用得好不仅可以增强有声语言的表达效果,有时甚至还能发挥口头语言不具备的作用。

态势语言通过基本姿态、基本礼节动作以及人体各部分动作传达交际信息,它虽然不是秘书语言的主体,但能够极大地强化信息的传播效果,充分体现出秘书工作的艺术性和人情味。

二、秘书工作中态势语言的作用

暨南大学高级秘书、行政助理学 2014 届硕士研究生马林在其学位论文《非言语沟通在

---

① 胡伟. 大学写作教程[M]. 北京:清华大学出版社,2018.

秘书工作中的运用探究》中对态势语言进行了较为细致的分类探讨，他提出，态势语言主要包括微表情、眼神、微笑、肢体动作、倾听等。此外，他还将态势语言的作用归纳为以下几点。

（1）辅助、补充作用。作为有声语言的辅助工具，态势语言能使语言表达更准确、更有力、更生动、更具体。与有声语言相比，态势语言处在从属地位，用来辅助或补充有声语言，以便更好地传情达意，使有声语言更具感染力。

（2）强调作用。态势语言的强调作用体现在说话者可通过面部表情或肢体动作等提醒其沟通对象注意特定的信息，如需要强调某件事时，说话者可以凝视对方或提高语调引起对方注意，从而使语言信息得到补充和强化。

（3）替代作用。体态语作为一种"形象"的语言，它可以产生言语沟通所不能达到的交际效果。在言语交际遇到障碍或双方不方便使用语言进行沟通时，体态语言就可以起到代替语言进行交际、避免出现尴尬局面的作用，达到无声胜有声的效果。

（4）调节沟通的方向和氛围。这种调节指的是说话者通过目光、肢体接触等控制语言交流过程。态势语言可以在某些特定情境下传播难以用语言表述清楚的内容，消解信息堵塞、交流不畅的情况，促使交流继续进行。例如，在沟通陷入僵局时，微笑、握手或递茶等动作都可能改变沟通气氛；在对方欲言又止时，可以通过目光给予其鼓励。

（5）表明情感和态度。面部表情、肢体动作及目光等态势语言都可以向对方传递情感和态度。

三、运用态势语言的注意事项

尽管态势语言的作用不容忽视，但由于不同的人在工作环境、工作任务、心理因素等方面存在差异，因此对于不同的人来说，使用态势语言的方式和程度各不相同，有时甚至截然相反。

首先，运用态势语言时要注意保持自然的状态。不论是说话木讷，动作生硬、刻板，还是刻意表演，姿态做作，都会使人觉得不真实、缺乏诚意，因此才有"宁要自然的雅拙，不要做作的乖巧"之说。

其次，运用态势语言时，体态动作要简单大方，务必去掉不必要的体态语。也就是说，举手投足要符合一般生活习惯，这样才能被他人看懂和接受。如果体态语在形式上烦琐复杂，不仅会喧宾夺主，妨碍有声语言的正常表达，还会使对方感觉眼花缭乱、不知所措。

再次，态势语言的运用要适度得体。也就是说，要适当运用态势语言，以不影响聆听者的注意力为前提，同时必须与说话的内容、情绪、气氛协调一致，不要故作姿态。

最后，秘书人员要学会时刻关注领导的态势语言中传递出的信息。领导的眼神、举手投足都有可能包含许多含义，学会识别语言信号，理解领导的真正意图并迅速做出正确的回应对秘书而言极其重要。特别是在领导不方便进行语言沟通时，要学会借助态势语言领会领导的意图或让领导明白自己的意思，这样才能顺利完成辅助工作。

第五节　秘书语言能力的培养

一、当代秘书人员在语言能力方面的不足

首先，当代秘书人员中，初级秘书群体的占比最大，因此普遍存在知识结构不够完善的情况。过去，我国的人事制度不协调，对秘书这一职业的设置并不完善，行业水平良莠不齐，许多学校特别是高等院校的秘书专业教育存在理论与实践严重脱节的现象，由此导致一些秘书人员的知识技能只停留在最基本的理论阶段，工作语言尚不符合要求，这一现象在中小型企业中体现得最为明显。中小型企业的秘书人员一般有两种：一种是从其他部门调用来的员工，这类人员虽然有经验、资历高，但大都缺乏秘书专业知识和技能，基本不了解专业秘书语言；第二种是聘用年轻的秘书专业人员，这类人员虽然具备一定的专业知识和技能，但缺乏必要的经验，容易因单调的工作内容和枯燥的工作环境而失去工作热情。

其次，当代秘书人员的语言表达过于随意。在长期接触熟悉的工作环境与同事后，秘书人员在与他人交流时，言语上难免会变得较为随意，有时甚至会在工作场合中以不符合秘书职业要求的通俗化言语进行表达。这种做法不仅容易引起他人的误解，还会让领导怀疑秘书人员自身的专业能力。

最后，当代秘书人员在使用书面语言撰写公文时常存在文种选择不当，内容冗长乏味、脱离实际，主题不鲜明，公文用语不严谨、不规范等问题，这不仅会造成必要信息的传达不当，还会降低组织的运转效率，更不利于整体公文制度的健康发展。

二、秘书人员如何培养语言能力

首先，时刻保持严谨庄重的态度是秘书人员具备良好的语言能力的首要条件，也是做好一切工作的前提和关键。

其次，要有充足的知识储备。这里说的知识储备既包括文化知识，也包括专业知识和所从事行业的必要知识。只有知识储备充足，秘书人员在运用语言时才不至于捉襟见肘，才能游刃有余地与他人交流，才能写出既切合实际又令人赏心悦目的公文。

最后，要进行专门练习。没有人天生具备谈吐自如、妙笔生花的能力，这是需要不断训练的。要想培养优秀的语言能力，不能只靠书本中的理论知识，还要多与实际结合，学会不断自我总结，才能真正获得提高。

本章参考文献

[1] 陈韵. 秘书挡驾语研究[D]. 长沙：湖南师范大学，2008.
[2] 方国雄. 谈秘书职业语言特性[J]. 秘书工作，2002（8）：23-25.
[3] 方国雄. 秘书业务环境对语言应用的要求[J]. 语言文字应用，2004（2）：89-92.
[4] 张传禄，张泽金，胡伟. 守口如瓶[J]. 秘书工作，2014（8）：56-60.
[5] 胡伟，潘雅雯，韩苗苗. 对2014年《国务院政府工作报告》语言的研究分析[J]. 秘书之友，2014（8）：40-43.
[6] 胡伟，邹秋珍. 演讲与口才[M]. 2版. 北京：清华大学出版社，2013.
[7] 陆惠解. 试论秘书语言的几个特征[J]. 湖州师专学报，1993（3）：66-80.
[8] 马林. 非言语沟通在秘书工作中的运用探究[D]. 广州：暨南大学，2014.
[9] 覃志鸿. 浅谈现代秘书工作语言能力的培养[J]. 理论园地，2013（6）：160.
[10] 严华. 高级秘书与行政助理：第1辑 [M]. 广州：暨南大学出版社，2010.
[11] 严华. 高级秘书与行政助理：第2辑 [M]. 广州：暨南大学出版社，2012.
[12] 严华. 高级秘书与行政助理：第3辑 [M]. 广州：暨南大学出版社，2014.
[13] 杨桐，赵玲玲. 领导干部公文写作模板[M]. 北京：中国人事出版社，2010.
[14] 张东. 合作原则在秘书口语交际中的应用[J]. 秘书之友，2002（8）：38-41.

第四章 秘书心理学

第一节 概 述

一、秘书心理学的内涵

秘书心理学是运用心理学的基本原理和方法研究秘书人员的心理现象和规律，并对其提供指导的一门应用性学科。

从本质上看，秘书心理学的研究内容既不是秘书的全部心理世界，也不是秘书工作实践中的方法、技巧的具体细节，而是秘书活动中的心理现象和心理规律，因此，它既是心理学在秘书学中的应用，也是秘书学在心理学上的体现，二者融合，形成了一个新的有机整体。

秘书心理学以提升秘书的工作质量为最终目的，它的基本职能应当归纳为描述、解释、预测和控制。

秘书心理学使用科学的方法分析研究对象的行为和心理过程并得出结论，最终目标是在适宜的水平上客观地描述行为，解释产生行为的原因，预测行为何时会发生，以及控制行为以改进研究对象的生活质量。

（一）描述

秘书心理学的第一个职能是对秘书行为进行精确的观察和描述，这要求研究者对研究对象的行为和行为发生时的环境进行数据收集，从而探求秘书在活动时的心理规律。

（二）解释

根据秘书心理学的解释，大多数秘书行为受到多种因素的共同影响。其中，一些因素在个体内部起作用，如机体变量、秉性变量，还有一些因素在外部起作用，如环境变量、情境变量。

一般的秘书学理论只停留在对秘书活动的直观描述上，而秘书心理学不仅要描述秘书人员的行为特征，而且还要解释形成这些特征的心理原因。从这个意义上说，秘书心理学属于较高层次的秘书理论研究。

（三）预测

对一个潜伏于特定形式行为下的原因的精确解释，常常可以帮助研究者对未来的行为做出精确的预测。

随着秘书职业的发展，秘书的职能发生了一些变化。秘书工作不再局限于文书处理、档案管理、组织协调等，而是逐步向公关、法律、经济管理等领域扩展，秘书在工作中所起的作用也越来越大，在一些规模较小的企业中，秘书工作效率的高低甚至已与整个企业的切身利益紧密联系在一起。由此，若秘书心理失衡，势必会造成相关工作难以开展，从而影响整个组织的正常运行，严重时会使企业遭受巨大的经济损失。因此，对秘书心理进行预测十分必要。

（四）控制

控制意味着使行为发生或者不发生——引发、维持、停止或影响行为的形式、强度和发生率。如果一个对行为原因的解释能创造控制行为的条件，那么这个解释就是有说服力的。秘书心理学通过控制消极行为的方式帮助从事秘书职业的人们改进生活和工作质量。

二、秘书心理学的研究对象

秘书心理学的研究对象是秘书的实践活动，包括秘书人员在辅助其服务对象实施管理的过程中所进行的一切行为。秘书活动由四大要素构成，即活动主体、活动客体、活动过程和活动环境。从秘书本身的特点看，秘书活动中的行为不是简单的"单向行为"，而是活动主体与活动客体相互作用的"双向行为"，即秘书人员与其服务对象之间的人际交往。

综上可见，秘书心理学的研究对象包含两个最基本的方面：一是研究秘书活动中活动主体的心理表现（即秘书人员的心理）及其对实践活动的影响；二是研究秘书活动中主体与客体之间的心理制约关系。

秘书活动的正常开展除了与工作环境等客观条件有关，更与秘书人员这一活动主体的情感、意志、性格、气质等心理因素，以及秘书人员与活动客体的心理配合程度有很大的关系。

三、秘书心理学的研究方法

秘书心理学是从心理学衍生出来的分支学科，心理学的研究成果为秘书心理的研究工作创造了必要的前提条件，同时也奠定了坚实的理论基础。常用的秘书心理学的研究方法有如下四种。

（一）直接调查法

直接调查法是研究者深入秘书活动的现场，直接接触秘书人员，研究其心理现象。它一般分为查阅法、观察法和谈话法三种形式。查阅法即研究者查阅秘书人员留下的痕迹并进行分析研究，这种形式的优点是成本低廉、结果客观有效；观察法即研究者直接观察秘书人员的行为，并通过对其外在行为的分析探知其内心活动，这种形式的优点是目的明确、操作简便，并能取得一套系统的材料；谈话法即研究者与秘书人员单独谈话，用沟通的方式来探求秘书人员的心理状态，这种形式的优点是简单易行，研究者可及时获取第一手材料。

（二）问卷抽象法

问卷抽象法是问卷法和抽象法的有机结合。所谓问卷法，顾名思义，就是研究者通过让秘书人员作答问卷的形式获得原始材料。所谓抽象法，就是研究者在回收问卷后，抽取答卷中反映某一方面的共同属性，形成抽象规定，即形成科学概念的方法。在秘书心理研究中，如果对问卷的答案仅仅进行一般归类，而不进行抽象处理，则不能概括出秘书的心理状态，也就不能形成概念范畴和把握心理规律。

（三）实验法

研究者在人为设置的、严格受控的环境中，通过有效的因素变化来分析被试者心理现象的研究方法，称为实验法。这种方法是获得新的心理事实和客观的科学认识的主要方法。实验有两种形式，即实验室实验和自然实验。秘书心理现象的研究主要运用自然实验形式，即在不同的自然场合中探知秘书在活动中所表现出来的心理行为，然后将积累的材料进行分类、比较、分析、判断、归纳，进而得出科学的结论。

（四）个案分析法

在活动现场对个体或集体进行较长时间的、全面系统的分析研究，并探索其心理发展变化全过程的研究方法，称为个案分析法。例如，研究者深入某一秘书部门，通过较长时间的观察、了解和生活体验掌握整个部门的秘书人员的思想动态、活动状况、行为特点等主要因素，并在此基础上，通过反复分析研究，形成一份能反映该部门秘书人员心理状态的详细材料，即书面个案。书面个案的产生过程就是个案分析研究的过程，也是个案分析法研究的结果。

第二节　秘书心理特征分析

心理特征是指一个人进行心理活动时经常表现出来的稳定特点，如有的人观察敏锐，有的人粗枝大叶；有的人情绪稳定，有的人容易波动；有的人坚决果敢，有的人优柔寡断。秘书心理特征是指秘书人员在长期的秘书工作实践活动中逐渐培养、形成的心理意识和行为习惯。从目前的秘书实践工作来看，秘书的心理特征包括两方面的内容：一方面是可加强工作效果、具有正面作用的积极心理特征；另一方面是削弱工作效果、产生负面作用的消极心理特征。

一、秘书人员的积极心理特征

秘书人员的积极心理特征主要可以从情感特征、意志特征和性格特征三个方面进行分析。

（一）情感特征

1. 爱岗敬业

秘书人员应具有兢兢业业、任劳任怨的工作态度，对待工作要恭敬严肃，要善于从服务对象的角度去思考问题，做到敬业、勤业、精业。

2. 理解尊重

尊重他人是个人修养的表现，也是顺利开展工作、提高工作效率的基石。一方面，秘书要尊重服务对象，要理解和信赖服务对象；另一方面，获得尊重和理解可以使服务对象对秘书产生亲近感、信赖感，进而重用秘书。

3. 甘于奉献

秘书应具有甘当无名英雄的奉献精神，不计较个人得失，全力以赴地干好本职工作，获得服务对象的满意和认可；自觉地将个人理想和集体的理想紧紧联系在一起，常怀忧民之心，常尽为民之责，常思利民之举。

（二）意志特征

1. 坚韧不拔

秘书的工作涉及企业、机关工作的各个方面，秘书人员长期处于紧张、忙碌的状态，所谓"路遥知马力"，只有做到坚韧不拔、不患得患失、不轻言放弃，才能经受住持久的考验。

2. 坚决果敢

在工作中，秘书人员经常会遇到各种各样的突发事件，必须时刻做好充分的思想准备，迅速应变，采取果断有力的措施有效控制和妥善解决各种问题。

3. 理性自制

善于控制自己的感情、行为，避免无益的负面情绪的产生是秘书人员不可或缺的职业修养。秘书人员作为领导的"传话筒"，一言一行都必须从大局出发，做到谨言慎行。

（三）性格特征

1. 责任感

秘书必须具备强烈的责任感，对于服务对象交办的事要负责到底，坚持原则，踏踏实实地做好本职工作。

2. 开朗大方

秘书工作涉及复杂的人际关系，秘书人员需要与来自各种机构、各种部门的各种性格的人员接触，这就要求秘书人员必须具备开朗大方的性格特征。

3. 沉着冷静

"冷静是智慧的源泉，急躁是无能的表现"，要想做好千头万绪的秘书工作，秘书人员必须做到忙而不乱，即使遇到急事也不能急躁，应迅速镇定下来，冷静分析，妥善处理各种情况。

4. 幽默感

幽默含蓄的说话方式能给人以亲切感，可以迅速缓解双方的紧张情绪，从而有助于秘书工作的开展。

5. 谨慎

秘书人员思考对策、处理问题时应该谨慎并尽量具有前瞻性，发挥辅助服务对象的补充作用。

二、当代秘书如何培养积极的心理特征

（一）强化角色意识

强化角色意识有利于提高秘书的素质和水平。秘书的角色意识包括：对职业意义、职业价值的认识；对职业要求的行为规范的认识；对职业的苦乐、荣辱、胜败的情绪体验；由认知、情感激发的行为动机和具体行为。

（二）正确认识自我

秘书人员正确认识自我的途径包括领导者、同事、群众的反馈意见，工作效果，领导者、群众的满意程度等。只有获得正确、清晰的自我认识，才能做到取长补短，自我提高。

（三）定期总结经验

秘书人员应结合工作特点与自己的心理特征，定期对自己的工作进行分析和研究，加强心理特征修养，提高自己的秘书工作水平。

（四）培养创新意识

要培养创新意识，秘书应从三个方面着手：一是思想观念要创新。要变"没有功劳也有苦劳"的传统观念为"没有最好只有更好"的现代观念，最大限度地发挥自己的聪明才智，不断提高工作的质量和效率。二是思维方式要创新。要变重复再现型思维为重组再造型思维，或者说，变唯诺型思维为唯实型思维，从而为领导工作和管理工作提供优质高效的服务。三是知识技能要更新。秘书要不断更新自己的知识结构，提升自己的知识水平，在对新知识的学习、掌握和应用过程中，培养自己的创新精神。

【阅读资料 4-1】

秘书思维的特征与培养

第三节　秘书心理障碍及调适

秘书的工作内容烦琐、工作时间不固定、人际关系复杂，这使得秘书这一群体很容易形成消极的心理特征，产生负面情绪，导致工作效率低下、工作质量大打折扣等现象的出现。如何利用秘书心理学知识帮助秘书人员消除消极心理特征，以充分地实现秘书职能，更好地发挥秘书作用已成为秘书工作中迫切需要解决的问题。

一、秘书人员的消极心理特征

秘书人员的消极心理特征主要包括以下几点。

（一）心理压力大

秘书部门在组织中的地位十分特殊且重要，一方面，秘书要发挥参谋助手作用，辅助领导做好决策，并做好保密工作；另一方面，秘书也要为各部门人员和群众服务，发挥中介桥梁作用，平衡好上下级之间的关系，化解矛盾和冲突。因此，秘书人员承受的心理压力会比其他人员更大。

（二）焦虑

秘书人员长期从事琐碎单调的工作，因此很容易由于工作压力过重或成就感得不到及时满足而产生焦虑心理，具体表现为：经常疑惑忧虑、怨天尤人，无缘由地自怨自艾，微不足道的小事也足以引起他们的不安；遇到突发事件时便不知所措，丧失应变的能力。

（三）容易厌烦

秘书工作涉及调研、信息、查办、信访、接待、机要、档案、文印、收发等多个方面，作为秘书人员，大到国家大事、重要决策，小到室内卫生、员工生活，都要参与了解，长此以往难免产生厌烦心理，这是心理疲劳的情绪表现。秘书若对工作产生了厌烦情绪，就会缺乏工作热情和专注力，导致工作效率降低。

（四）自傲或自卑

虽然自傲和自卑在形式上是完全相反的两种心理状态，但它们实质上都是由于不能正确认识自己而造成的心理失调现象。自傲的秘书人员常常自视甚高、眼高手低，"大事做不好，小事不愿做"，受到批评或遇到挫折后往往不能正确对待；而自卑的秘书人员遇到一点挫折或打击，便会意志消沉、无所作为。

（五）急躁

为了做好秘书工作，秘书人员必须要适应服务对象的工作风格和方法，对于服务对象交办的事情要分清轻重缓急，做到不遗漏、不误事。对于刻不容缓的，要马上落实；对常抓不懈的，要时时催办、督促。长期处于神经高度紧张的状态下，秘书人员很容易变得急躁，尤其是年轻秘书，常常会由于办事急于求成、缺乏计划、思考问题不够深入而在工作中出错。

（六）嫉妒

当看到身边的同事被提拔、重用或在某些方面超过自己时，秘书人员难免会有一些嫉妒，如不能及时获得消解或疏导，就会变得偏激，产生攻击性，甚至做出些违反道德规范的事情。

二、消极心理特征的成因

消极心理特征是一种障碍型心理特征，它会对秘书工作和秘书人员的成长带来许多不利的影响。秘书人员产生消极心理特征的具体成因有如下几种。

（一）社会原因

随着社会经济的快速发展，秘书工作显得越来越重要，各行各业对秘书素质的要求也越来越高：要具备过硬的思想政治素质，具有充足的知识储备和较强的业务能力，熟悉国家的法律法规和方针政策；要能拟文、办事、办会、调查研究、协调关系；要掌握自动化办公技术……如此高标准的职业要求，对应的是工作任务重、工作压力大、工作成绩不被人关注、经济待遇相对较低等现象，这正是导致秘书人员产生消极心理特征的社会原因。

（二）组织原因

组织的关怀和重视可以有效提高秘书人员的工作热情，而有些领导在工作、生活上不够关心秘书人员，甚至不尊重秘书的人格和劳动，把秘书当作可以随意使唤的"仆人"；还有些领导只在办事的时候才重视秘书人员，在评先评优、升迁进修等方面却很少考虑到秘书的需要，这些都会严重挫伤秘书的事业心和进取精神，从而引发消极心理特征的出现。

（三）自身原因

1. 自身知识和能力的欠缺

秘书因缺乏某方面的知识、能力而延误时机或使组织遭受不必要的损失时，除了要承受失败的痛苦外，还会产生内疚和自责的情绪，甚至产生自卑的心理。

2. 性格

秘书人员的个人性格弱点（如意志薄弱、经受不住物质诱惑、怯弱、自卑、孤僻、思想顽固、脾气急躁、嫉妒心强等）会导致秘书无法正常开展工作，形成心理障碍，并继续引发工作中的不顺和挫折，从而再次加深原有的心理障碍，使他们陷入这一恶性循环中不能自拔。

3. 缺乏交际能力

秘书人员若不具备过人的交际能力，就无法维持良好的人际关系，从而降低了工作效率，使自己背负沉重的心理负担和精神压力，影响身心健康。

三、消极心理特征的调节

（一）培养健全、完善的心理品质

秘书人员必须保持积极开朗的状态，培养健康的审美情趣和健全的心智，用乐观向上的态度积极参加各种活动，敢于面对现实，勇于创新。良好的意志品质能增强秘书人员克服困难、战胜挫折的信心，为秘书克服心理障碍提供有利保证，使秘书工作得以顺利完成。此外，秘书人员还应注重性格品质的培养，在了解自身性格的基础上，在工作生活中多留意、多观察其他优秀的秘书或同事是如何工作、如何待人处事的，从而认真剖析自己现有的心理品质，了解自己的不足与长处，找出差距，不断调整，加以完善。只有这样，才能更好地适应秘书工作的要求，才能在遇到心理问题及矛盾时以强大的心理承受力和抵抗力予以化解。

（二）不断积累知识，培养广泛、高尚的情趣

如今，在各行各业，仅仅掌握单一的知识技能难以适应社会的发展，激烈的人才竞争要求秘书人员不仅要努力学好专业知识并活学活用，还要不断培养各种专业外的技能。秘书人员不断学习知识和技能，充实自己，增长才干，开发潜能，不仅有利于工作，便于适应各种环境，还能树立自信心，使自己全身心地投入事业中，如此也就没有工夫嫉妒别人，更没空闲怨天尤人。

（三）建立良好的人际关系

要建立良好的人际关系，首先，秘书人员应多学习社会学、心理学及人际关系学等方面的知识，多了解与人打交道的基本理论与技巧，把从书籍中学到的知识与实践巧妙地结合起来；其次，秘书人员应认识到领导、同事、群众之间虽有职位上的区别却无人格上的不平等，因此，秘书人员应给予他人同等的尊重，不应谄上欺下；最后，在工作中，人与人之间发生摩擦是不可避免的事情，作为秘书，应做到严于律己、宽以待人，不要对个人得失斤斤计较，要以宽容的态度处理人际关系问题，这样才有利于工作的开展，同时还要团结那些与自己意见不同甚至相反的人一同共事，取人之长，补己之短。

（四）找到合理的渠道，适度地发泄情绪和控制情绪

了解和掌握调节情绪的方法，对秘书工作和秘书个人的身心健康都有着积极的意义。健全的心理品质、完善的智能结构以及良好的人际关系不仅能使秘书在工作中做到有的放矢、得心应手，还能有效地预防和消除消极心理特征，保持心理平衡，拥有健康心态。

保 持 亲 和[①]

小丁与小孙同时进入某机关担任秘书职位，两个人同样有较强的工作能力，无论领导交给他们什么任务，他们都能圆满完成，因此经常得到领导的表扬。但是，两人在同事之间则有所差别。小丁在同事之间更受欢迎，大家都觉得他为人谦逊又有能力，有什么事总是找他帮助，而小丁也的确为大家做了许多事，与大家非常合得来；而小孙则不同，虽然他的能力也很强，但其他同事都与他不太合得来，有什么事也不会找他帮忙，因为小孙这个人的个性有些高傲。小孙本人也意识到了自己和小丁的差别，但他并不想改变这种状态，反而以为这样很好。他觉得领导是喜欢他的，有领导撑腰，自己不必顾虑其他同事，更不必因别人的看法而改变自己。抱着这样的想法，小孙甚至从心底里有些看不起小丁，认为小丁那种谦让的态度十分虚伪，是一种做作的表现。当然，小孙并没有把自己的这种感觉表露出来，他认为无论小丁怎么做，都是人家的事，别人不应该干涉。

后来，领导说要在他们两人之中提拔一个做宣传干事，而且明确指示一定要坚持群众选举，任何人不得从中作梗。面对这样一个好机会，小孙虽然从心底认为自己能够胜任，而且坚信自己一定能干好，绝对不会辜负领导的厚望。但是，他也明白，凭自己的群众关系，绝不是小丁的对手。

一番公平竞争后，结果正如小孙所预料的那样：小丁以高票得到了宣传干事的职位。

本章参考文献

[1] 韩苗苗. 情商在秘书工作中的应用研究[D]. 广州：暨南大学，2015.
[2] 张澜. 秘书思维特异性初探[D]. 广州：暨南大学，2013.
[3] 郑文德. 领导演讲稿写作思维论略[D]. 广州：暨南大学，2012.
[4] 周庭. 女性秘书职业健康发展研究[D]. 广州：暨南大学，2015.

---

① 本案例源于网络并经作者加工整理。

第五章 事务管理（上）

第一节 办公环境管理

一、办公环境

关于办公室的含义，不同的语境下有不同的理解，主要分为两种：第一种是指办公的房子，是工作人员办理公务的地方；第二种是指机关和企事业单位内部办理行政事务的工作机构，是设置在上司身边直接为上司服务的综合部门。

办公环境，或称为办公室环境，从广义上说，它是指一定组织机构的所有成员所处的大环境；从狭义上说，它是指一定的组织机构的秘书部门所处的工作环境，包括人文环境和自然环境。

人文环境主要是指工作氛围和办公环境。目前，组织追求的最优人文环境是团结协作、开拓进取、积极向上、文明健康。自然环境包括空间环境、视觉环境、听觉环境、空气环境、健康与安全环境。

人文环境与社会大环境、组织内部的职能环境有密切的关系。在通常情况下，办公环境所面临的社会环境是秘书人员所难以影响和改进的，而对于组织内部的职能环境，秘书人员或许能在某种程度上对其施加一定的影响并加以改进或选择，但这必须以种种经验的不断积累和地位的提升为前提。因此，对于秘书人员来说，能够直接影响并在工作中加以选择、优化的，更多的是自然环境。

美化环境是保证工作效率的前提。美化环境主要是指工作场所（办公室）要布局合理、布置现代化，既要适应工作的需要，又要有益于工作人员的身体健康。无论是与上司同在一个办公室，还是单独拥有一个办公室，秘书人员都应该重视工作环境的美化。

二、办公环境管理的原则

（一）舒适

办公室的装潢和摆设都应以舒适为准，首先，秘书人员在设计办公室布局时应考虑光线、色彩、气候、噪声等影响工作人员情绪的因素。其次，整洁有序的环境有助于营造舒适的氛围，提高工作效率。因此，不论是办公室、办公桌，还是抽屉等，不要放置与办公无关的东西，办公用品的摆放要井然有序。

（二）和谐

秘书人员在优化办公环境时要注意保持和谐性，如桌椅、书柜等的大小、样式、颜色要尽可能统一，这样不但可以增强办公室的美观效果，还可以强化工作人员的平等观念，创造和谐的人际关系，激发工作人员的团队精神。

（三）实用

办公室布局应该力求工作方便高效，如相同或相关部门应尽可能地安排在相邻的位置，以便于密切联系和沟通。

（四）安全

布置办公室时要留意周围环境是否安全，谨防被盗、失窃、泄密等情况发生。

三、办公室的科学布置

在进行办公室布置之前，应对各部门的业务工作内容与性质加以考察与分析，明确各部门及各员工间的关系，以此为依据确定每位员工的工作位置；列表将各部门的工作人员及其工作分别记载下来，按工作人员数额及其办公所需的空间，设定其空间布局。通常办公室的大小因各人工作性质而异，但一般而言，每人的办公空间，大者可 3~10 平方米，普通者 1.5~8 平方米即可。应根据工作需要，选配相应的家具、桌椅等，并列表分别详细记载；绘制办公室座位布置图，然后依图布置；对设备的安放提出合理建议。

在进行办公室布置时，应注意以下要求。

（1）使用同样大小的桌子，可增强美观效果，并促进职员的平等感；

（2）同一区域的档案柜的高度应保持一致，以增强美观效果；

（3）将经常有外宾来访的部门置于入口处，若此法不可行，亦应规定"来客须知"，使来客不干扰其他部门；

（4）将自动售货机、喷水池、公告板等置于不致引起职员分散精力及造成拥挤之处；

（5）预留充分的空间，以备最大工作负荷的需要；

（6）领导者的座位应位于员工座位后方，以便监督，同时保证不因领导者接洽工作转移和分散工作人员的视线和精力；

（7）自然光应来自桌子的左上方或斜后上方，以保护员工视力，勿使职员面对窗户、太靠近热源或坐在通风口下。

（8）装设充足的电源插座，供办公室设备使用，常用的设备与档案应置于使用者附近；

（9）在办公区内设置休息处，并提供便利、充分的休息设备，以满足员工工余休息、自由交谈之所需；

（10）办公桌的排列应按照直线对称的原则和工作程序的顺序，其线路以最接近直线为佳，防止逆流与交叉现象；

（11）同办公室的工作人员应朝同一个方向办公，不可面面相对，以免相互干扰和闲谈；各座位间通道宽度要适宜，应以事就人，不以人就事，以免往返浪费时间；

（12）最好每 5 平方米空间范围设置一部电话，以免电话离座位太远，分散精力，影响效率。

【案例 5-1】

"流动的画廊"走进企业——新型联合办公环境①

近期，京城商圈中刮起一股"共享艺术"风，不少企业都利用挂画的形式对办公空间进行了改造。以北京中关村的联合办公空间为例，之前很难解决联合办公空间在企业风格、空间划分上的问题，不同的公司在同一屋檐下工作，员工找不到自己的归属感，通过与共享艺术的头部企业租租艺术（ZUZUART）合作，将独创的"流动的画廊"概念引入，以租赁挂画的形式短时间内对空间进行了改善。租租艺术为这些企业提供的精美艺术作品深受城市年轻白领的喜爱，这些博物馆级复刻作品中既有文艺复兴作品，又有中国古典名画，每一张画都由画师亲自参与调色，哪怕是复杂的油画，也可展现出逼真的层次感。

在挂有租租艺术作品的办公区，企业构建出具有独特文化的专属环境，通过心理学无意识行为，影响员工的职业身份认同，让年轻人感受到工作环境的轻松惬意，随时消除工作疲惫感。对青年人来说，沉浸在充满艺术氛围的工作环境中，让他们的生活和梦想有了接触，这些感受不是靠单纯加薪能得到的。

【阅读资料 5-1】

揭秘七位企业大佬的办公室

四、办公室的安全管理

（一）树立健康安全意识

秘书应树立健康安全意识，如掌握基本的法律知识，认真学习并自觉遵守有关安全生产、劳动保护的规定和本组织有关的规章制度；细心检查并主动识别存在于工作场所及机器设备等的隐患，一旦发现问题，如果是在自己的职权范围内的，应及时加以排除；对于处在自身职权范围外的，应向上司报告，尽快解决，以维护好健康安全的工作环境。安全的工作环境给予工作者的不只是身体上的健康，更是一种精神上的安全感。

（二）识别办公室安全隐患

秘书应该了解并能识别办公室中可能存在的各种有碍员工健康和威胁员工安全的潜在危险，以降低危险发生的可能性。一般来说，办公室的安全隐患主要存在于：①办公建筑隐患，主要指地面、墙壁、天花板及门窗等方面的隐患，如地板缺少必要的防滑措施，个别员工忘记关窗、锁门等。②办公室物理环境方面的隐患，如光线不足或刺眼，温度、湿

---

① http://www.chinanews.com/business/2017/12-05/8393013.shtml（2017-12-05）

度调节欠佳，噪声控制不当等。③办公家具方面的隐患，如办公家具和设备等摆放不当，阻挡通道；家具和设备有突出的棱角；书柜堆放物品过多，有倾斜倾向等。④办公设备操作隐患，如电线磨损裸露、显示器摆放不当造成反光、复印机辐射、不当操作设备等。⑤消防隐患，如乱扔烟头、消防设施损坏或失效、消防通道堆放物品等。

秘书人员应定期对办公环境和办公设备进行安全检查，及时发现和排除隐患，做好风险防范。企业办公室中安全检查的方法通常是：确定检查周期，定期对办公环境和办公设备进行安全方面的检查；发现隐患，在职责范围内排除危险；如果发现个人职权无法排除的危险，秘书有责任和义务报告、跟进，直至解决；将异常情况的发现、报告、处理等过程认真记录在本企业的"隐患记录及处理表"（见表 5-1）或"设备故障表"（见表 5-2）中。

表 5-1 隐患记录及处理表

序号	时间	地点	发现的隐患	造成隐患的原因	隐患的危害和后果	处理人	采取的措施

表 5-2 设备故障表

时间		发现人	
设备名称		何故障	
维修要求		维修负责人	

要区分使用"隐患记录及处理表"和"设备故障表"，前者记录的是隐患，包括办公环境和办公设备两部分，后者记录的是办公设备运行中出现的故障。例如，复印机能操作，但靠墙壁太近，就应该填写"隐患记录及处理表"；若复印机不能工作了，就应该填写"设备故障表"。

五、办公室软环境建设

办公室软环境包括人际关系、气氛和工作作风等方面。

（一）人际关系

要构筑团结融洽的人际关系，秘书人员要处理好以下几种关系。

（1）处理好与领导的关系。秘书人员应进行正确的自我定位，做好领导的参谋和助手，尊重领导、相信领导、谅解领导，维护领导的形象与威信，充分了解领导，这是秘书人员与领导默契配合、做好辅助工作的基础。

（2）处理好与同事的关系。所谓"同声相应，同气相求"，从某种意义上说，人们交往的次数越多、交流的程度越深，彼此之间的相似因素也就越多，关系也会越好。秘书人员要加强与同事的合作，向优秀的同事学习，取长补短，提高工作能力和内部合力。当与他人产生矛盾时，秘书人员应当冷静分析，常思己过。

（3）处理好与组织其他部门之间的关系。秘书要不断强化服务意识，同各职能部门建立和谐的人际关系。

（二）气氛

团结、轻松、向上的气氛是增加办公室凝聚力和向心力、提高工作效率的必要条件。秘书人员应协调全体员工达成一致的目标，统一行动，这样才能使工作顺利进行，营造积极向上的办公室气氛。

（三）工作作风

良好的工作作风是一种无形的力量和无声的命令，对员工的行为具有强大的约束力、推动力和感染力。首先，秘书人员应辅助领导建立健全办公室管理制度和行为规范，如《办公室目标管理制度》《办公室人员岗位责任制度》《用印制度》《会议管理制度》《信访接待制度》《安全管理制度》等。其次，要编写岗位职责说明书，完善员工的学习、考核、奖惩和监督等制度，形成各司其职、各尽其责的良好工作氛围。再次，要规范办公室事务处理的工作流程，依据办公室各项事务的具体内容实施明确分工，使办公室的管理层次更加明晰，资源分配更加合理。最后，秘书人员应辅助领导在充分了解成员个性的基础上，努力形成相对稳定的良好管理风格，以调动成员的工作热情和聪明才智，掌控"一张一弛"的工作节奏，在保证工作质量和效率的同时，积极开展各类活动，缓解工作压力，增强向心力和内聚力。

第二节　办公用品的管理

做好办公用品的管理工作，对提高办公室的办公效率，保证工作的完成起着很大的作用。

一、办公用品管理的原则

1. 合理计划

秘书人员要根据整个机关的工作性质、特点以及以往的规律确定所需办公用品的种类、数量、质量，并根据开支规定、现有库存、轻重缓急等因素逐项做出计划，计划要具有预见性、可行性和合理性，并注意在实际工作中不断调整，以满足办公的需要。

2. 适当倾斜

对工作性质比较重要的部门，秘书人员可酌情实行倾斜政策，即在条件允许的情况下，优先改善这些部门的工作环境和工作条件，做好后勤保障工作，让工作人员把精力集中起来，完成好工作任务。

3. 力行节约

秘书人员要对本单位工作人员进行节约观念教育，杜绝办公用品浪费的现象；要严格管理和发放办公用品，防止办公用品流失或用于非办公项目。

4．加强保管

所有办公用品应分门别类地进行登记，并妥善存放，平时要加强清点和检查，切实做好防火、防潮、防蛀、防霉、防盗等工作。对办公用品的保管要固定专人负责，建立发放登记制度，以便核查办公用品的使用情况。

二、办公用品或设备的接收程序

办公用品和设备的接收程序为：①按照订货单和通知单核对办公用品或设备，如果数目不对，立即通知采购部门联系供应商并按实际的数目支付款项。②将办公用品或设备贴上标签（表明类别和存放地），登记在库存卡的接收项里，及时更新库存余额。③按照存储规定存放好办公用品，体积大、重的放在最下面，体积小、常用的放在方便取用的地方；储存间或物品柜要上锁，保持良好的通风和照明条件。④按照物品发放制度发放办公用品。

三、库存记录

企业在运营中所需要的办公用品、消耗品、小型办公设备应当保持充足状态，但又不能占用大面积的库房和积压大量的存货，因此需要建立库存记录。一般地，库存记录可以采用手工记录和电子记录两种方式，但无论采用哪种方式，都应该保证记录的信息完整且准确。

库存记录（库存控制卡）的主要内容包括：①项目——包括大小、颜色和数量等；②单位——货物定购、存储和发放的单位；③最大库存量——一项物品应该存储的最大数量，需考虑费用、存储空间和保存期限；④再订货量——当库存余额达到这一水平，须订购新的物品来使余额达到最大库存量；⑤最小库存量——当库存余额达到这一水平，必须检查是否经订货，并与供货商联系，确定可以接受的交货日期；⑥日期——所有与库存管理相关的日期。库存控制卡的具体内容如表5-3所示。

表5-3　库存控制卡

代码：25				项目：A4白文件纸			
存放位置：B4				最大库存量：100令			
单位数量：令				最小库存量：15令			
（1令=500页）				再定货量：25令			
日期	接收			发放			
	数量	发票号	供应商	数量	申请号	个人部门	余额

秘书人员须在每次发放或接收物品时将相应内容填写在库存控制卡上，并记录该项库存的余额。

第三节 接 待 工 作

一、接待工作的含义和程序

接待是指一定的社会组织对公务活动中的来访者所进行的迎送、接洽和招待、服务等活动，它是秘书机构的一项经常性事务工作。所谓"见其礼而知其政"，接待工作的质量高低不但能直接体现出秘书个人的素质与能力，更能反映出一个组织的工作作风和外在形象，对于涉外组织，接待工作的质量甚至影响着国家的形象，因此，秘书人员必须重视和切实做好接待工作。

接待工作的一般程序为：①起身迎客，问明来意；②请客人坐下稍等；③尽快联系好客人要去的部门并向客人具体说明如何去该部门；④将客人送出门口，挥手道别。

【阅读资料 5-2】

党政机关国内公务接待管理规定

二、接待工作的种类

接待工作按照不同依据可分为不同种类，具体如表 5-4 所示。

表 5-4 接待的种类

依　据	种　类
接待对象的国别	内宾接待
	外宾接待
组织关系	上级来访
	下级来访
	平级来访
	公众来访
来访目的	视察
	检查
	参观
来访目的	考察
	事务接待
	会议接待

续表

依　据	种　类
接待对象是否预约	有约接待
	无约接待
来宾人数	个体接待
	团体接待
接待规格	一般性接待
	高规格接待

下面以秘书人员几乎每天都要处理的一般性个体接待为例予以说明。一般来说，一般性个体接待可分为有约接待和无约接待。

（一）有约接待

秘书接待的约见对象就约见的有关事宜预先进行了约定，称为有约接待。在有约接待中，秘书一定要做好充分的准备，使接待有礼有序地进行。

1. 事先准备

对于有约接待，秘书人员需要做好的准备工作包括适时提醒领导，做好接待室的卫生和布置工作。如有必要，秘书还应事先和对方再次确认，保证会面按照计划顺利完成。

2. 热情待客

客人按时赴约后，秘书应立即停下手上的工作，礼貌热情地起身招呼客人并将客人带到事先安排好的会谈地点。如果客人比约定的时间来得早一些，而领导因工作关系不能马上接待，秘书应请客人稍作等候，并奉上茶水及消遣性读物；如果客人到访时，秘书正在接打电话，应先以手势向客人示意，然后迅速结束电话，招待客人，随后及时用适当的方式把客人来访的消息告知领导或直接把客人带到接待地点，而不能让客人久等。

3. 礼貌引导

引导客人去往接待地点的过程中，秘书应配合客人的步调，在客人左前方引导，并与客人进行适当的寒暄；转弯或上楼梯时，应稍停并指示方向，礼貌地用手示意并说"请这边走（This way, please）""请上楼（Upstair, please）"；乘电梯时，应先告知客人接待地点在几楼，并按住电梯开关，让客人先入先出；到达接待场所后，应先行敲门或直接为客人开门，请客人先入内。

4. 适时告退

若不需要秘书人员从旁记录，领导和客人入座后，秘书端上茶饮就可告退了。告退时可用目光扫视一下接待室里的所有人，看看他们是否有事要交办。在上司和客人会谈时，秘书应适时添加茶饮，续水的时间以不妨碍双方交谈为佳，不能等到茶水见底了再续水，也不宜斟得过满，以杯深的 2/3 为宜；如果接待室的门关着，进去时要先敲门并说"对不起，打扰了"之类的礼貌用语。

（二）无约接待

秘书接待事先没有约定而临时来访的宾客，称为无约接待。对于临时来访的来宾，秘书既不能"有求必应",又不能无礼怠慢;要学会有效地甄别,过滤不速之客,婉拒领导不愿意会见的来宾,避免浪费时间或让领导面临窘境。一般地,接待无约来访的客人的程序为了解来宾的身份及来意、分流、婉拒来宾、礼貌相送。

1. 了解来宾的身份及来意

领导的日常工作大都是按计划进行的,不速之客的到来可能会使其既定计划受到干扰,因此,为了保证领导工作的正常进行,秘书必须礼貌委婉地了解来宾的身份及来意,以便做出恰当的接待安排。

2. 分流

在了解了来宾的身份和意图后,秘书应及时做出恰当的分流处理。

3. 婉拒来宾

对于不愿表明来意的来宾,秘书可使用"善意的谎言"婉拒,如表明自己并不清楚领导的去向或说"请您稍等一下,我去找找,看领导在不在",然后尽快请示上司。如果领导不准备会见来宾,秘书人员应明确地婉拒来宾;若对方非见不可,秘书的态度可以更坚决一点或再请示领导。需要注意的是,"出差""不在办公室"之类的理由不能经常用,因为它们是众所周知的借口,反复使用会使来宾感觉受到冷遇。

4. 礼貌相送

送客时,对于因被婉拒而仍有余怒的来宾,秘书要适当进行安抚,平复他们的情绪,这样不仅能显示出自己的风度,对组织良好形象的树立也有极大的帮助。

【案例5-2】

无 约 接 待①

张秘书正在办公室内埋头整理文件,一位衣着考究、身背公文包的男士走了进来,说是约好了要见刘总经理。张秘书热情地招呼该男士入座,然后查了查经理的日程安排,发现并无此约会,但他想可能是经理自己约定的,便热情地给客人倒了一杯水,顺便问道:"请问您和刘总约的什么时间?"那位男士回答说:"我今天是抱着很大的诚意拜访贵公司经理的,如果方便的话,希望能和他面谈一下。"张秘书得知这位访客并没和经理约好,便说道:"真不巧,经理正在会见一个重要的客户,这样吧,我现在想办法和他联系一下。请问我应该怎样向他介绍您的情况呢?"对方自我介绍是保险公司的一名业务员,张秘书知道本单位由于某些客观原因,近期并没有打算为员工购买此公司保险的计划,但他不敢擅自做主,便请访客稍等,自己去请示了经理。不出所料,经理回复"不见"。

张秘书得到经理的回复后,客客气气地对访客说道:"先生,真抱歉!刘总正在和一个大客户商谈事情,实在不方便打扰。您看,都快中午了,再等下去肯定会耽误您吃饭的时间,为员工买保险是一件很有意义的事情,我一定会请示经理,然后尽快跟您联系。麻烦您给我一张您的名片可以吗?"

---

① 本案例源于网络并经作者加工整理。

"好吧。"访客说完掏出名片递给小张,但神情明显有些不悦。于是,张秘书又说道:"对了,我想起我有一个朋友在另一家大公司上班,他前几天还说他们公司的老板有意给员工买保险呢,您可以去那里试试,这是他的名片。"

访客接过名片,脸色稍稍缓和一些,张秘书又说:"先生,你们公司的投保资料能否给我留一份,下周我们有个同行联谊会,我可以帮您宣传一下。"访客听到这里,终于露出笑容,留下资料后满意地离开了。

三、接待要领

接待访客时,秘书人员除了要保持热情有礼的接待态度外,还要了解一些相关的接待要领。

1. 交换名片

递送名片时,一般是由来宾、地位较低的人或晚辈先行递出。递送名片时要起立,上身稍微前倾以示尊敬,用双手的拇指和食指轻握名片的前端,文字正面(内宾用中文面,外宾用外文面)朝向对方,同时说声"请多多指教"之类的礼貌用语或报上自己的名字,这样可加深对方对你的印象。当名字中有生僻字或多音字时,应清楚地说出来或加以解释。当对方不止一个人时,应最先把名片递给职务较高者或年龄较大者,若看不出职务高低或年龄大小,可按照进入场所的先后顺序依次交换名片。

接收名片时,应恭敬地以双手接过,并认真地看一遍,遇到不懂的字,应礼貌地向对方请教。收到名片后,不能把名片压在其他文件下面或记事用,为了查找方便,可在名片的背面记下与名片主人初次见面的时间、对方的特征等,然后按照不同的规律,如地区、单位、姓氏等进行分类。名片主人的单位、电话号码有所变更时,秘书人员应注意及时更换或更新信息。

2. 做好来访记录

为了更好地掌握接待来访工作的情况,提高接待工作的质量,秘书应对每天的来访情况进行记录,可以准备一个专用的来访记录本,也可以采用表格形式进行记录。

3. 必要时帮助领导中止会客

领导在会见访客时,秘书应留心观察领导的接待情况,当会谈超时而重要活动临近时,秘书必须及时提醒领导;如遇到喋喋不休的访客,秘书应与领导协商好对策或达成某种默契,如用内线电话告知领导下一位访客已到,委婉地提醒访客会谈时间已久,避免由领导亲自催促访客结束会面的尴尬情况发生。

【阅读资料5-3】

迎 送 礼 仪

第四节 时间管理

一、时间管理概述

（一）时间管理的含义

时间管理是指通过事先规划和运用一定的技巧、方法与工具实现对时间的灵活而有效的运用，从而实现个人或组织的既定目标。

（二）时间管理的一般原则

（1）在精力最旺盛的时间做最重要的工作。科学研究证明，人的一生要受一百多种生物钟的支配，各种生物钟的周期长短不一，但都会对人产生很大的影响，因此每个人都应该熟悉自己的生物钟，在自己的精力最旺盛的时间处理最重要、最困难的工作，这样可以提高时间利用率。

（2）消费时间要计划化、标准化、定量化。消耗在一项工作上的时间长短要依据这项工作对目标的作用程度进行定量分配，制订出耗时计划。秘书人员应保证以最有效的方式，利用定量的时间，有秩序地从一项工作转换到另一项工作。

（3）保持时间弹性。工作时要注意劳逸结合和精力的调节，"连轴转"是低效能工作者的做法，只有适当调节才能使工作具有持久性，才能保证工作的高效率。

（4）定期反省。秘书人员要养成定期检查时间利用情况的习惯，可充分利用台历、效率手册、时间耗用卡片、记事簿、计算机等工具记录时间的耗费情况，发现导致时间被浪费的因素并消除之。

（5）将一般性工作"案例化"，将固定性工作"标准化"。科学管理之父泰罗提出过一个管理"例外"原则，就是管理者只管条例、规章制度中没有规定的例外事件。对于反复出现的同样的问题，把结果和处理方式记录下来，列入规章制度，使其"案例化"，下次再处理同类问题时就有了可参照的标准，即处理办法标准化，这是使管理人员摆脱琐事烦扰的有效方法。同时，要大力推进业务程序的标准化，把每项工作都通过标准化的业务流程规定下来，使工作达到事半功倍的效果。

（6）切忌事必躬亲。事必躬亲者往往不懂得授权，不仅导致自己十分辛苦，还有可能会顾此失彼。秘书人员要从日常繁忙的工作中解放出来，增加可控时间，用到重要的工作上。

（三）时间管理方法

常用的时间管理方法有两种：ABCD 工作法和时间表编制法。

1. ABCD 工作法

根据重要和紧急程度将各种事务划分为 A、B、C、D 四个类别，即 ABCD 工作法，如图 5-1 所示。

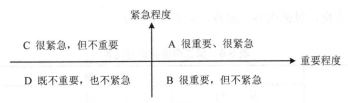

图 5-1 ABCD 工作法

A：很重要、很紧急。这类事务应该在第一时间完成，并值得花费大量的时间。

B：很重要，但不紧急。这类事务需要计划好什么时候开始做，值得花费大量的时间。

C：很紧急，但不重要。这类事务需要立刻在尽可能短的时间内完成。

D：既不重要，也不紧急。尽量缩短完成这类事务的时间，且应该在已完成所有重要的、紧急的事情之后再做。

【阅读资料 5-4】

ABCD 时间管理法的实施

2. 时间表编制法

时间表是管理时间的一种有效手段，它是将某一时间段中已经明确的工作任务清晰地记载和标明的表格，可提醒使用者和相关人员按照时间表的规划行动，从而有效地管理时间，顺利完成工作任务。

（1）时间表的类别。

时间表的类别如表 5-5 所示。

表 5-5 时间表的类别

分　类	内　容　要　求
年度时间表	参照上一年的时间表和下一年的工作部署将一年中的例行会议、重要的经营活动、确定的商务出访安排妥当
月时间表	由主管领导召开会议拟定或请其他领导提出下月计划，再结合集体议定事项，由秘书制表，经主要领导审定后下发实施
周时间表	周五下班前或周一上午由主要领导碰头协商活动安排，在月时间表的基础上，参考平时收集的信息，由秘书人员排表（时间从周一至周五，分上午、下午安排），经被授权人过目后印发给相关人员
重要工作事项预订表	根据具体情况编制单个项目的工作计划表

（2）时间表的编制方法。

时间表的编制方法一般为：①根据需求确定表格编制周期。②收集并列出当前阶段的所有工作、活动或任务，若发现活动之间有矛盾，应主动与负责人协商，及时调整。③按照时间顺序将所有任务排列清楚。④绘制表格，标明时间和行、列项目。⑤用简明扼要的文字将信息填入表格,包括内容、地点,如表 5-6 所示。

表 5-6 第二季度会议时间表

周次	月份		
	四 月	五 月	六 月
一			
二			
三			
四			

二、日程安排

(一)日程安排的内容

秘书人员的日程安排工作是把领导或组织每月、每周、每天的主要活动形成书面文件并下发给组织相关单位或部门。领导或组织的日常工作一般涉及:①接待、约会,包括接待或会见本单位员工、外单位来宾和国外来宾。②商务旅行活动,包括领导到各地、各国联系合作事宜,进行市场调研和参观学习等活动。③各类会议。④领导检查或指导等活动。

(二)日程安排的基本要求

(1)统筹兼顾。所谓统筹兼顾,就是安排日常活动时要从全局出发,统一筹划,同时兼顾领导的实际情况。

(2)安排规范。根据组织领导的分工明确规定哪一类活动应由哪些领导参加,避免随意性,注重实效性,克服形式主义。

(3)效率原则。

(4)突出重点。根据 ABCD 法则,优先安排与完成中心工作有直接联系或较为重要的活动,保证领导能集中精力办大事。

(5)留有余地。安排日程时要留有余地,不要安排得过于紧密,要给领导预留出可自由调节活动的时间。

(6)适当保密。除了要向领导提交日程安排表,为保证活动顺利有序地进行,有关科室和工作人员有时也会收到领导的日程安排表,但秘书人员需要注意,给有关科室和工作人员的领导日程安排表的内容不能太过详尽,以防泄密。

(7)事先取得领导的同意。在安排日程表时,无论是一般性工作还是重要性工作,都要事先得到领导的同意。

【案例 5-3】

没有接到通知

某公司决定于某年某月某日召开一次重要会议,公司主要领导交代领导 C 一定要参加。

交办此事的办公室负责人还特别交代要提前发通知，以便领导C能预先安排好工作。随后，值班人员立刻将开会的时间、地点、内容、要求通知给了领导C的秘书，并要他及时向上汇报。但直到开会的前一天，领导C因为有事要与主要领导通电话才得知此事，于是领导C在电话中说："我没有接到通知，而且我明天已经安排了一个几十人参加的会，怎么办？"主要领导听后，马上安排负责通知的值班室查问，值班人员回复某年某月某日某时已将会议信息通知给了领导C的秘书。

为什么会出现这样的问题呢？原来，领导C的秘书虽然接到了会议通知，但当时没有按要求立即报告，后来又因为忙其他事而忘记了，这才造成了领导C的会议冲突。

三、约会安排

（一）约会安排的基本原则

（1）要根据领导的工作习惯和生活习惯来安排约会，不能安排在领导的休息时间。

（2）要区分事情的轻重缓急，合理安排约会。一般来说，凡是领导主动安排的约会，必须马上安排并落实；如果是他人来访，要根据领导的意见安排约会或婉拒对方。

（3）协助领导搜集信息，使领导在约会前做到心中有数。

（4）保留弹性。这里所说的弹性包含两方面内容：一是对于同一时间段的多个约会要错开时间安排，间隔不可太短或太长；二是对于时间不能完全确定的约会，要注意因情况有变而改动时间的可能，提前做好准备。

（5）提醒领导准时赴约。正常情况下，秘书人员要负责保证领导能准时赴约，不误约，不失约，但如果领导不能按事先约好的时间进行约见，秘书人员要设法及早通知对方。

（二）安排约会的注意事项

（1）预先安排约会活动。秘书人员应负责把领导每月、每周、每日的主要活动纳入计划表并形成书面资料，经领导同意后下发给有关部门或人员，督促他们提前做好准备。

（2）善用日历和备忘录。秘书人员可在日历和备忘录的空白处将领导的活动日程逐一填写清楚，包括活动名称、具体时间、地点、参加人员、注意事项等。

（3）提醒领导准时赴约。秘书人员可在每天早上上班时将提前打印好的约会时间提示表放在领导的办公桌上并做好用车、提供资料、安排约会场所和招待事宜等准备工作。

（三）安排约会的方式

（1）面约，即秘书受领导的委托当面与约会对象约定会面的时间、地点等。

（2）函约，即秘书人员受领导委托利用信函形式安排约会。

（3）电约，即秘书人员利用通信手段（如电话、电传、电子邮件等）与客户等确定约会事宜。

（4）托约，即秘书人员拜托第三方代为约见，如留函代转等。

（5）广约，即利用大众传播媒体把约见的目的、内容、要求以及时间、地点等广而告之。

四、差旅安排

由于工作的需要,领导经常要出差、旅行,秘书人员要为领导做好前期准备工作。

(一)差旅计划

差旅计划是否合理是领导能否顺利完成工作任务的重要前提,一份合理、周全、规范的差旅计划有助于领导在最短的时间内完成工作任务。要完成一份周密详细的差旅计划,秘书人员应主要从以下几方面进行考虑。

(1)时间。一是指出发、返回的时间,包括因商务活动需要在两个或两个以上地点中转的抵离时间;二是指差旅过程中各项活动的时间;三是指差旅期间的就餐、休息时间。

(2)地点。一是指差旅的目的地(包括中转地),目的地名称既可详写(即哪个地区、哪个公司),也可略写(即到访公司的名称);二是指差旅过程中的各个活动地点;三是指食宿地点。

(3)交通工具。一是指出发、返回的交通工具;二是指商务活动中使用的交通工具。

(4)具体事项。一是指商务活动的内容,如访问、洽谈、会议、宴请、娱乐活动等;二是指私人事务活动。

(5)备注。备注中应记载需要领导予以注意的事项,如目的地是否需要中转,中转站的名称、休息时间、飞机起飞时间,参加活动应携带哪些有关文件材料,应该遵守哪些民族习惯等。

差旅计划应至少打印三份,一份交给领导,一份由秘书留存,一份存档。

【案例 5-4】

迟到失商机[①]

天地公司经理与三利公司经理就某合作项目安排了会面,时间预定在某日下午 1:00。天地公司的秘书原本预订了会面前一晚直飞三利公司所在城市 A 城的机票,但天地公司经理称自己的工作很忙,会面前一晚还有其他活动安排,不能飞往 A 城,于是秘书改签了会面当日上午 8:00 的机票。会面当天,天地公司的经理由于前一晚工作得太晚,没能赶上班机,于是,该公司经理立即预订了飞往 A 城相邻城市 B 城的机票,到达 B 城后又乘大巴车赶到了 A 城的三利公司。结果,由于天地公司经理严重迟到,三利公司经理很是不悦,他认为天地公司对该项目的合作缺乏诚意,双方最终没有达成合作。

(二)差旅日程表的拟定和内容要求

差旅日程表实际上是对差旅计划的细化,如表 5-7 所示。

---

① 本案例源于网络并经作者加工整理。

表 5-7　差旅日程表[①]（20××年 4 月 25—27 日）

日　期	时　间	日　程	地　点	备　注
4月25日	17:25	北京—深圳 CA1305	机场	接机人：×××　　136××××××× 车牌号：××××××（该车在深圳期间随行） 入住新世纪酒店
	21:30	消夜		自行安排
4月26日	11:30	嘉利会面及午餐	新世纪酒店上海餐厅宁波厅	嘉利参加人：×××、×××、××× 联想参加人：×××、××× 议题：嘉利最新情况通报 对方联系人：×××　　139×××××××
	13:20	出发前往 EMC office，×××陪同前往		
	14:00	EMC 会面	深圳沙头角保税区 21-23 栋北座	联想参加人：×××、×××、×××、×× EMC 参加人：总经理、副总经理、业管处经理、技术处协理、研发部经理 会议安排： 14:00—15:00 双方公司介绍交流 15:00—16:00 参观工厂 16:00—17:00 产品研讨（显示器/电脑相关产品）及未来业务合作磋商
	17:20	返回新世纪酒店，×××陪同		
	18:00	晚餐	新世纪酒店餐厅	美国国家半导体：××及随行人员 联想：×××、×××
4月27日	14:00	东莞金和涂料有限公司会面	深圳长安镇沙头南区（地图附后）	金和参加人：总经理、生产经理 嘉利参加人：采购部主管、工程总监 联想参加人：×××、×××、××× 议程安排： 14:00—14:05 双方介绍 14:05—14:25 金和介绍（工厂历史、油漆种类、生产工艺及相关喷漆关键技术、发展趋势等） 14:25—14:55 双方讨论 14:55—15:25 参观金和新厂
	15:35	瑞和塑胶五金电子厂	深圳长安镇沙头南区	15:35—15:40 联想与瑞和人员互相介绍 15:40—16:10 参观瑞和工厂 16:10—16:25 机动 16:25 前往机场，车程约 30 分钟
	17:40	深圳—北京 CA1303		×××安排接机
随行人员及重要联系电话：×××　139×××××××；×××　136×××××××				

[①] 王凌，肖传亮. 新编商务秘书实务[M]. 2 版. 北京：电子工业出版社，2014.

第五节 信息工作

一、秘书信息工作概述

（一）秘书信息工作的主要内容

秘书信息工作是指秘书人员根据信息获取的目的和决策者的工作需求，对信息进行整理、加工和利用。

秘书信息工作的主要内容包括以下几个方面。

（1）日常工作中的信息工作，包括值班、接待、接打电话和安排活动。秘书人员在处理这些事务时，要做好信息工作。

（2）会务工作中的信息工作。秘书要做好会议期间的信息收集、信息传递、信息反馈工作，做到多听、多记、多想，以便全面收集和掌握第一手资料。

（3）文书处理过程中的信息工作。文书是重要的信息载体，文书的起草、制作、分发、收缴、传阅和归档就是秘书信息工作中最重要的部分。

【阅读资料5-5】

用信息服务决策

（二）现代秘书应具备的信息工作能力

现代秘书人员应具备的信息工作能力包括四个方面的内容：一是信息收集能力。秘书人员要充分利用工作岗位的优势，建立有效的信息网络，要善于从不同的渠道，采用不同的方法，迅速、及时地收集到正确的、充足的、有价值的信息。二是信息整理能力。信息整理包括对信息的分类、筛选、校核。当面对零散的、无序的信息时，秘书人员要有去粗取精、去伪存真的能力。三是信息预测能力。在掌握行业知识和信息知识的基础上，通过长期的实践经验积累，秘书人员应具有理性判断事物发展趋势的能力。四是信息处理能力，包括传递、开发、利用信息的能力。

（三）秘书人员应常备的信息资料

秘书人员应常备的信息资料包括各类单位工作活动中需要用到的参考资料，如电话簿，飞机、汽车、火车时刻表，百科全书、年鉴、字典、词典，报纸、期刊，统计资料，地图集，档案，名录，内部文献，有关政府出版物、法律法规汇编、政策汇编，以及广告材料和宣传品。

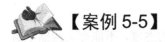
【案例 5-5】

老王忙碌的信息工作[1]

老王是办公室的"老资历",主要负责信息工作,其主要任务就是进行信息的收集、整理、传达,具体来说就是对日常信息、舆情信息、纳税服务投诉以及信访等信息的处理。以下是老王某天上午的工作记录。

早上不到 8:30,老王的信息工作就开始了。他打开电脑开始整理前一天下班前办结的一份投诉案件的工作底稿,并撰写信息稿供领导审阅。

等将整理好的信息稿发送给领导时已经到 9:30 了,这时电话响起了,老王接通了电话,是纳税人反映某餐馆不开发票事宜的举报电话。老王一边询问纳税人具体情况,一边进行详细的记录,最后感谢纳税人提供的举报线索并表示会尽快组织调查核实。老王挂完电话刚松了一口气,就见前台同事领着一位老大爷进了办公室。老王赶紧热心接待,经过了解后才知道老大爷是因为社保退休问题前来投诉的。询问起老大爷的情况时,老大爷的情绪颇为激动,他愤慨地表示其公司不但不帮他购买社保,还在他即将退休的时候将其辞退。老王耐心地倾听老大爷讲述,详细地进行记录并适时安抚老大爷的情绪,等了解清楚具体情况后,他答应老大爷会尽快进行调查落实,帮助老大爷解决社保问题,这才送走了老大爷。老王看了看时间,已经 10:50 了。这时,老王又想起刚刚接待老大爷的时候有微博信息提示,因此赶紧打开官方微博,刷新信息,发现有纳税人反映该局办税大厅办事速度太慢,办理业务时等待时间太长。于是,老王立刻联系前台大厅的负责人了解情况。据大厅反馈,今天是税期最后一天,所以前来办理当月税费申报的纳税人激增,这才导致办税大厅叫号量太大,纳税人等待时间过长。老王立即将情况进行记录并报告,最后按照领导的指示回复了反映者。等处理完这些,已经接近 12 点了,一个上午就这样过去了,老王也总算是松了一口气,但是想想接下来还有大批投诉、举报、信访案件要跟进调查处理,老王顿时又觉得压力巨大。

二、信息工作的程序

信息工作的程序包括收集、整理、传递、存储、利用和反馈(见图 5-2)。

图 5-2 信息工作程序

(一)信息收集

信息收集是秘书根据决策者和秘书工作的需求,通过不同渠道和方式,遵循一定原则,用科学方法收集获取有价值信息的过程。信息收集是信息工作的首要环节。

---

[1] 罗瑛瑛. 秘书信息工作中的"负面"信息处理研究:政府税务部门的"负面"信息处理[D]. 广州:暨南大学,2014.

1. 信息收集的原则

（1）真实性原则。真实性是指信息收集必须坚持实事求是的态度，不能夸大或缩小事实、拔高贬低；要正视客观现实，有喜报喜、有忧报忧，不应回避矛盾；信息中的时间、数字、单位应当力求准确，保证核实无误。只有真实准确的信息才能使领导做出正确的决策，失真、虚假的信息则会造成领导决策失误。

（2）价值性原则。价值性原则主要体现在信息的实用性方面，不同来源的信息，其价值含量是不同的，对组织的意义也不一样。秘书人员要随时关注重要的信息来源，收集对领导决策有直接意义、参考价值、实际作用，能反映问题本质，体现最新情况的高质量的信息。

（3）及时性原则。时效性的高低是决定信息价值大小的关键因素，时效性越高，信息具有的价值和意义越大，反之则会成为无用信息、垃圾信息。

（4）针对性原则。秘书人员在提供信息时应随着服务对象的不同或服务目的的不同而有所侧重。例如，服务目的是帮助领导进行决策，秘书人员就要收集具有全面性的宏观信息。

（5）全面系统原则。信息收集要注重连续性和完整性，要把握事物的全貌，形成全面综合的信息，充分发挥信息的效用，保证信息收集的科学性。

2. 信息收集的方法

（1）观察法。观察法就是人们用感官或借助其他工具来认识客观事物，从而获得信息，它是收集、获取信息的最基本的方法。

根据观察者在观察过程中扮演的角色，观察法可分为参与观察法与非参与观察法。参与观察法是指观察者为了达到深入了解情况的目的，直接加入某一被观察群体中，以内部成员的角色或可被被观察者接受的角色参与他们的各种活动。例如，商业竞争中，为了打败竞争对手，企业会让自己的员工以消费者、买主等身份获取对手在价格、制造工艺、销售等方面的信息。非参与观察法是指观察者以旁观者的身份置身于被观察群体之外进行观察。

根据观察方式，观察法可分为有控制观察法和无控制观察法。有控制观察法是指观察者事先根据研究目的拟定好观察计划，并严格按照计划的内容和程序实施观察。无控制观察法是指观察者事先对观察的内容、程序不做严格计划，而是依实际情况随机决定。

观察法适用于对环境、人、事件等信息的收集，具有简单、灵活，容易获得较为客观的第一手材料等优点，但使用该方法收集到的信息往往流于表面，不够深入且数量有限，同时，观察效果在很大程度上取决于观察者的自身能力。

（2）阅读法。阅读法是指通过阅读资料的方式来收集信息，可分为速读法、略读法和精读法。速读法，又称走查法，即采取较快的速度将全部文字材料看一遍，对材料不做深入的分析，从中搜索所需信息。略读法，即采取跳跃字句或段落的方式将全部文字材料浏览一遍，以快速获取所需信息。精读法，即集中注意力对重要的文字材料进行仔细阅读，从中获取信息。

阅读法的优点包括获取信息方便，获取的信息量大，适用性强，获取的信息具有全面的参考价值；缺点包括耗费时间长，需要对来源复杂的信息进行筛选，以保证信息的真实性。

（3）交换法。交换法是将自己拥有的信息资料与其他个人或单位的信息材料进行交换，从而获取信息的方法。采用交换法时,要特别注意必须遵守有关的法律法规。

根据信息的性质,交换可分为利用闲置信息交换和利用重要信息交换两种类型。闲置信息是指对于己方的工作暂无使用价值,但对于对方的工作具有重要意义的信息。例如,在服装行业,布匹供应商可向客户提供纽扣供应商、纱线供应商的相关信息,而该客户可向布匹供应商介绍其他客户。利用重要信息交换一般是指为了获取对方手中的其他重要信息,以己方的重要信息作为交换条件。

按信息交换的工具,交换方式可划分为口头交换、书信交换、电报传真交换和网络交换四种类型。口头交换是指双方通过交谈互相交换信息。书信交换是指双方通过书信往来互相交换信息。电报传真交换是指双方借助电报传真等传输工具来交换信息。网络交换是指双方利用电子邮件、即时通信工具等网络工具来交换信息。

按信息交换的场地,交换划分为现场交换和非现场交换两种类型。现场交换是指双方面对面地互换信息。非现场交换是指双方进行远距离的信息交换。

按交换信息的时间,交换可划分为长期性交换和临时性交换两种类型。长期性交换一般适用于业务往来频繁的企业之间,双方建立稳定的信息交换网络,长期友好合作,互通有无。临时性交换也称一次性交换,一般用于业务往来不多的企业之间,双方只在特定条件下出于特定的需要才进行信息交换。

交换法的优点是通过与其他单位交换信息,本单位可拓宽信息收集渠道,节省信息收集的时间;缺点是具有一定风险性,容易泄露商业秘密。

(4)购买法。购买法是有偿获取信息的方法,即花钱购买信息。购买法的类型主要有三种:现买、订购和代买。现买是指信息收集者直接在现场付款,从信息拥有者手中购取相关信息。订购是指信息收集者预先付款,事先买断信息知情权。代买是指信息收集者托付专门的信息经纪机构或信息经纪人代买相关信息。

购买法的优点是针对性较强,信息获取速度快;缺点是成本较高,存在一定风险。

【案例 5-6】

花钱买气象信息是否真的值得[①]

"随着社会各行业的不断发展,竞争越发激烈,对气象的需求也将增加,气象服务也不再是简单的天气预报,所以气象经济的市场空间会越来越大,但关键在于,企业要转变想免费享受天气服务的观念,真正意识到气象经济的重要性。"东北大学社会学教授包德功针对气象信息收费问题指出。

据记者了解,目前,气象经济在国内基本处于初级状态,很多企业不愿意享受有偿的气象服务,觉得花钱定制气象信息不值得。一位企业负责人直言,"免费还行,花钱太赔了"。

那么,花钱买气象信息是否真的不值得?据了解,目前,沈阳市提供的气象信息服务的费用从几千元到几十万元不等。根据国外的啤酒商测算,气温每上升1℃,啤酒日销售量就会增加230万瓶。1℃的升温给企业增加的销售额是巨大的,如果企业按照天气情况增加产量的话,就会增加盈利。那么,如果一家啤酒企业每年的气象信息服务费用是10万元左

---

① 本案例源于网络并经作者加工整理。

右的话，那么气象信息服务带来的效益可能会远远不止10万元。

一些已经享受气象信息服务的企业也纷纷表示了其带来的效益之巨大。沈阳市惠天供暖公司的一位工作人员告诉记者："供暖公司是有成本核算的，天气变化和我们关系密切，如果天气暖和，我们还加强供热，就造成了资源浪费。气温每升高1℃或者我们的出水温度每降低1℃，都可以省下不少钱。"据了解，像供暖公司一样的单位，如农业、花卉、烟叶等部门都应该根据气象进行严密的经济成本核算，正所谓"看天干活"。

（5）网络法。使用网络法进行信息收集的途径有：①利用信息查询工具，包括广域信息查询系统（Wide Area Information System，WAIS），可基于关键词来查询分布在互联网上的各类文件和专业数据库；Gopher，允许用户使用层叠结构的菜单与文件以发现和检索信息；Archie，可提供FTP地址及相关文件的查询路径，是一种目录服务，用户必须输入精确的文件名进行搜索，然后Archie会告诉用户哪一个FTP地址可以下载该文件；World Wide Web，采用超文本（Hypertext）或超媒体的信息结构建立的一种简单但强大的全球信息系统。②利用搜索引擎。③利用知名的信息机构。④利用网上图书馆。⑤浏览新闻组、电子论坛、电子政务网站（通过互联网和政府直接交流，收集信息），如中国秘书网（www.chinamishu.net）等。

网络法的优点包括信息时效性强，最新消息补充及时，收集信息迅速、广泛，收集信息不受时间、地域的限制，能收集文字图表信息和声像信息等。网络法的缺点包括信息来源复杂，存在大量未经核实的信息和垃圾信息等。

【案例5-7】

古镇九成企业网上淘金①

昨天，包括我市在内的21个地级市代表齐聚火炬开发区，交流自2006年5月以来省百镇信息化巡回讲座取得的成果。记者从会上获悉，巡回讲座有力地推进了我市企业的信息化进程，其中，已有九成古镇企业借助互联网做生意。

中山移动分公司推出的"亲情汇款"为100多万外来工提供短信汇款的便利服务；服装产业信息化交流会推进我市服装企业走向全国甚至国际市场……记者了解到，该项目至昨天正式结束。期间，在全省21个地级市的各专业镇和产业集群地区共举办了105场讲座，其中，在我市的小榄、沙溪、东升、南头等镇区举办了10场。

巡回讲座中山站举办期间，中山移动分公司结合各镇区特色，对个性化的特色行业，如物流、家具、五金、家电、服装等提供解决方案。目前，小榄镇有两百多家企业建有网站或网页，1 300多家企业借助互联网获取相关信息；火炬开发区大部分企业都已运用信息技术进行企业管理；古镇有1 500多家企业利用互联网做生意，企业上网率达到90%。

（6）询问法。询问法是通过提问并请对方作答来获取信息的方法。询问的形式有直接询问和电信询问。直接询问是指信息收集者以与对方面对面交谈的方式获取信息；电信询

---

① 本案例源于网络并经作者加工整理。

问是指信息收集者借助电话等工具收集信息。

询问法的步骤包括：①询问前的准备，包括设计询问提纲，选定被询问人员，确定询问时间、地点等。②实施询问。询问者应注意询问的语音、语调和身体语言，要尽快和被询问者建立融洽的关系，将话题引入相关问题，并做好记录。询问结束时要表示感谢。若有可能，可在询问时进行录音、录像等。③询问结束后，要补充整理询问笔录。

询问法的优点包括应用灵活、实用；可与询问对象直接交流，便于建立沟通关系；能获得语言信息和非语言信息；能获得大量有价值的信息。询问法的缺点包括询问的成果在很大程度上取决于询问者的素质和能力、询问技巧；需要花费较长的时间且规模较小、费用较高。

（7）调查法。调查法是指信息收集者要进入实际场景中进行细致的调查，以收集信息。

调查的步骤包括：①准备阶段，确定调查任务并设计、选择调查方案。②调查阶段，进行信息收集工作。③研究阶段，整理信息，统计分析。④总结阶段，撰写调查报告。

调查法的优点是获得的信息较为真实可靠、针对性较强；缺点是工作量很大，时间和精力消耗得较多。

通过向被调查者发放内容简明扼要的问卷，请对方针对有关问题填写意见和建议来间接获得材料和信息的方法称为问卷调查法。问卷调查按照问卷填答者的不同可分为自填式问卷调查和代填式问卷调查。其中，自填式问卷调查按照问卷传递方式的不同可分为报刊问卷调查、邮政问卷调查和送发问卷调查；代填式问卷调查按照与被调查者交谈方式的不同，可分为访问问卷调查和电话问卷调查。

问卷调查法的步骤包括以下几步。

①设计问卷。首先，问题数量要适当。其次，要注意问题的次序：若按类别排列，要将同类问题编排在一起；若按内容排列，应先易后难、由浅入深；若按时间排列，应由近到远或由远到近，注意将开放式问题放在最后。再次，语义要表达清楚，问题要简明易懂，尽量不要用否定形式提问。最后，答案要具有穷尽性和互斥性。

②试用和修改。问卷设计完成后，可先进行小规模调查或请专家审查，以发现问题，进行修改。

③选取问卷调查方式。问卷内容确定后要确定调查形式，如报刊问卷、邮政问卷、发放问卷、网络问卷等。

④对回收的问卷进行统计分析。

【案例 5-8】

从"南线北移"到"向山水资源进军"[①]

江西某县南部有 7 个乡镇的经济比较发达，工农业总产值占全县 27 个乡镇工农业总产值的 53.4%。这 7 个乡镇最大的特点就是乡镇企业办得好，于是有人提出"南线北移"的设想，主张北部的 20 个乡镇也像南部的 7 个乡镇一样大力发展乡镇企业。

为了验证这个设想是否可行，县委办公室组织调查组进行了深入细致的调查，获得了

---

① 本案例源于网络并经作者加工整理。

大量的典型材料。他们首先采取归纳法，通过分类完成了对各个乡镇典型的认识，然后采用对比法，对南北乡镇各自的有利条件和不利条件做了比较，结果发现南部的7个乡镇人多田少，水陆交通便利，有从事手工业的传统；北部的20个乡镇人少田多，交通不发达，乡民祖祖辈辈以种田为业。调查结束后，县委办公室得出了以下结论：南部的优势在工业，北部的优势在农业，"南线北移"的条件在近期内不够成熟，不利于北部发挥自身所长。同时提出方案：北线除个别条件较好的乡镇可以适度发展工业外，主要战略应放在发挥自己的资源优势上。这个调查报告得到了县委、县政府的重视，随即做出了"向山水资源进军"的战略决策。于是，北部乡镇大种柑橘、苎麻、大养鱼、鳖、螃蟹，经济形势一片大好。

（二）信息整理

信息整理是指对收集到的大量的原始信息进行分类、筛选、校核，使其成为有价值的信息。信息整理的目的是把原始信息变成利于使用的信息，这样就能有效帮助领导决策或为经营管理提供服务。

信息整理工作的内容包括对原始信息进行分类、筛选、校核等。

1. 分类

分类是指按一定的标准对各种信息资料进行类别划分，下面简单介绍几种常用的分类方法。

（1）主题分类法。主题分类法是按照信息的主题来组织排列信息的方法。进行主题分类时，首先应对信息进行分析，从中抽取能够代表主题特征的词语，即关键词或标题；其次以最重要的关键词作为某一类别的首要主题，将次要的关键词作为第二主题，依此类推；最后按照主题的异同把分析过的所有信息加以分类。可用分类导引卡标出各类信息的主题，主题的名称应设定为与单位业务相关的词语，所有信息分类后可根据主题首字拼音的字母顺序进行排列。

主题分类法具有检索方便，信息相对集中，便于查找、利用等优点；缺点是主题与标题容易混淆、主题不易确定、归类相对主观。

（2）字母分类法。字母分类法是按资料作者的姓名、单位的名称、信息标题等的拼音首字母对信息进行排序和分类，首字字母相同时则按第二个字的拼音首字母进行排序，依此类推。

字母分类法的优点在于方法简单易行；缺点在于信息的主题针对性不强，当属于相同字母类别内的信息较多时，查找时间较长。

（3）数字分类法。数字分类法是指给每个通信者或每个信息专题拟定一个序号，然后用索引卡标出号码进行信息的排列。索引卡一般用卡片式索引盒存储，占空间少，能放在桌子上，处理电话查询时容易找到信息。当要查找某信息时，先从索引卡中按字母顺序找出通信者的姓名或专题名，得到信息的数字，在相应的文件柜中找出标有该数字的文档。也有的单位使用计算机数据库保存索引。数字分类法的优点包括数字规则简单，一目了然；简便易行，适于存储。缺点包括查信息需要参照索引卡，花费时间；如果分类号码有误，查找信息较麻烦。

（4）地区分类法。地区分类法是按信息所涉及的行政区划分类别，这种方法常见于运输部门、出口业务部门、计划部门和销售部门，如果需要细分，可再结合其他分类法。

（5）时间分类法。时间分类法，顾名思义，就是按信息的日期分类。

2. 筛选

筛选是指对收集到的大量信息进行初步甄别与再选择，保留适用性强、价值大的信息，淘汰不适用、价值小的信息。

（1）筛选的内容。包括：①鉴别，即判断信息的真实性、全面性、适用性等。②选择，即择取适用性强、价值大的信息。③剔除，即删除不适用、价值小的信息。

（2）筛选的基本要求。信息筛选的基本要求主要包括以下几点。

①及时。在筛选信息时，秘书人员一定要高度重视信息的时效性和连续性。

②准确。秘书在筛选信息时一定要对其准确性严格把关，重点审核信息的内容是否符合有关方针、政策，与本地区、本部门在实际工作中产生的经验和存在的问题是否有紧密联系，有无虚构、夸大或缩小，信息中的人名、地名、单位及有关数据是否准确。

③大事不迟报、不漏报。这里所说的大事即重大信息，主要包括：a. 党中央、国务院及有关部门领导和各地党、政主要领导发布的具有指导意义的讲话和有关会议精神；b. 对党中央、国务院和省、自治区、直辖市等领导机关所制定的重大方针、政策、决定的贯彻落实情况；c. "两个文明"建设和改革开放中的重要情况；d. 较重要的思想动态、社会动态；e. 社会、自然方面的突发事件；f. 对本企业有重大影响的信息。

④新颖。信息中所反映的问题或提出的观点要有新意，如知名人士或有关群众提出的有价值的新建议，新的市场行情、销售渠道、行业动态等。

⑤完整。信息要完整地说明某一问题或者事件的性质、处理方案和发展趋势等。

3. 校核

校核是对收集到的信息做进一步的校验核实，校对信息真伪情况，消除信息资料中不真实的因素，纠正信息中的错误成分，使信息能客观准确地反映事物运动变化的本质特征。信息校核的主要方法有以下几种。

（1）分析法，是指运用逻辑推理的方式对原始信息资料进行分析，发现其中的破绽和疑点，从而识别其真伪。例如，若信息内容有悖于生活常理，便可断定其是虚假信息。分析法的优点是简便，不需要借助于其他手段，可凭原始信息资料本身很快地发现某些差错；缺点是结果依赖于分析者的主观推理分析，没有事实材料佐证，可靠性低。

（2）核对法，即用权威材料核对信息，主要方式包括用一手材料核对二手材料、用直接材料核对间接材料、用文字材料核对口头材料、用物证材料核对文字材料和同一信息自校。

（3）调查法，就是通过直接的现场调查来检验原始信息的真实性和准确性，优点是结论可靠，缺点是需要耗费较多的人力和时间。

（4）统计法，是指对收集的信息进行系统数据定性分析，运用系统数理模式计算其数据是否准确、结论是否正确、分类是否合理。

（三）信息传递

1. 信息传递的含义

信息传递是指借助一定的设备将信息资料传递给接收者。

2. 信息传递的方式

（1）按传递的方向，信息传递可分为内部传递和外部传递。

①内部传递，是指本组织内部进行信息交流，内容包括组织的工作计划、工作进展情况、下一阶段的工作部署，员工对组织的看法、意见，产品的销售情况、市场情况等。内部传递的形式有通知、备忘录、信件、传阅单、企业内部刊物等。

【案例 5-9】

备 忘 录[①]

××市××秘书事务

——————

备忘录

发给：财务部

抄送：行政部

发自：人力资源部

日期：2009 年 3 月 14 日

事由：办理卢××等三人离职工资结算

财务部：

网络部卢××、吴××、周××三人提出辞职申请，已经公司总经理办公室同意，请按照公司相关规章制度为其办理离职工资结算事宜。

②外部传递，是指利用各种媒介，如广播、电视、网络、广告、报刊等向公众、合作伙伴、政府主管部门、社会组织等传递信息，目的是宣传组织的产品或工作动向，提高组织的信誉，树立组织的良好形象，增进社会对组织的了解、认可和信任。外部传递的形式有新闻发布会、新闻稿、报刊简短声明、邮件等。

（2）按信息的流向，信息传递可分为单向传递、双向传递和反馈传递。

①单向传递，即传递是单向进行的，如企业发出的通知、登载的声明等。

②双向传递，即接收双方互相发出信息，如直接交谈、小型座谈会等采用的都是这种信息传递方式。

③反馈传递，即信息传递者根据接收者提出的要求传递信息，是传递者对接收者所提出的要求的一种反馈。

（3）按信息传递的连续程度，信息传递可分为间断式传递和连续式传递。

①间断式传递，是指隔一段时间传递一次信息。

②连续式传递，是指将信息不间断地传递出去。

3. 信息传递的途径

（1）语言传递。语言传递是指用有声语言传递信息，具体形式有对话、座谈、讲座、会议、交流会等。语言传递的优点是直接、反馈及时，内容时效性强，缺点是信息较为零

---

① 余红平，胡红霞．秘书信息与档案管理实务[M]．北京：外语教学与研究出版社，2009．

散混乱，不便记忆。

（2）文字传递。文字传递是指用文字、符号、图像等形式传递信息，具体形式有信件、备忘录、通知、告示、传阅单、内部刊物、声明、新闻稿、表格、图表等。文字传递的优点是信息便于利用和保存、不易失真变形、能够远距离传递和反复传递，缺点是传递速度较慢。

（3）电信传递。电信传递是指通过广播、电话、电视、电报、传真、计算机网络等方式传递信息。电信传递的优点是信息传递速度快，信息量大，范围广；缺点是信息繁杂，真假难辨。

4. 信息传递的原则

（1）全面原则。传递信息时，秘书人员要客观地传递能够反映问题本质的全部信息材料，绝不能为了博取领导的欢心而"报喜不报忧"，这可能会导致领导者决策失误。

（2）准确原则。秘书人员要保证传递出的信息资料是准确可靠的，应尽力避免因印刷不清晰、字体潦草、标点错误、噪声等因素对各类信息的影响。

（3）对路原则。秘书人员传递信息时要注意区别接收对象，要根据不同接收对象的不同需求提供相应的信息。如果信息不对路，对接收者来说是毫无意义的。

（4）及时原则。传递速度的快慢往往决定了信息工作的整体效率，秘书人员要运用一切现代化通信手段做好信息传递工作。

（5）保密原则。不论是国家机关还是企业单位，都会涉及保密信息，秘书人员应根据信息的保密程度选择正确的传递方式，注意严格控制传递范围。

（四）信息存储

1. 信息存储的含义

信息存储就是把已使用过或尚未使用的信息作为资料入库存储，供以后查找、使用。它是信息工作的重要环节，是保存信息收集、整理环节成果的必要手段，为信息传递、利用、决策与反馈等流程提供了便利条件和基础。

2. 信息载体

信息载体是指能够存储信息的物体，最常见的信息载体有纸质载体、光磁载体（磁带、软盘、硬盘、光盘）、机械录音载体、缩微品载体（缩微胶卷、胶片）等。

3. 信息存储的步骤

信息存储的步骤主要有登记、编码、存放排列和保管。

（1）登记。登记是指建立完整、系统的信息记录系统，便于查找利用信息。

登记的方法包括：①总括登记，即对存储信息按批分类进行总体性登记，反映存储信息资料的全貌，一般只登记存入册数、种类及总量等。②个别登记，即按信息存储顺序逐件登记，对每一条信息资料详细记录，便于掌握各类信息资料的具体情况（见表5-8）。

表 5-8　信息个别登记簿[1]

第　　页

登记日期	总登记号	信息名称	信息作者	信息来源	信息日期	单价	信息编号	去向	注销日期、原因

　　登记的形式包括：①簿册式，即将信息资料抄录在簿册或其他记录本上。②卡片式，即将信息资料记录在用单张的纸片制成的卡片上。

　　登记的作用包括：①可以了解信息的大致内容；②可以了解信息与信息之间的联系；③可以防止信息材料的散乱或丢失；④便于总结和改进工作。

　　（2）编码。编码是指用预先规定的方法将文字、数字或其他对象编成数码，或将信息数据转换成规定的电脉冲信号。具体地说，就是将已经登记的信息按照排序时所确定的体系结构分别归入各类，并在信息载体上标明这种体系结构的序列号。编码实际上是建立存储检索系统，可使信息资料根据这个系统归类存放，需要时按类查找使用。编码便于信息资料的管理和使用，适应电子计算机处理的要求；对登记存储的信息资料进行科学地编码，可使之科学化、系列化。

　　信息资料编码一般步骤为：①分析所有预编码的信息资料。②选择最佳的编码方法。③确定数码的位数。

　　信息资料编码的方法包括：①顺序编码法，指按信息发生的先后顺序或规定一个统一的标准编码。这种方法用于不是很重要或无须分类的信息资料的储存，可按数字、字母、学科等排列编号。②分组编号法，是指利用十进位阿拉伯数字，按后续数字来区分信息的大、小类，进行单独的编码。运用这种方法，所有项目都要有同样多的数码个数，左边数码表示大类，而右排列的每一个数码，则标志着更细的小类。

　　例如：

　　1000——广州市场信息资料

　　1100——广州市场纺织品信息资料

　　1110——广州市场化纤品信息资料

　　1111——广州市场涤纶信息资料

　　（3）存放排列。经过科学编码的信息资料还需有序地存放排列。常用的排列方法有时序排列法、来源排列法、内容排列法和字顺排列法。

　　（4）保管。保管是指信息资料入库存放和维护，是对信息的保护和管理措施，关系到信息的安全、完整和使用寿命。信息保管的主要内容包括：①防止信息资料被损坏，如防火、防潮、防高温、防虫害等。②防止信息资料的失密、泄密、盗窃等。③定期或不定期地进行清点，发现存储问题，提高管理水平。④及时更新并不断扩充信息。

---

[1] 余红平，胡红霞. 秘书信息与档案管理实务[M]. 北京：外语教学与研究出版社，2009.

4. 信息存储的方法

（1）手工存储。手工存储主要针对纸质信息材料，优点是存储成本低，方便阅读；缺点是文件不宜长久保存，易受火、受潮、受蛀等且占用空间较大。

（2）计算机存储。计算机存储是指运用数据库、电子表格、文字处理工具或其他应用程序等将信息资料转化为电子文件格式，存储在软盘、硬盘、光盘或其他电子载体中。计算机存储的优点包括存储信息量大，编辑、更新、查找信息时迅速便利，占用空间小；缺点是损坏风险较高，要做好防病毒、防泄密、防磁化等工作，另外，要定期备份信息资料。

（3）缩微胶片存储。缩微胶片存储是利用拍照的方法保存信息资料。计算机系统能直接输出最终文档到缩微胶片上，需要使用专用的阅读机才能显示。当大量标准化文档需要储存时，缩微胶片因尺寸较小，节省空间的优势便得以体现，但其不能直接阅读，需要阅读机且配套设备比较昂贵。另外，缩微胶片需要贴标签、制作索引和排序，程序比较烦琐。

5. 信息存储管理系统

通过建立适合本单位的信息存储管理系统可以更好地发挥信息的作用。常见的信息存储管理系统包括以下三种。

（1）信息集中管理系统。信息集中管理系统就是将所有类型的信息都集中到一起存放管理，形成高效的信息服务体系和信息借调系统。信息集中管理系统便于科学管理，保密性强，能使用标准化的分类系统实施有序的存储检索，但它的分类和编目系统庞大，在存储和查阅时会造成一定的麻烦。例如，许多企业建立信息档案室用于存放公司各类档案、图书、信息资料等，并安排专人管理。

（2）信息分散管理系统。信息分散管理系统是指信息资料由各个部门分别保管。分散管理系统可使各部门的信息管理方式更加灵活，方便各部门根据本部门特点立档。例如，销售部门可按客户立档，供应部门可按原材料的产地、种类立档。

（3）计算机信息辅助管理系统。计算机信息辅助管理系统是指用计算机对信息编目、整理、检索、利用和保管等工作进行辅助管理，利用计算机进行数据处理。计算机信息辅助管理系统的功能包括利用扫描技术将信息数字化并录入计算机内；对信息数据进行加工处理、存储和管理；对信息数据进行统计；对信息目录或全文进行检索；根据需要快捷传递信息，实现信息资源共享。常见的计算机信息管理软件包括企业资源计划（ERP）、客户关系管理（CRM）、供应链管理（SCM）、产品生命周期管理（PLM）、制造执行管理（MES）、产品数据管理（PDM）等。

（五）信息利用

1. 信息利用的概念

信息利用是指秘书人员通过各种有效的方式将收集、处理、存储的信息资源提供给利用者，帮助他们将信息运用到实际的工作中，发挥信息的效用。

2. 信息利用服务的种类

（1）信息检索服务。在基本不改变信息资源形态的情况下，秘书人员有选择地为信息的利用者提供信息服务，如复制信息、发布信息、提供信息原件。

（2）信息加工服务。秘书人员根据利用信息者的需求分析、研究、筛选、开发信息内容并提供最终成果。经过秘书加工后的信息具有综合性、预测性等特点，能对领导的决策起到辅助作用。

（3）信息定题、查询服务。秘书人员针对特定的主题和内容向利用者提供所需信息，如查找文献资料、核实具体数据、了解国内外某些重大事件等。

（4）信息咨询服务。秘书人员在信息提供服务基础上开发信息，改变所收集或存储的信息的形态。其服务形式包括问题解答、书目、报刊索引服务，信息线索、数据、事实、统计资料咨询服务，利用者教育服务等。

（5）信息网络服务。信息网络服务是指建立在现代信息技术基础上的，以计算机硬件和通信设备为依托，以应用软件为手段，以数据库信息资源为对象而开展的利用服务。它可将信息提供服务和信息咨询服务统一起来，最大限度地实现个别化服务。其主要表现形式有电子信息的发布、电子函件服务、电子公告板服务、联机公共目录查询服务、光盘远程检索服务、远程电话会议服务、用户电子论坛服务、用户定题服务等。

3. 信息利用的步骤

一般来说，信息利用服务工作的程序由以下四个步骤构成。

（1）准备工作。准备工作即做好信息利用服务工作之前的收集、组织、存储等工作。信息收集工作没做好，在提供利用服务时则缺少必要的基础；信息整理工作没做好，所提供的信息就很有可能是繁杂无效的；信息存储工作做得很差，不但会损害收集、整理工作的成果，还会使信息利用工作失去保障。

（2）确定服务对象。信息利用是具有一定的服务对象的，必须先明确服务对象的性质、范围以及所要求的服务内容等问题，只有这样，在利用信息时才有针对性，不会无的放矢，从而发挥信息的实际效用。

（3）确定利用方式。信息利用需要根据具体情形确定方式，这是信息利用服务工作中非常重要的一环，所选取的服务方式是否适当会影响信息利用的安全性、有效性和收益性。

（4）实施信息利用。实施信息利用是信息利用的最终环节，实施信息利用的过程也就是利用资源完成目标的过程。

信息利用工作是整个信息处理工作的最后环节，是信息处理工作价值的实现环节，直接影响着信息处理工作的整体效果和收益，所以秘书应对信息利用工作给予应有的重视。

（六）信息反馈

1. 信息反馈的概念

信息反馈是指把输出信息的作用、结果返送回来，并对信息的再输出发生影响，起到控制和调节的作用，使整个系统得到有效的控制的过程，也就是人们在实践活动中采取一定措施追踪事物发展变化情况的信息，然后再根据所获取的信息对实践活动做出调整的过程。在各项工作中，秘书要及时了解来自各方面的反馈信息，收集公众对已推行政策、实施措施的意见，把各种指令执行情况的偏差信息反馈给决策者，以便发现问题，纠正偏差，修正或完善政策与措施，做出新的布置，发出新的信息。

2. 信息反馈的目的

（1）检验所获信息的可靠性。实践是检验真理的唯一标准。秘书在辅佐领导决策之前，进行了大量的信息收集和处理工作，但输出的信息真实与否，在一开始并不能全部检验出来。在所收集的信息中，有的信息可能是真假掺杂的，可能真的成分多一些，也可能假的成分多一些，而信息反馈是对以前信息工作的检验，能检验以前所收集和利用的信息的可靠性。

（2）调整所用不当信息。事物是时时发展变化的，人们之前收集的信息可能不符合事物的发展面貌，不能反映事物变化的本质规律，对信息的收集、处理和利用应根据事物的发展变化状况做出必要调整以适应事物的发展方向。秘书在进行信息工作，辅佐领导决策时，经常会有预料不到的情况发生，从而使信息工作偏离了预期目标，不能发挥原来的实际效用。秘书要时时监测事物的发展变化状态以及时发现新的情况，进行信息反馈。当发现信息利用效果不符合预期要求时，就要采取一定的调整措施，对原来收集的信息进行再处理、再分析、再研究、再开发，或者重新收集新的信息，使信息工作朝正确的方向发展。在此过程中，信息反馈的作用就是反馈事物变化发展信息，及时发现问题、解决问题，控制有关信息工作的实践活动，使信息工作走向成功，避免造成重大损失。可以说没有信息反馈的信息工作是不完善的信息工作，是有重大缺陷的信息工作。信息反馈工作对整个信息工作的成败起着决定性的作用。

（3）检验决策的可行性。人们通过信息反馈可对实践中出现的新情况、新问题及产生的原因进行综合分析研究，确定问题出现的具体环节和层次，及时纠正错误，以便采取调整措施。另外，决策的可行性，决策在执行过程中进行得怎样，怎样进行的，这些都需要信息反馈来反映。科学决策的过程就是不断修改、调整的过程，因此，"信息工作—决策—信息反馈—修正—再反馈—再修正"的多次往复循环可促进决策的不断完善，保证最终决策的科学性与可行性。

例如，企业在决定推出新产品时，会对新产品进行一段时间的试销。通过试销，获取购买新产品的用户的使用信息，进行新产品的有关信息反馈工作，反馈的信息既包括客户对产品的价格、款式、质量等方面的意见，也包括客户对新产品的建议。再根据这些反馈信息对产品的款式、质量、价格等方面做相应调整，及时采取措施解决问题，推进决策的成功。

3. 信息反馈的形式

（1）正反馈和负反馈。正反馈在信息工作中是指返回来的信息对决策者的组织、指挥起肯定或加强的作用，使工作或生产经营按既定的方向发展。正反馈中，反馈信息一般为反映决策执行中的成绩、经验等正面的信息。

负反馈在信息工作中是指返回的信息对决策者的组织、指挥起减弱、否定或部分否定的作用，改变或部分改变原来的工作或生产经营活动的方向和状态，以期取得系统目标的最佳效益。负反馈中反馈信息一般为反映执行中的问题、失误、教训方面的信息。要做好负反馈，要求管理者必须善于调查研究，善于发现新问题，而且能闻过则喜，主动征求意见，敢于面对现实，勇于客观地反映问题。

当然，在信息工作中可以通过努力，化负反馈为信息工作的促进动力。例如，海尔集团的市场原则之一是"用户抱怨是最好的礼物"。海尔集团认为,用户抱怨的内容正是他们改善工作的方向,如果能及时消除这些抱怨,就是真正增加了企业的资产。海尔集团的企业文化强调,企业存在的价值观是"一切为了客户""一定要设法让客户满意"。有一次,市场信息反馈发现:在上海,一到夏天,洗衣机的销量就会下降。经调查发现,原来夏天的衣服很薄,量又少,原有的洗衣机的水缸太大,需要很多水,造成用水的浪费,所以人们不愿意使用洗衣机。针对这个问题,海尔集团研制了海尔"小神童"洗衣机,它的用水量很少,而且操作方便,即使是小学生放学回家,也可以把衣服往"小神童"里一扔,自己操作。"小神童"经过几次改良,在市场上的销路很好。海尔集团"让客户满意"的宗旨感动了许多客户,也为企业赢得了良好的声誉和客户群。

(2)纵向反馈和横向反馈。纵向反馈是自下而上或自上而下的信息反馈,是指同一系统向上级管理部门和决策层或向下级部门反映执行指令信息情况的一种反馈形式。纵向反馈的质量和时效决定着管理工作的效率。

横向反馈是指企业或组织同外部系统之间的反馈、企业或组织内部同级部门之间的信息反馈。

(3)前反馈和后反馈。前反馈是在信息发出之前,信息的接收对象向信息发出者表示的要求和愿望,希望将要发出的信息能满足自己的需求。例如,海尔集团的市场原则之一是紧盯市场的变化,甚至要在市场变化之前发现用户的需求,用最快的速度满足甚至超出用户的需求。

后反馈是指在信息发出后,信息接收者对信息做出的反应。美国海尔贸易总裁迈克曾接到许多消费者的反映:普通冷柜太深了,取东西很不方便。在2001年"全球海尔经理人年会"上,迈克突发奇想——能否设计一种上面为普通卧式冷柜、下面为带抽屉的冷柜,二者合一不就解决这个难题了吗?海尔冷柜产品本部在得知迈克的设想后,安排四位科研人员同步工作,连夜奋战,仅用17个小时就完成了样机。当晚的答谢宴会上,当这台样机披着红绸出现在会场时,引起一片惊叹,接着会场上便爆发出热烈的掌声,冷柜产品部部长马坚上台推介这一互动的结晶,并当场以迈克的名字为这一冷柜命名。

4. 信息反馈的方法

信息反馈方法与信息收集方法接近,因为信息收集与信息反馈的目标都在于获取信息,但是二者的信息性质不同,信息收集的是原始的信息,信息反馈的信息是在原始信息基础上和决策中衍生出的信息。信息反馈的主要方法包括以下几种。

(1)现场观察反馈法。现场观察反馈法就是人们亲自到现场观察了解决策执行情况,掌握各方面的反馈信息。

(2)口头提问反馈法。口头提问反馈法是指通过面对面提问或电话提问获取反馈信息。例如,海尔集团派人上门维修后,客户服务部门会进行电话回访。

(3)书面问卷反馈法。书面问卷反馈法是指借助于书面问卷来了解反馈信息。

(4)调查反馈法。调查反馈法是指在社会实际工作中细致地进行调查,了解有关反馈信息的方法,既可以现场调查,也可以网上调查。

第六节 调 研

一、调研的含义

调研即调查研究,是指有目的、有意识、有计划地使用科学方法考查、分析、研究,以认识客观事物的本质及其发展规律的一种社会活动过程。

"调查"与"研究"是内涵不同但又紧密联系的两个概念。"调查"是指通过对客观事物的考查、查核和计算来了解客观事物真相的一种感性认识活动;"研究"是指通过对调查材料进行审查分析和思维加工,以求得认识客观现象的本质及其发展规律的一种理性认识活动。调查是研究的基础和前提,研究是调查的发展和深化,两者虽有先后之分,但又是互相贯通、彼此渗透、不可分割的。

调查研究乃秘书获取信息的基本手段。对于秘书,调查研究是其有效工作不可缺少的经常性手段,也是其应当具有的基本能力或者说是一项基本职能任务。秘书只有做好调查研究工作,方能掌握实际原材料,促进自身素养与工作水平的提高,从而更有效地完成提出参谋建议、辅助领导决策等秘书职能。

秘书人员的调查研究工作具有极其重要的意义。首先,秘书做好调查研究工作能够弥补领导在精力与知识方面的不足,辅助领导更好地决策和指挥管理。其次,秘书的调查研究可以使领导和群众的关系更紧密。最后,调查研究是秘书履行参谋辅佐职责的重要途径。

二、调研的基本类型

按不同的标准,可将调研工作分为不同的种类。按调研地域划分,调研可分为地区性调研、全国性调研、国际性调研;按调研方式划分,调研可分为直接调研和间接调研;按调研内容划分,调研可分为综合性调研、专题性调研;按调研时间划分,调研可分为一次性调研、经常性调研和追踪调研⋯⋯其中,最基本的划分方式是按调研对象的范围划分,可分为普遍调研和非普遍调研。

(一)普遍调研

普遍调研即普遍调查研究,简称普查,是对调研对象进行全面的调查研究。

普查是掌握实际情况的重要方法,其优点是调查资料具有全面性和准确性;缺点是工作量大、花销大、时间长、组织工作复杂,只适于对重点问题的调查研究或者对有关全局性的基本情况的调查研究。

(二)非普遍调研

非普遍调研是对调研对象总体中的一部分进行调查研究,又分为典型调研、重点调研、个别调研、抽样调研和综合调研。

1. 典型调研

典型调研是指从调研对象中选择具有代表性的特定对象进行调查研究，以此来认识同类社会现象的本质及其发展规律。

典型调研要注意以下三点要求。

（1）正确选择典型，保证典型调研的科学性。

（2）用实事求是的态度选择典型，保证典型的真实性和客观性。

（3）严格区分典型对象具有的可以代表同类事物的一般属性和由典型本身所处的特殊环境、特殊条件所造成的独特属性。

典型调研的优点包括：①调研对象的范围较窄，不用花费很多的财力、物力；②便于进行深入而细致的调研。

典型调研的缺点包括：①典型的选择受调研者主观因素影响，带有主观随意性；②被选取的典型与总体中的其他同类事物之间会存在一定差异，其代表性总是不全面；③典型对象具有的一般属性和特殊属性难以用科学的手段准确测定，容易混杂。

2. 重点调研

重点调研是指从调研对象总体中选取一部分重点对象进行调查研究。

所谓重点，是指在总体中起主要决定性作用，对总体特征的影响较大，能够反映总体基本情况的对象。重点调研中的调研对象可以是一个或多个。

重点调研的优点是调研对象的数量不多，不需要消耗过多的财力、物力、人力却能掌握到对全局具有决定性影响的情况，此种调研方法使用得相当广泛。

3. 个别调研

个别调研也称个案调研，是指为了解决某一特定问题，对特定的人物、事物或事件所进行的调研，如对某人的调研、某一产品的调研、某一纠纷的调研、某一案件的调研或对突发性事件或事故的调研。

4. 抽样调研

抽样调研是指从调研对象的总体中抽取一部分作为样本，并以对样本进行调查研究来推断总体特征规律的方法。

抽样调研的类型包括以下两种。

（1）随机抽样。随机抽样，即按随机原则抽取样本，它是抽样的主要方法。随机原则又称同等可能性原则，是指在抽取样本时，总体中的每一个单位都有同等可能被抽中。随机抽样主要有简单随机抽样、等距随机抽样、类型随机抽样、整群随机抽样、多段随机抽样五种方法。

（2）有意抽样。有意抽样又叫立意抽样、非随机抽样，它与随机抽样相反，是按调研者的主观愿望有意识地抽取样本。常用的抽样方法有任意抽样、判断抽样、配额抽样三种。有意抽样往往是在调研对象总体的内涵和外延无法具体确定，不可能或不需要准确推断总体的情况下才使用。

抽样调研的优点包括：①抽样调研的结论是运用数学方法计算出来的，便于对调研总体进行定量分析，对总体的推断比较准确。②抽样调研一般都按随机原则抽取样本，调研结果比较客观、真实。

抽样调研的缺点包括：①调研对象的范围小，调研结论易失真。②当对调查对象的范围不十分明确时，不能进行抽样调研。③不太适合进行定性调研，不能取代为了更深入地研究问题而采用的典型调研。

5. 综合调研

综合调研是指对调研对象运用多学科知识进行多角度的调研，目的在于掌握事物的全局和各个部分的联系，如某个企业的领导要制定市场拓展规划，则必须进行宏观的、多方面的综合调研。这种调研通常由秘书部门与销售部门、经营部门、技术部门等有关部门及专家联合组成调研班子，采用多种方式进行综合调研。

综合调研的优点是便于掌握事物的全局和各个部分的联系；结论经过反复论证对比，往往比较科学可靠。

综合调研的缺点是调研难度大，需要耗费大量的精力、财力、物力。

在实际工作中，采用何种调研类型要根据目的要求与主客观条件而定，可采用一种或几种交替使用，互为补充，互相印证。

三、调研工作的基本方法

任何调研工作都必须使用一定的方法，只有根据调研任务和对象的实际情况，采用科学的调研方法，才能保证社会调研的客观性和科学性。调研工作的方法大体分为两类：一类是调查方法，另一类是研究方法。

（一）调查方法

调查方法主要有实地观察法、问卷调查法、文献调查法、口头访问调查法、实验调查法、网络调查法等。

1. 实地观察法

实地观察是指调查人员到实际场地有目的、有计划地运用自己的感觉器官或借助科学观察仪器，直接了解当时当地正在发生的、处于自然状态下的社会现象。

实地观察法的优点是：①所获得的信息是第一手感性材料，具有直观性和可靠性；②简便易行，比较灵活。

实地观察法的缺点是：①受时空条件等限制，调查的对象和范围受到很大的局限，不能同时对事情做全方位的调查；②带有表面性和偶然性，容易产生失误。

2. 问卷调查法

问卷调查法是以问卷形式提出若干固定的问题来询问被调查对象的方法。

问卷具有一定的格式，内容主要包括：①开宗，向被调查对象热情致意，说明调研的宗旨、意义，问卷单位，答卷方法，以期获得对方的支持；②正文，即提出的问题，属主体内容；③收束，可视需要列出问卷对象的特征、问卷评价、处理问卷人、验收人、答卷及复卷日期等栏目供填写，以备抽查。

问卷调查法的优点是：①适用于大面积调研，可在同一时间、不同地点，一次性地获取众多信息，经济节约；②控制性强，可限定调研内容；③问题明确，答案标准化，易于统计与使用电脑分析，能通过统计得到较为科学、全面的信息。

问卷调查法的缺点是：①设计要求较高，表现为问卷内容的设计要紧扣调研主题，问题要明确，语言要通俗简洁，要尽力将抽象概念转化为可计量的指标，以充分适应问卷范围及对象的文化程度、心理态势与接受能力，回避对方可能忌讳的敏感情况或隐私，不得有意或无意地诱导或者暗示。②不够灵活，信息的可信度易受问卷对象的道德、文化、认识水准的影响。③若使用过滥，将造成社会负担。

问卷的种类可分为以下几种。

①封闭式问卷，或称限答式问卷，即在卷面中将可能的答案穷尽列出，供问卷对象选答。问题类型有是非判断题、选择题、顺位题。

A．是非判断题

是非判断题也称二项选择法，就是要求被调查者对所提的某个问题用"是"或"否"、"有"或"无"来回答。

例如：

➢ 您家有电冰箱吗？回答：有或无。

➢ 您喜欢饮用中国茅台酒吗？回答：是或否。

是非判断题的优点：在短时间里可以得到明确的回答，调查结果也容易整理和汇总。

是非判断题的缺点：不能表示意见的程度、差别，调查结果也不甚精确。

B．选择题

选择题也称为多项选择题，就是调查员事先对所提出的问题拟订若干个答案，供被调查者从中选择一个或数个加以回答。

例如：

您经常饮用的中国名酒是什么品牌？请在酒名前打√。

➢ 茅台

➢ 竹叶青

➢ 莲花白

➢ 汾酒

➢ 泸州老窖

选择题的优点：可以缓和是非判断题的强制选择性，统计起来也比较方便。

选择题的缺点：设置的答案过多时，不便于归类。

在使用选择题时要注意，首先，要将答案编上号码；其次，答案中不应出现重复现象；最后，设置的答案不应过多，一般不超过十个。

C．顺位题

顺位题也称为顺位法，就是由被调查者根据自己的认知程度，对所列答案定出先后顺序。

例如：

请根据您的了解和使用情况，对如下电视机几个品牌做出评价，并按质量好坏排出顺序。

（　　）日立	（　　）TCL
（　　）东芝	（　　）厦华
（　　）三洋	（　　）长虹
（　　）菲利普	（　　）创维
（　　）康佳	（　　）索尼

应用顺位法时应注意：a. 题目宜少不宜多，一般不超过十个。b. 根据调查的目的来确定顺位取到第几位，可采用全部顺位，也可针对某些重点，取前两位或前三位。

②开放式问卷，或称泛答式问卷，即提出相对抽象的问题，让问卷对象相对自由地回答，其问题类型有问答题、填空题。

A．问答题

问答题也称自由回答题，答案由被调查者自由选择，不受任何约束。

例如：

➢ 您在近期准备购买哪些家用电器？

➢ 您认为松下电视的质量怎么样？

问答题的优点是：调查人员可以从被调查者的答复中搜集到一些为调查员所忽略的问题，同时，被调查者可以灵活地发表意见，能形成一种调查的气氛。

问答题的缺点是：答案由调查员当场记录，由于理解不同，记录可能会失实，出现偏差；用录音机录制虽可减少失实情况，但可能会引起被调查者的拘谨和顾虑；由于被调查者可自由发表意见，答案各不相同，由此会给调查资料的整理、汇总工作带来一定的困难。

B．填空题

填空题是提供目标信息的问题，要求被调查者在题干上直接写出答案。

例如：

您使用的汽车品牌是（　　）。

3．文献调查法

文献调查法即从各种文献资料中搜集、调查与课题有关的情报信息，在目前纸质资料文献仍占主导的情况下，主要是进行书面文献调查。

文献调查法的优点是：①方便、自由，花费少，效率高；②不受时空的限制；③书面情报比口头情报更正式和准确。

文献调查法的缺点是：①所获得的情报是间接性信息情报，想要确切的信息情报，还须深入实际进行直接的调查；②文献资料一般形成于事情发生之后，具有时间上的滞后性。

【阅读资料 5-6】

屠呦呦的调查研究

4. 口头访问调查法

口头访问调查法又称访问法、访谈法。它是访问者通过口头提问方式向被访问者了解有关信息的方法。

访问调查法的优点是：①直接快捷；②适用于各种调查对象；③调查者可根据实际情况灵活处理。

访问调查法的缺点是：①容易受主观因素影响，主观因素主要是指访问者的素质和被访问者的合作态度以及回答问题的能力；②花费较多的人力、财力。

访问调查的整个访谈过程是访问者与被访问者互相影响、互相作用的过程，是访问者与被访问者的双向活动，故访问者要做好访谈前的各项准备工作，熟练地掌握和运用各种访问技巧并有效地控制整个访谈过程。

口头访问法拟订问题时应该注意以下几点。

（1）问题要明确，避免一般化。例如，"您对日立牌洗衣机是否满意？"这个问题问得不够具体，答案可能有很多，这样不易进行归类整理工作，比较明确的问题是"您对日立牌洗衣机的外观是否满意？""您对日立牌洗衣机的性能是否满意？"

（2）避免笼统或使用多义词提问。访问者在拟题时应尽量避免使用"经常""普通""一般""基本"等词意比较笼统的词语，如"您经常使用安利牌洗涤剂吗？"可改为"近来您用的是哪个品牌的洗涤剂？"或"您以前使用的是哪个品牌的洗涤剂？"

（3）提问不可含有暗示之意。例如，"您是否使用过'黑妹'牙膏？"这一问题中的"黑妹"二字对被调查者有"引导"作用，容易造成调查结果的偏差，可改为"您用的牙膏是什么牌子？质量好吗？"

（4）提问应避免涉及私人问题，如年龄、宗教、健康、精力及癖好等。

（5）问题的编列应合理有序。开始的几个问题宜简单易答、有趣，以激发被调查者的兴趣和合作意向，将核心问题排在中间，专题性问题排在最后。

5. 实验调查法

实验调查法又称试验调查法，它是实验者有目的、有意识地通过改变某些社会环境的实践活动来认识实验对象的本质及其发展规律的方法。

实验调查法的优点是：①方法科学，是一种具有实践性、动态性、综合性的直接调查方法；②过程严谨，强调确立事物之间的因果联系，其结论一般具有较高的准确性、可靠性和较强的说服力。

实验调查法的缺点是：①与文献调查法、实地观察法、口头访问调查法等相比，它是一种更为复杂、难度更高的调查方法；②实验过程较难控制。

6. 网络调查法

网络调查法是调查者通过网络工具向被调查者了解有关情况的方法。

网络调查法的优点是：①可以超越时空条件的限制，所获得的情报一般较为广泛；②比直接的调查方法更加方便和自由；③便于保护被调查者的隐私。

网络调查法的缺点是：①缺乏具体性、生动性；②所获得的情报往往不真实，有虚假的成分。

网络调查法一般只能作为社会调查的辅助手段，要真正了解情况，还须深入实际进行实地的、直接的调查。

（二）研究方法

研究是对搜集的感性材料进行思维加工的理性认识方法，主要有归纳—演绎法、分析与综合法、比较研究法和系统研究法等。

1. 归纳—演绎法

归纳和演绎是两种不同的推理和认识现实的科学方法。

（1）归纳法，是由特殊到一般的推理，包括完全归纳法和不完全归纳法。

①完全归纳法，又叫作枚举法，是把研究对象或情况一一都考查到了而推出结论的方法。用完全归纳法得出的结论是可靠的，通常在事物包括的特殊情况为数不多时采用完全归纳法。

例如：

经营部共有小王、小刘、小李三个职员。

小王很擅长交际；

小刘很擅长交际；

小李很擅长交际；

所以经营部的职员都很擅长交际。

②不完全归纳法，即根据一类事物中的部分对象具有（或不具有）某种属性，从而得出该类事物所有对象都具有（或不具有）某种属性的思维方法。

例如：

某企业销售部欲招聘业务人员，第一位应聘者是男性，第二位应聘者是男性，第三位应聘者是男性，第四位应聘者是男性……所以，来应聘业务人员的都是男性。

在上面的推理中，并没有把所有可能来应聘业务员的人都包括进去，所以这种方法属于不完全归纳法。

（2）演绎法，是由一般到特殊的推理。演绎推理的主要形式是三段论，包括大前提、小前提和结论三个部分。大前提是一般事理，小前提是论证的个别事物，结论就是论点。

例如：

凡人都会死，苏格拉底是人，所以苏格拉底会死。

大前提：凡人都会死；

小前提：苏格拉底是人；

结论：苏格拉底会死。

2. 分析与综合法

分析与综合是思维的基本过程和方法。

（1）分析，即在思维中把事物分解为多个属性、部分、方面。

（2）综合，即在思维中把事物的各个属性、部分、方面结合起来考虑。

二者彼此相反而又相互联系，分析是综合的基础，综合是分析的升华。综合不仅是对分析结果的整合，而且是在分析的基础上找寻规律的行为，因此分析中的综合与综合中的分析贯穿于思维的整个过程。

3. 比较研究法

它通过对具有可比性的不同事物进行单方面或多方面的相互比较，发现事物的特性、实质、规律，鉴别优劣、得失，确认相关效应，找出促进或防范的措施。通常用纵向比较法肯定成绩，预测未来；用横向比较法找出问题与差距，指导下一步工作。

4. 系统研究法

系统研究法是指把要解决的问题作为一个系统，对系统要素进行综合分析，找出解决问题的可行方案的方法，包括系统特征分析法、系统逻辑分析法、系统工程技术法。

以上各种方法均有各自的长处，也有各自的局限性，在分析研究的过程中，往往是几种方法交替使用，使之相互补充、相互印证，以求得对客观实际的更全面、更深刻的认识。

四、调研工作的原则

秘书的调研工作关系到组织的正确决策、有力控制、有效管理。要做好调研工作，调研时要遵循以下几个主要原则。

（一）实事求是

秘书调研应从客观存在的事实出发，按照实际情况确定工作方针，进行科学的调研工作。

（二）切中主题

秘书调研工作从选题开始，调研的课题与调研的主动类型和被动类型相应，有客命课题和主命课题之分。客命课题如领导出题，机关管理中的具体调研要求等；主命课题则由秘书视职能需要自定调研意向。调研工作应围绕主题去获得、取舍信息，这是如期获取有效信息的关键。

（三）调研结合

调查是获取有效信息的过程，研究是为达到调查目的深入分析信息的过程，是对调查所获的材料进行处理与加工的过程，两者相互渗透、密不可分，呈交替、结合进行状态：调查之前、之中和之后均有研究；反之，研究材料过程中又往往需做补充调查。一个完整的调研过程在调、研渗透与交替的循环之中，在得到预期信息和正确结论之时，方告结束。调、研呈绝对先后次序展开的状态不多，呈渗透、交替循环进行的状况却普遍存在，因此，秘书应掌握这一调研规律，在调查中随时思考、分析，在研究时及时进行追踪调查，获取情况和材料，在两者的结合循环之中深化认识，提高调研成效。

（四）讲究效率

讲究效率是调研的一条重要原则。信息具有时效性，如错过获取与运用有用的信息的时机，则信息将毫无用处，针对重要问题进行的调研更要讲求效率。另外，要注重平时的信息积累工作，减少重复调研或临时调研的工作量；能够熟练地运用各种调研方法，以提高调研工作效率。

本章参考文献

[1] 蔡超，杨锋. 现代秘书实务[M]. 广州：暨南大学出版社，2006.
[2] 蔡韵. 试论秘书与信息工作[J]. 中外技术情报，1996（7）：11.
[3] 程骁飞. 秘书工作中的信息研究[J]. 办公室业务，2013（5）：2-3.
[4] 丁晓昌，冒志祥. 秘书学与秘书工作[M]. 苏州：苏州大学出版社，2002.
[5] 董永祥. 党政信息"报忧难"问题的破解途径[J]. 党政干部学刊，2013（4）：67-69.
[6] 范立荣. 国家秘书职业资格培训教程[M]. 北京：海潮出版社，2003.
[7] 高红梅，郭学利. 浅谈秘书如何做好信息工作[J]. 现代营销（学院版），2012（10）：238-239.
[8] 郭学利. 试论秘书信息工作的有序化策略：基于危机管理的视角[J]. 现代营销（学院版），2013（4）：106-107.
[9] 韩流. 论领导秘书处理信访的特点、原则与方法[J]. 秘书之友，2008（1）：27-29.
[10] 何逢宽. 督查工作实务[M]. 北京：中国档案出版社，2005.
[11] 胡伟. 大学写作教程[M]. 北京：清华大学出版社，2018.
[12] 胡伟，唐燕儿，温子勤，等. 应用文写作[M]. 北京：北京大学出版社，2015.
[13] 胡伟，卢芳，赵修磊. 信息、文书与档案管理[M]. 北京：科学出版社，2010.
[14] 胡伟，郑雅君. 秘书实务[M]. 北京：北京师范大学出版社，2016.
[15] 江永良，孟霞. 社会转型视角下的信访制度研究[J]. 理论月刊，2012（5）：139-144.
[16] 贾锡本. 浅谈如何开展信息工作[J]. 四川外语学院学报，1993（S1）：37-40.
[17] 李晨. 信访制度改革研究[D]. 北京：中国社会科学院，2015.
[18] 李涛. 关于负面信息报道的理论思考[D]. 武汉：华中师范大学，2004.
[19] 李旭州. 浅论我国信访制度的改革[D]. 郑州：郑州大学，2007.
[20] 卢斌，刘永成. 信息工作与调查研究[M]. 北京：高等教育出版社，2001.
[21] 陆瑜芳. 秘书实务[M]. 上海：上海社会科学院出版社，2006.
[22] 罗瑛瑛. 秘书信息工作中的"负面"信息处理研究：政府税务部门的"负面"信息处理[D]. 广州：暨南大学，2014.
[23] 孟庆荣. 秘书工作案例及分析[M]. 北京：清华大学出版社，2007.
[24] 缪惠. 信息工作与档案管理[M]. 合肥：合肥工业大学出版社，2005.
[25] 钱培华. 我国"一站式"信访服务研究[D]. 上海：复旦大学，2012.
[26] 卿立新. 突发公共事件网络舆论及其应对研究[D]. 长沙：湖南师范大学，2013.
[27] 任晓春. 基于信息管理视角的信访工作分析[D]. 长春：吉林大学，2012.
[28] 沈义淑. 浅析信息在秘书管理中的基础地位[J]. 社科纵横（新理论版），2008（3）：61-62.
[29] 孙荣，杨蓓蕾，袁士祥，等. 秘书工作案例[M]. 上海：复旦大学出版社，2005.
[30] 孙涛. 我国信访制度的现状、问题及对策[D]. 北京：中国青年政治学院，2012.

[31] 唐建强. 浅谈现代企业秘书的信息收集工作[J]. 宜宾学院学报, 2005 (1): 32-34.
[32] 王芳郁. 论新时代秘书的信息工作[J]. 辽宁教育行政学院学报, 2005 (2): 26-27.
[33] 王凌, 肖传亮. 新编商务秘书实务[M]. 2版. 北京: 电子工业出版社, 2014.
[34] 王萍, 张卫东. 现代文秘工作实务[M]. 北京: 机械工业出版社, 2007.
[35] 王守福. 文秘工作案例与分析[M]. 北京: 高等教育出版社, 2001.
[36] 王育. 秘书实务[M]. 北京: 高等教育出版社, 2003.
[37] 吴爱萍. 正确面对负面信息[N]. 人民法院报, 2013 (10).
[38] 向国敏. 现代秘书实务[M]. 北京: 首都经济贸易大学出版社, 2005.
[39] 谢艳, 任贵华, 凡琼. 刍议网络对秘书信息工作的负面影响[J]. 咸宁学院学报, 2010 (4): 160-161.
[40] 徐洋. 我国手机媒体负面信息传播与控制研究[D]. 乌鲁木齐: 新疆大学, 2012.
[41] 杨锋, 张同钦. 秘书实务[M]. 北京: 中国人民大学出版社, 2015.
[42] 杨群欢, 李强华. 秘书学理论与实务[M]. 重庆: 重庆大学出版社, 2010.
[43] 杨树森. 秘书实务[M]. 合肥: 安徽大学出版社, 2006.
[44] 于兴亮. 当代中国督查工作述论[D]. 济南: 山东大学, 2011.
[45] 余红平, 胡红霞. 秘书信息与档案管理实务[M]. 北京: 外语教学与研究出版社, 2009.
[46] 张金英. 办公事务实训[M]. 上海: 上海财经大学出版社, 2006.
[47] 张丽珣. 商务秘书实务[M]. 北京: 中国人民大学出版社, 2004.
[48] 张玲莉. 秘书国家职业资格培训教程: 四级秘书[M]. 北京: 中央广播电视大学出版社, 2006.
[49] 张瑜. 灾害事件中负面信息与正面传播效果转化机制研究[D]. 武汉: 华中科技大学, 2009.
[50] 中国行政管理学会信访分会. 信访学概论[M]. 合肥: 合肥工业大学出版社, 2005.
[51] 周红莲. 念好督查工作"四字经"[J]. 秘书工作, 2011 (12): 28.

第六章 事务管理（下）

第一节 督查工作

督查是领导在组织管理中赋予秘书的重要职能，是秘书部门一项经常性的重要工作，是秘书辅助领导、发挥参谋助手作用的重要途径之一。

一、督查概述

（一）督查的含义

督查又称为督办和查办，指领导制定决策后，对负责具体执行、实施与承办的单位和个人在执行过程中的行为、态度与结果展开督促和检查的活动。督促的重点在于"促"，即为使决策及时得到贯彻，采取各种方法询问、催促下级有关部门，以期推动决策的执行；检查的重点在于"查"，即检查"办没办"、是否在限定时间内办完、办得怎么样、是否符合决策要求、有什么好的经验、落实中存在什么问题、问题的原因是什么、有什么建议等。

（二）督查工作的作用

1. 促进方针政策的落实

督查能够克服执行部门的消极思想，帮助执行部门完善责任意识，明确工作任务，强化落实的紧迫感，有效地督促方针政策的落实进程。

2. 不断修正和完善决策

通过督查，可直接掌握决策的实践过程和实践效果，不仅可以及时总结决策执行的成功经验和有效做法，还可以及时发现决策执行过程中出现的各种问题，将这些问题传递给决策者，为决策者补充、修改决策提供依据，有利于实现决策的科学化。

3. 密切联系群众的重要桥梁

督查工作的开展是在上级和群众的共同监督下进行的，有助于杜绝各种违法乱纪行为，有利于克服脱离群众等弊病。积极有效的督查工作有助于解决群众最关心的问题，最终让群众受益。

（三）督查工作的特点

1. 综合性

督查工作的范围很广，涉及政治、经济、文化等各个领域。在工作关系上，督查工作又与各个方面有着紧密的联系，在沟通、协调方面起着不可或缺的综合作用。

2. 权威性

督查工作的任务和目标决定了它具有一定的权威性，督查活动是从上到下进行的，督查主体的权威性确保了对督查对象的制约作用，保障了督查工作的顺利开展。

3. 引导性

督查工作是对上级决策落实的督促和检查，导向正确的督查工作能引导决策朝着好的方向发展，还能转变各级领导干部的工作作风，提高其工作积极性。

【案例6-1】

厅督查处吴副处长的一天[①]

早上刚一上班，厅督查处吴副处长便接到了处长的紧急通知，书记办公室让办公厅在明天上班前将党代会工作报告的立项分工情况汇总并分送各领导、各级各部门征求意见，后天提交常委会研究。办公厅将任务分发给督查处，处长马上安排吴副处长作为主办，其他同事协办。于是，吴副处长忙碌的一天开始了。

08:40　吴副处长将党代会工作报告电子版发给其他四位同事，并请每位同事各负责2~3项的大项分工，要求从中精要简化出可操作性强的工作措施，并结合各领导的分工、各级各部门的职责进行立项分工。说明要求后，大家紧张地工作起来。

17:30　吴副处长和其他几位同事还在敲打着键盘，分工内容已差不多制作完毕。吴副处长给大家打气："再加加油，待会儿就可以交稿给处长了。"

18:00　大家把整份文件交给吴副处长，他看了之后对大家说："总共200多条，太多了，而且不少地方，如党的建设、宣传教育等方面，虚的内容太多，操作性不强，各位领导和相关部门难以着手落实。我们再对一次，一定要确保精要而且具有操作性，许多套话、大道理的内容不要放进去。现在时间很急，大家先分批去吃饭，留两个人在这里，完成一项就交一项给我，我马上进行审核，提高效率。"

20:00　吴副处长逐一审核了各位同事交来的稿件，并让其中一位同事再进行汇总，最后将立项分工压缩至100条且实操性都很强。吴副处长认为可以提交了，于是将形成的送审稿交予处长，处长提出了一些小意见，修改后再呈给厅分管领导，分管领导批示后马上转呈各领导及各级各部门征求意见。

21:00　吴副处长让同事将一叠装着工作方案的信封交给了等候已久的秘书处交换班。工作告一段落，吴副处长松了一口气，但他深深地知道，这项工作，今天只是开始。

二、督查的种类与原则

（一）督查的种类

按照督查工作的基本任务，督查可以分为两类，即决策督查和专项督查。

---

① 张文杰. 政务秘书与事务秘书之角色比较[D]. 广州：暨南大学，2012.

1. 决策督查

决策督查是指督促检查各项方针政策的贯彻落实。重大决策关系全局，只有这些决策不折不扣地得到落实，才能体现政令畅通。一般来说，决策督查的涉及面广、层次多，难度大，这就要求在实施督查时紧扣中心工作，把握全局，突出重点，一抓到底。

2. 专项督查

专项督查指督查机构及人员对某一项具体工作或问题进行专门的、有针对性的督促检查。专项督查具有内容具体、事项比较单一、时限相对较短、办理要求明确、一事一报等特点。

（二）督查的原则

督查工作的原则性很强，要做好督查工作，必须遵循以下几项原则。

1. 归口管理、分级督查原则

有关方针、政策和重大决策、部署的贯彻实施，属于哪一级、哪一个职能部门的工作，就由哪一级、哪一个职能部门负责督促检查，由直属上级督促其直属下级，一级促一级，逐级落实。秘书部门督查的主要职责是了解情况，如实反映情况，推动落实。

2. 调查研究、实事求是原则

督查要注重调查研究，首先，秘书要调查清楚督查事件的事实真相，只有全面准确地了解和反映情况，才能为领导决策提供参考依据。其次，从事督查工作的秘书人员要正确行使职权，客观真实地反映督查情况，及时完成督查任务。

3. 注重实效、有令必行原则

督查工作是针对决策落实不到位的现象进行的，因此，督查工作要讲求实效，对领导的重要批示及急办件要依据"交必办、办必果、果必报"的要求在"第一时间"办理，严格按照督查事项的时间表开展督查，确保督查效果，使督查工作做到事事有着落、件件有回复。

4. 协调配合原则

对"大件""难件"或一些需要相关部门配合的督查事项，督查工作者要与各相关单位积极配合，统筹各职能部门、各督查利益相关方共同参与，协调配合，共同做好督查工作。

三、督查工作的方法与程序

（一）督查工作的方法

1. 催办催报

催办催报是指秘书部门根据督查目标的质量和时限要求，通过电话催办、发函催促等方式向被督查部门了解督查事项的执行、落实情况等。如属重要的决策督查项目，要拟订催报方案，下发"催查要求""催报要求"，使决策执行者按时上报工作结果。

2. 督查调研

督查调研是指督查人员组织有关职能部门人员组成调查组，深入基层，了解决策与有关领导指示精神的实施进展、经验、效果以及出现的问题和原因，并提出建议和对策，综合上述情况后向领导机关写出专题报告。

3. 反馈通报

反馈通报是指督查人员在及时掌握督查事项进展情况的基础上进行有效的综合分析，形成有情况、有分析、有建议的材料，向相关部门反馈。可以发布内部通报，也可以利用报刊、电视、广播等宣传工具开辟"督查专栏"，通过舆论、传媒的力量在社会上形成良好的督查舆论氛围。

4. 专题汇报会

对于重大决策的贯彻实施，因其涉及面广、工作任务重，可能会有一定难度或有认识上的分歧，因此可以召开专题会议，召集有关人员，听取对决策事项落实情况的汇报，督促承办单位抓紧落实决策事项。

5. 现场办公督查

对工作任务紧迫、标准要求明确具体的事项，督查人员要深入实际，到承办部门、工作现场检查、了解事项的落实情况，现场交代布置，现场交流沟通，掌握第一手材料，促进决策的落实。

6. 群众参与督查

针对与群众切身利害直接相关的事项，可以借助群众的力量进行督查。例如在农村，为做到政务、财务两公开，可以采用村头村务公开栏的形式增强工作的透明度、民主性，通过群众参与使督查事项得到落实。

【阅读资料 6-1】

国家发展改革委办公厅关于督察《推动 1 亿非户籍人口在城市落户方案》落实情况的通知

（二）督查工作的程序

1. 立项登记

重大决策或重要工作部署下达后，督查人员要对督查事项进行立项登记。登记的内容包括列入督查范围事项的承办部门、责任人，查办的具体内容，领导批示，落实时限等。凡有两个以上承办部门的督查事项，要确定主办或牵头部门。立项登记单格式如表 6-1 所示。

表 6-1 督查立项登记单[①]

编号	年	月	日		
交 办 单 位			交 办 日 期		
交 办 内 容					
领 导 批 示					
承 办 单 位			承 办 日 期		
办 理 结 果					
备 注					

对已立项的督查事项，要制定具体督查方案，内容主要包括时间安排、督查内容、督查办法、督查要求等。科学具体的督查方案是督查工作能够有序开展的前提，能够避免推诿扯皮现象，保证督查工作做到有的放矢，可提高实效。

2. 交办

交办即根据立项督查事项的内容、性质和领导要求，通知相关单位办理督查事项。督查事件立项后，根据领导批示要求，一般以《督查通知单》的形式或者会议等形式通知承办单位，交代督查具体事项，提出办理的具体要求。交办应努力做到任务量化、时限具体化、责任明确化。

3. 催办

督查通知发出后，督查部门应及时了解事项的办理情况，通过适当方式进行催促检查，在办理时限到达之前，对承办单位进行必要的提示。催办方式主要有：到落实单位、现场了解情况；印发催办通知，请承办单位定期书面报告事项进展情况；召开调研会、座谈会，了解进展情况等。

4. 审核验收

审核是指对承办单位的办理落实情况报告认真审核，主要审核是否符合办理要求、是否符合政策等，同时，对办理结果要进行验收，能到现场的，尽量到现场检查验收。对落实情况不符合办理要求的，退回重办。

5. 反馈

反馈是指将办理结果及时报送有关领导阅示。承办上级领导批示或交办事项时，反馈包括两个步骤：一是向本单位领导反馈办理结果，由本单位领导审核；二是经本单位领导批准后，向上级机关或上级督查部门写出办理报告。

6. 再督查

再督查是指对领导在督查反馈报告上的再批示进行再督查，直至办结为止。

7. 立卷归档

督查事项办结后，要及时整理立项登记表、调查情况报告、办理情况报告等有关资料，按归档程序、要求立卷归档。需要注意的是，不同种类、不同情况的督查事项，督查程序会有所不同。

---

① 杨树森. 秘书实务[M]. 合肥：安徽大学出版社，2005.

【阅读资料 6-2】

国务院办公厅关于督查问责典型案例的通报

第二节 信访工作

一、信访工作概述

（一）信访工作的含义

从字面意义上说，"信访"就是"群众来信来访"的简称。我国《信访条例》中所称信访，是指公民、法人或者其他组织采用书信、电子邮件、传真、电话、走访等形式，向各级人民政府、县级以上人民政府工作部门反映情况，提出建议、意见或者投诉请求，依法由有关行政机关处理的活动。随着信息化手段的发展，网络、手机短信也成为信访的补充形式。

信访工作即负责处理群众来信来访的工作，指各级领导机关依照政策法规受理信访事项、调整信访关系的全部活动。信访活动不是泛指一般社会成员之间的相互通信和访问活动，而是社会成员向社会组织及其管理者发起的一种特殊的社会行为，具有较强的政治性。

（二）信访工作的特点

1. 群众性

信访人都联系着甚至代表着一定的群众，集中了某些群众的意愿和要求，具有一定的典型性和倾向性。

2. 广泛性

信访活动的广泛性一方面体现在信访者身份的多样性，另一方面体现在信访事项的多样性。

3. 经常性

信访活动是社会矛盾通过信访形式的客观反映，社会矛盾的不断出现决定了信访活动和信访工作的经常性。

4. 政策性

据有关资料表明，涉及各种政策的信访事项约占信访总数的 90%，因此，信访工作者必须以党和国家的各项政策法规为准绳来处理各种信访问题，也应通过信访工作宣传党和国家的政策和法律法规。

（三）信访工作的作用

现阶段，信访工作的作用主要表现在以下几个方面。

1. 联系群众

信访是党和政府密切联系群众的重要桥梁与纽带，信访工作可以使有关部门随时倾听群众的意见和建议，也可增强群众对党和政府的向心力，充分调动群众参政议政的积极性。

2. 民主监督

信访活动是群众自发、直接、公开、有效的民主监督形式，信访有助于及时发现领导机关及其工作人员存在的各种问题，查处违法乱纪行为，克服官僚主义。

3. 调解矛盾

从总体上来讲，信访活动是社会各种矛盾直接或间接的体现。信访工作可以及时有效地调整人与人、人与组织、人与社会之间的矛盾，减少和消除社会的不安定因素，促进社会的稳定与和谐。

4. 反馈信息

信访工作中反映的问题是各级领导机关及领导人从各种会议、资料和调查中难以得到的重要信息，信访部门应该成为开发、收集、研究、处理民众信息的中心，多渠道、多形式、多层次、多流向地为领导决策提供有价值的民意信息。

二、信访工作的原则

1. 实事求是

群众的来信来访具有广泛性和复杂性，所反映的问题既有证据确切的实情，也有捕风捉影甚至恶意诬告的情况，因此信访工作必须以事实为依据。

2. 属地管理、分级负责，谁主管、谁负责

《信访条例》强调信访事项属地管理，明确地方各级政府在处理跨地区和越级信访时的主导作用。属地管理、分级负责，谁主管、谁负责，这样可以防止部门之间互相推诿，强调各个部门要依法履行本部门的职责，把问题解决在基层。

3. 依法、及时、就地解决问题

"依法"是指要依照法律、法规、政策和有关规定解决信访问题。解决信访问题时要反对两种倾向：一是感情用事，即对一些不应该解决的问题随便许诺或对一些应该查处的案件进行袒护；二是不敢碰硬，即因害怕被打击报复就对一些涉及领导干部的问题躲躲闪闪、推来推去。"及时""就地"是指要提高信访问题的处理效率和水平，尽快解决，防患于未然，将可能出现的犯罪行为遏止在萌芽状态。信访问题久拖不决，贻误时机，极有可能造成信访人越级赴省、进京信访，或者累积和激化矛盾，造成集体信访和群体性事件。此外，"就地"还可以方便群众，减少奔波和劳民伤财的情况。

4. 解决实际问题与思想教育疏导相结合

信访者反映的问题，有的属于实际问题，有的是思想认识问题。信访工作既是处理群众反映问题的过程，也是疏导群众情绪、开展思想政治工作、对群众进行宣传教育的过程。

针对信访问题，不是简单地给出一个处理结果就算做完工作，疏导群众的情绪，做好说服、解释和思想政治工作也是信访工作的一个重要方面。

5. 保护信访人

我国《信访条例》规定，任何组织和个人不得打击报复信访人。信访工作人员不得将信访人的检举、揭发材料及有关情况透露或者转交给被检举、揭发的人员或者单位。为保护揭发人的利益，对揭发和控告信件，秘书部门应将信函摘抄后转有关部门处理。

三、信访工作的基本程序

《信访条例》规定，信访工作具体工作程序包括登记、告知、受理、办理、复查与复核、督办和立卷归档，如图 6-1 所示。

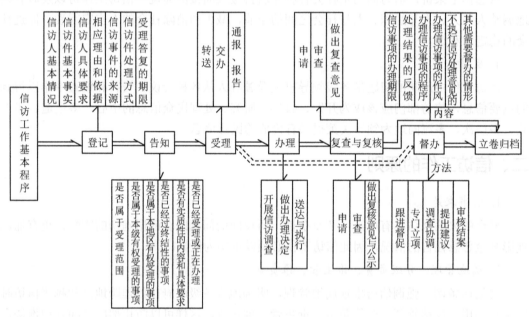

图 6-1　信访工作基本程序

（一）登记

1. 来信登记

收到群众来信，必须及时拆阅，认真阅读，弄清来信情况，并在《群众来信登记表》（见表 6-2）上逐项填写清楚。

表 6-2　群众来信登记表

信访人姓名		信访人单位及职务		受信者姓名	
信访人住址、邮编				信 访 日 期	
信访内容摘要					
领 导 批 示					
处 理 结 果					

2. 来访登记

接待来访者,应当先让来访者填写《来访登记表》(见表 6-3)中的基本信息。在与来访者的交谈过程中,接访者应集中注意力,态度谦和,做到一听、二问、三记、四分析,认真把握谈话要点。

表 6-3 来访登记表[①]

姓　　　名		性　　别	男□ 女□	年　　龄	
身　份　证		来访登记	初次□ 重访□	登 记 日 期	年 月 日
住址、单位				联 系 方 式	
反映事项				级　　　别	省□ 地□ 县□
事 发 地 点				事 发 时 间	年 月 日
上访性质	建议□ 举报□ 申诉□ 求决□ 其他□			文字资料	有□ 无□
上访内容				图像资料	有□ 无□
上访具体事项					
处理结果					

注:此表由来访人填写,由信访办留存,来访人不得将此表带走。

(二)告知

告知指行政机关在收到信访事项后,判断该事项是否属于所受理范围和所管辖级别,以便做出是否受理的决定,并告知信访人。信访机构应当自收到信访事项之日起 15 日内告知信访人是否受理信访事项。

(三)受理

受理指对属于受理范围的信访事项决定进行处理的行为。

1. 转送

转送指信访机构根据职责权限和级别管辖将信访事项转到有权对信访事项进行调查、核实并做出处理决定的部门。转送应附《转办函》,与原信一同转送。有权处理的部门有三种:一是由于做出行政行为而引发信访事项的行政机关,即通常所称的责任机关;二是依照上下级隶属关系或管理职能,有权进行层级监督的行政机关和监察、审计等专门监督机关;三是由信访机构自身引发的信访事项,信访工作机构即是有权处理的行政机关。

2. 交办

交办指对信访事项中的重要情况需要反馈办理结果的,直接交由有权处理的行政机关办理,要求其在指定办理期限内反馈结果,提交办结报告。交办应附《交(转)办单》(见表 6-4),要求承办单位回告办理情况。

[①] 杨锋,张同钦. 秘书实务[M]. 北京:中国人民大学出版社,2015.

表 6-4　信访事项交（转）办单[①]

信 件 来 源		规定办结日期	
信 访 人		地址、电话	
信访内容摘要	登记人：		
交（转）办意见	拟办人：		
领 导 阅 批	阅批人：		
备 注			

3. 通报与报告

通报与报告指县级以上政府信访机构要定期向下一级政府信访机构通报转送情况，下级政府信访机构要定期向上一级政府信访机构报告转送信访事项的办理情况。通报和报告的目的有两个：一是便于下一级政府信访机构全面掌握本辖区内信访事项的基本情况；二是便于上一级政府信访机构了解其转送、交办下一级信访机构的信访事项的办理、落实情况。

（四）办理

办理指有权处理的机关依据职权对已经受理的信访事项进行调查核实或者研究论证后，依法做出处理意见并予以处理的行为。

1. 开展信访调查

《信访条例》规定，对信访事项有权处理的行政机关办理信访事项时，应当听取信访人陈述事实和理由；必要时可以要求信访人、有关组织和人员说明情况；需要进一步核实有关情况的，可以向其他组织和人员展开调查。

调查要从多方面着手：一是直接听取上访者本人陈诉；二是听取相关知情人的意见和建议；三是查阅有关档案材料、账册、凭证等，把信访反映的问题逐一查清，取得可靠证据。与知情人、被调查人谈话时应注意：谈话应个别进行；参与谈话的调查人员不得少于两人；谈话一般在知情人、被调查人所在单位、住所进行；谈话严禁逼供、诱供、指供。

2. 做出办理决定

《信访条例》规定，对信访事项有权处理的行政机关经调查核实，应当依照有关法律、法规、规章及其他有关规定做出处理决定，并书面答复信访人。请求事实清楚，符合法律、法规、规章或者其他有关规定的，予以支持；请求事由合理但缺乏法律依据的，应当对信访人做好解释工作；请求缺乏事实根据或者不符合法律、法规、规章或者其他有关规定的，不予支持。

3. 送达与执行

信访处理意见的送达可以采用邮寄方式，也可以采用直接送达等方式。执行指对于信访人的请求得到支持的信访事项，从做出处理意见之日起即可执行。

[①] 杨锋，张同钦. 秘书实务[M]. 北京：中国人民大学出版社，2015.

（五）复查与复核

1. 复查

《信访条例》规定，信访人对行政机关做出的信访事项处理意见不服的，可以自收到书面答复之日起 30 日内请求原办理行政机关的上一级行政机关复查。收到复查请求的行政机关应当自收到复查请求之日起 30 日内提出复查意见，并予以书面答复。

复查首先要提出申请，如果符合申请条件，就进入实质性的复查，并提出复查意见；如果不符合申请条件，则不予复查，但同时要告知信访人相关理由。复查时，如果原办理意见事实清楚、依据充分、处理恰当，则维持原处理意见；如果原办理意见事实不清、依据不足或者处理不恰当，则依据职权直接变更原办理意见或者责令原办理机关重新办理。

2. 复核

《信访条例》规定，信访人对复查意见不服的，可以自收到书面答复之日起 30 日内向复查机关的上一级行政机关请求复核。收到复核请求的行政机关应当自收到复核请求之日起 30 日内提出复核意见。

复核同样要先提出申请，然后由复核机构进行审查，做出处理意见。需要注意的是，信访人对复核意见不服，仍然以同一事实和理由提出投诉请求的，各级政府信访工作机构和其他行政机关不再受理。

（六）督办

督办指对一些信访处理意见进行督促办理。《信访条例》规定，县级以上人民政府信访工作机构发现有关行政机关有下列情形之一的，应当及时督办，并提出改进建议：无正当理由未按规定的办理期限办结信访事项的；未按规定反馈信访事项办理结果的；未按规定程序办理信访事项的；办理信访事项推诿、敷衍、拖延的；不执行信访处理意见的；其他需要督办的情形。

督办可以跟进督促，也可以专门立项，还可以协调相关部门督促办理。对信访事项有权处理的机关、部门认为信访事项处理完毕的，应当向交办、督办机关反馈结果，提交办结报告。

另外，《信访条例》规定："对重大、复杂、疑难的信访事项，可以举行听证。"将听证引入信访，让传统的信访制度通过制度创新焕发出新的生机活力是信访改革的大势所趋。

信访听证与其他听证相比具有以下几个特点。

（1）信访听证的举办者是有权处理信访事项的行政机关。信访听证不是居中裁判，这与法庭听证、仲裁听证不同，法庭听证由法官居中主持，仲裁听证由仲裁员居中听证。

（2）信访听证的范围仅限于重大、复杂、疑难的信访事项。哪些信访事项要听证由行政机关来决定，这与审判和仲裁案件必须要开庭听证不同。

（3）信访听证参加人由法律规定。一般来说，信访听证的参加人是与该信访事项有关的人，而不是公众代表，这与立法听证、价格听证从公众选代表参加听证的方式是不同的。

信访听证具有如下几个作用。

（1）信访听证给当事人提供了表达自己意见的机会。

（2）信访听证可以让群众亲历信访事项处理过程，看到公开透明、依法处理信访事项的办事程序，体会党和政府以人为本和保护信访人合法权益的诚意。

（3）信访听证搭建了让公民与行政机关平等对话、多方参与的平台，可最终实现信访处理决定的民主化、公开化、科学化、法制化。

（4）信访听证使信访人的知情权、申诉权得到充分尊重，满足了信访人宣泄感情的心理需求。

（5）由于邀请了有关部门和社会人士参与听证，进行集体评议和现场监督，有力地促使信访人息访息诉，避免因信访人申诉而产生新的上访。

以下为信访听证的大致程序。

（1）信访人或者其委托代理人陈述信访事项并提供有关证据。

（2）与信访事项有关的行政机关陈述查明的事实、认定的证据、适用的法律、政策依据及处理意见。

（3）信访人对信访事项有关问题进行询问。

（4）组织质询、辩论。

（5）信访人或委托代理人、与信访事项有关的行政机关最后陈述。

（6）听证主持人组织听证员就听证事实和证据，以及适用政策、法规等对信访事项的处理发表听证意见，经评议、合议后形成听证结论。

（7）听证主持人宣布听证结论并宣布听证结束。

听证完毕应制作听证笔录，听证笔录应有信访人及委托代理人、原承办人、听证主持人、听证员、记录员等人签名。听证资料（包括听证笔录、录音、照片、录像、信访事项承办单位及信访人提供的有关证据等）由举行听证的部门或单位立卷归档。

（七）立卷归档

信访事项结案后，应当按照有关规定整理相关材料，做好立卷归档工作。

四、信访工作的注意事项

（一）尊重信访人，以礼待人，以理服人

秘书人员要时刻提醒自己以客观、冷静、平和的心态对待信访工作，不可因个别信访者无理取闹、制造事端而对信访工作产生先入为主的反感情绪。尊重是相互的，如果秘书人员不能让对方感受到被尊重，那么也很难赢得对方的尊重和信任。接访中，秘书要做到"来有迎声，问有答声，走有送声"，对群众反映的问题要耐心受理、认真记录、及时交办，营造"受理有序、规范办理"的工作氛围，让来访者感受到工作者的诚心和热情。

（二）落到纸面，化繁为简

"落到纸面"指要将口头上访变成书面上访，这样做的好处：一是可以将信访者口头反映的问题条理化、逻辑化，去其枝蔓，明晰争论的"焦点"；二是可以留存资料，既免去上访者多次陈述问题的口舌之劳，也使后面接手工作的人有据可查；三是便于领导迅速了

解问题的症结，及时做出批示；四是体现职业态度，博得来访者的好感。如果来访者事先没有准备书面材料，秘书要主动做好记录，将所有信息书面化，并在整理完毕后，请来访者签字确认。

（三）求同存异，因势利导

对于满腹怨气的来访者，秘书既要注意安抚对方的情绪，又要注意掌握对话的主导权。此外，来访者在陈述问题时多带有强烈的主观情绪，秘书作为倾听者，要仔细甄别哪些陈述属于客观事实，哪些陈述属于价值判断。相对于"价值判断"来说，双方更容易就"事实问题"达成共识，而它正是认识问题和解决问题的基础，因此，在接访中，秘书要紧紧围绕"事实问题"的诸要素——时间、地点、人物、原因、经过、结果与来访者交谈，一旦来访者借题发挥，偏离了事实陈述的轨道，就要及时通过提问将话题带回。

（四）信息共享，加强信访信息化建设

对群众信访反映的问题推诿扯皮、敷衍塞责是造成群众就同一事项重复上访的症结所在。为减少或避免群众重复上访，秘书应该与相关部门主动沟通，及时互通情况。信访信息系统是充分利用现有政务信息网络资源，实现上级人民政府、本级政府有关部门、下级人民政府之间和各级信访部门之间信访信息互联互通的一个全网络化的应用系统，从信访事项的受理、信访事项的处理与协调、处理结果的报告、信访人的回访、信访信息的查询和信访信息的统计分析等过程实现信息化管理。它是人民群众反映利益诉求的重要渠道，也是提高信访工作业务管理水平和效率的平台，所以秘书应重视信访信息化建设，建立健全信息收集反馈网络，及时掌握信访工作动态，发现问题，立即纠正。尤其要加强基层各单位的信访组织建设，设立基层专兼职信访工作员和信息员，使信访工作做到事事有人抓、时时有人管。

第三节　机要保密工作

一、机要工作

机要工作即涉密文件的管理工作，秘书人员要认真完成机要文件及传真电报的阅办，做好机要保密，不该透露的绝不透露，不该说的绝对不说。

机要工作需注意以下事项。

（1）公文的登记制度。公文的收、发、分送、传递、借阅、移交、销毁等环节都应严格执行登记制度，把好关口，做到环环有手续、件件有着落，收发文件要分类登记，秘密文件要单独承办和专柜保管。

（2）翻印、复制。下级机关不准翻印、复制上级机关的秘密文件（公文），除非根据有关规定或得到批准。

（3）复印文件。复印文件必须经过请示，得到审批，复印件按原件要求管理。

（4）传阅秘密文件。秘密文件应由机要人员或指定人员统一掌握，非经批准，不得擅

自扩大秘密文件的阅读范围。阅读秘密文件要在党政办公室或阅文室进行；传阅和借阅的秘密文件要严格坚持分别登记、签收的制度，当面点清、签字，不搞"信用"交接；领导同志和各部门人员阅办文件应直接与机要人员联系，不得互相传递，秘密文件不得在外过夜。

（5）邮寄与传递。秘密文件不准通过邮政邮寄，不准在普通的传真机上传递。机要通信人员在外出递送秘密文件过程中不准办理与递送无关的事，要坚持专程取送。

（6）携带外出。外出工作必须携带秘密文件的，须经领导批准并办理登记手续，同时还要采取安全措施。

（7）存放。秘密文件必须存放在有安全保障的地方，并经常检查保管情况（文柜等应有安全措施）。

（8）清查清退制度。各单位、部门都应对秘密文件建立清查、清退制度，坚持秘密文件每天一收交，每周一清理，每月一核对。每天下班前，对于收发给领导和各单位的文件，该收的都收回来；每周末下午，对一周内经办的文件全面清理一次；每月月底将本月内经办文件按照收文簿全面核对一次，如发现丢失现象，要及时追查处理。

（9）销毁。销毁秘密文件和其他公文必须经领导批准，造册登记。销毁文件时要对现场严密监护（有两人以上）且必须销尽，销毁过程监护人等要登记在案。

（10）清退和立卷归档。

①按照上级有关规定，做好每年度公文（文件）清退移交工作，按时、如数上交要求移交的上级文件。如有遗失，要写书面报告。

②根据文件材料归档的范围，协同档案室做好每年度文件材料归档立卷工作。

【案例6-2】

某机要与保密室的工作职责

（1）负责密码电报的接收、登记、送批、传阅、落实、保管和清退。

（2）负责机要文件的收取、登记、送批、传阅、管理、清退和归档。

（3）负责上级各类普通公文的接收、分类、登记、送批、传阅、督办、管理和归档。

（4）负责各级公文传输平台的使用和管理；负责各类电子公文的接收、分发、登记、送批、传阅、落实和督办。

（5）负责学校各类信息、材料、函件的内网传输和报送。

（6）协助主任协调校领导出席校外会议、活动并回复回执。

（7）负责党刊、内参等秘密、内部刊物的征订、接收、分发、传阅和回收。

（8）负责党委常委会、党委全委会记录立卷归档工作。

（9）负责上级各类文件的管理、查询、借阅工作。

（10）负责涉密载体、文件、内部资料等的统一销毁工作。

（11）负责学校保密委员会办公室日常工作。

（12）完成领导交办的其他工作。

【案例6-3】

某机要与保密室的具体任务

（1）各级密码电报的接收、登记、送批、传阅、落实、保管和清退。

（2）中共中央、国务院、教育部、××省委省政府、××省教育厅、××省委高校工委、××市委市政府、××市委高校工委等各类机要文件的收取、登记、送批、传阅、管理、清退和归档。

（3）中共中央、国务院、教育部、××省委省政府、××省教育厅、××省委高校工委、××市委市政府、××市委高校工委等各类普通公文的接收、分类、登记、送批、传阅、督办、管理和存档。

（4）教育部电子公文与信息交换系统、××省人民政府电子公文传输系统、××省教育信息网公文传输系统、××市××电子政务网、××市电子政务内网、××市横向密码通信网络的使用和管理。

（5）各类电子公文、通知、信函等的接收、登记、分发、送批、传阅、督办、管理和存档。

（6）海大信息、学校各种材料、函件、回执的内网传输和报送。

（7）《中办通讯》等内部、密级刊物的征订、接收、分发、传阅和回收。

（8）党委常委会、党委全委会记录的立卷归档。

（9）上级各类文件的查询和借阅。

（10）涉密载体、涉密文件、内部资料等的统一销毁。

（11）学校保密委员会年度计划、总结和其他有关（上报）材料的起草；保密规章制度的拟定和修订；涉密载体的配备、使用、维修和报废；涉密人员审批和管理；论文发表的保密审核；定期开展保密检查；全校性保密宣传教育和培训。

（12）会同科技处军工办做好军工保密资质的申请、迎检和复审。

（13）指导并协助研究生院、教务处做好试卷保密室的管理使用以及研究生涉密学位论文的申报审查；指导并协助海洋地球科学学院做好涉密测绘成果的申购、使用和保管工作。

（14）协助保密学院和保密培训基地××分基地做好工作。

（15）承办上级保密部门下达的各项工作任务。

（16）完成领导交办的其他工作。

二、保密工作

（一）保密工作的含义

保密就是对尚不能公开的秘密事项加以保护，使之不外泄，而保密工作就是对个人、企业、机关、团体、政党和国家拥有的不便被外界知晓的秘密所采取的必要的手段、方法和措施。

【案例6-4】

龙亭区人民检察院"三个着力"做好机要保密工作①

今年以来,龙亭区人民检察院采取有效措施,保密工作取得了实效。

据悉,该院把机要保密工作作为重中之重,全院干警牢牢树立"机要保密,慎之又慎"的思想,着力在组织领导、制度执行、经费投入上下功夫:建立并完善机要保密队伍和网络,成立领导小组,制定各项保密工作制度;保密工作小组不定期检查执行情况,对违反保密制度的人员进行严格处罚和组织处理,确保制度的执行;先后购买了保密工作仪器设备,提高文件管理的现代化程度,使保密工作取得实效。

(二)秘书在保密工作中的作用

1. 表率作用

秘书部门与各职能部门、下属单位、社会各界有着各种各样的联系,作为秘书,应该严格遵守"保密十条",带头执行机关制定的各项保密制度。

2. 监督作用

秘书人员要对职能部门、广大群众,特别是涉密人员加强监督检查,及时解决工作中存在的问题与困难,以免失密、泄密。

3. 协调作用

秘书应充分发挥协调作用,结合各种涉密渠道综合治理,使保密部门、业务部门之间紧密配合,保证事有主管,各有专责,齐抓共管,形成合力,整体作战,防止各自为政、政出多门等不良现象发生,不给窃密者可乘之机。

4. 督查作用

一旦保密工作有所疏漏,出现了失密、泄密及被窃密等事件,必须立即追查,这就要求秘书部门发挥其督查作用,对领导者已有决策、部署或批示但仍未能彻底解决的问题,及时通知有关单位检查办理。

(三)机要保密工作中的注意事项

1. 文件保密

秘书要有很强的保密意识,做到不该看的坚决不看、不该说的坚决不说,自觉做好文件、资料的接收、传递、保管工作。

2. 会议保密

对于会议中的保密信息,是否公开、何时公开、向谁公开都由主管领导决定,秘书不得随意扩散和泄漏,要严格按照会议要求做好保密工作。

3. 科技保密

科学技术以及研发创意等是组织开展经营活动的有力支撑,决定着企业在激烈竞争中

---

① 本案例源于网络并经作者加工整理。

的战斗力，因此做好这方面的保密工作是非常重要的。

（四）如何建立健全保密制度

1. 加强领导

秘书部门应该向领导机构汇报本机关涉密的内容及分类，提供属于国家秘密、本机关秘密的具体资料，敦请领导机构确定一位成员负责保密工作，以加强对国家或组织秘密的管理，从而确保安全。

2. 设立保密组织

保密工作是一项专业性和群众性都很强的工作，在充分发动广大群众做好保密工作的同时，秘书部门应辅助领导设立各级机关或部门的保密组织机构，实行专职专责管理。

3. 建立健全各项保密制度

在新形势、新技术条件下，在我国《保密法》及其实施办法所规定的新要求下，目前，各机关的保密制度还需进一步健全，某些保密规定还需要做一定的调整与改革，因此，秘书部门应辅助领导根据中央有关法律、法规，实事求是、有的放矢地制定本机关的具体保密制度。

第四节 值班工作

一、值班工作的含义

值班工作就是组织指定专职值班员或兼职人员，或全天24小时，或在一定时间内（如中午、夜间和法定的节假日）负责值班，处理公务，以保证整个组织的运转连续性。

值班制的采用可以使组织不管在什么时候都能保证不会中断与外界的联系，急事、要事能得到及时的处理。在实际的工作过程中，各个组织会根据自身工作性质的不同而采用不同的值班形式，如常设性值班（有专职值班员全天候值班，常见于一些重要的党政机关或较大的非涉外组织及涉外组织）、间歇性（轮流）值班（仅在下班时间或节假日期间安排有关人员轮流值班）、临时性值班（在遇到或为了防范一些突发性事件时才临时设立，如防汛值班）。

值班工作一般归口在秘书部门或置于秘书部门之下，也就是说，大多数组织的值班工作和值班安排是在办公室主任的领导下，由秘书负责或由秘书具体安排，因此，做好秘书值班工作既指秘书本人要在轮值期间按值班要求做好具体的值班工作，也包括要做好或协助上司做好值班管理工作，如安排值班人员，制定值班表并事先通知有关部门及人员做好有关的准备工作。

二、值班工作的主要任务

值班工作是一项综合性很强的复杂工作，主要包括以下几项任务。

（一）及时传递信息

值班制的设立可以使组织贯通上下、联系左右的渠道随时都保持畅通状态，因此，值班工作的主要任务之一就是及时传递信息。不管是来文来函还是来电，值班人员都要在职责范围之内对能直接处理的予以妥善及时的处理；对于自己没有把握的疑难问题，不要随便许诺；对于重要或紧急的函、电、文，要立即报告有关领导或转告有关部门。

（二）做好接待工作

非正式上班期间，来访者一般先由值班人员负责接待。值班人员应根据来访者的目的和意图做出合理的安排和答复。凡符合规定手续的，要热情接待并尽量提供方便；对反映情况、提出要求的来访者，能直接解决的，要按政策和有关规定予以解决或解释，不能解决的，应及时转告有关部门处理；对于直接找领导解决问题的来访者，应视情况加以甄别和过滤，或安排约见，或耐心解释、婉言谢绝，但不能来者不拒、有求必应。

在进行接待记录时，对来访者的姓名、身份证件、联系事宜、接待单位等情况要一一登记清楚，以备日后查询。

（三）承办临时事项

值班人员除了要处理好日常的值班事务，完成值班任务外，有时还要负责承办上司交代和其他部门委托的临时事项，如购买物品、迎送客人、传话找人等，这些工作有着很强的随机性和繁杂性，但无论如何，值班人员都要认真对待，及时处理。

（四）处理突发事件

值班时遇到突发紧急情况，如生产事故、交通事故、失火、偷盗、自然灾害等，值班人员要沉着、冷静地加以处理，及时向上司汇报请示。为保障人民群众的生命财产安全，尽量减少损失，情况危急时，值班人员可在未得到上司指示前，在可能的范围内适当采取临时应急措施。

（五）确保组织安全

对外来人员，值班人员要遵照有关手续严加审查，如有异常情况发生，要及时报告有关部门及人员，协助有关部门开展工作，以保证组织的安全。

（六）填写值班材料

值班人员要做好值班工作记录，填写好值班日志，确保值班工作的连续性。

三、值班工作制度

（一）岗位责任制度

岗位责任制度应明确规定值班工作的职责范围和值班纪律，值班人员应严格遵守该制度，坚守岗位，尽职尽责。

（二）领导干部值班制度

领导干部值班制度通常在一些重要的机关单位内实行，这一制度要求除一般的值班人员外，每天或每周还应有一名中层以上干部负责值班工作，以便及时处理重大问题，防止急事、大事无人处理。

（三）请示报告制度

这一制度要求值班人员对于在值班期间所遇到的重要问题或没有把握处理的问题，不可擅作主张，应先请示、后办理；对重要的、紧急的情况和信息，要及时报告，不得拖延或知而不报；对于一些特殊的突发、紧急事件，可边处理边报告，但不可办而不报。

（四）交接班制度

这一制度要求上一班的值班人员要把值班情况，特别是待办事项和重要情况向下一班的值班人员逐一交代清楚并按照规定的时间、程序做好交接工作，以保证值班工作的连续性。

（五）保密制度

值班人员要加强保密意识，自觉遵守有关的法规制度，接到需要保密的来文、来电、来函，要严格按规定办理，不得疏忽，以保证国家和本组织秘密的绝对安全。

（六）安全防范制度

值班人员要特别注意防火、防盗、防诈骗等，要定时进行巡视检查，对于陌生的来访者，既要热情接待，又要提高警惕，防止上当受骗。

四、制作值班资料

间歇性和临时性值班需要安排有关人员轮流工作，以保证组织工作的连续性，因此秘书应将确定下来的值班人员和值班日期等制作成表格，印发至各有关部门和人员，并放置在值班室内醒目处。值班表的内容一般应包括值班时间（包括期限和具体时间）、地点、值班人、值班任务、注意事项等，如果多人值班，应明确负责人。如果值班室已张贴了"值班注意事项"和"值班任务"，值班表中便可相应地将其取消。除了值班表外，秘书还要制作供值班工作使用的值班日志表，以便值班人员能及时、准确、清楚、简明地将值班情况记录下来。

第五节　印信管理

印信管理可分为印章管理和信证管理。

一、印章管理

（一）概述

1. 印章的含义

印章是"印"和"章"的合称，现代印章是指刻在固定质料上的，代表机关、组织、单位和个人权力的图章，单位的叫作"印"，领导人的叫作"章"。本节所说的"印章管理"是指各机关及单位内公章的使用与管理。

公章的规格、尺寸、图案等要严格按照国家有关规定执行，任何单位或个人都不得擅自更改。具体可参见《国务院关于国家行政机关和企业事业单位社会团体印章管理的规定》（国发〔1999〕25号）。

2. 印章的作用

具体来说，印章有以下三种作用。

一是法定性。单位的公章代表该单位的正式署名，是一种权力的象征，具有法律效力，公文、证件等一旦盖上单位公章，即表示已受到盖章单位的认可而正式生效。

二是权威性。公章是单位的代表，在一定场合下，单位权威的实现是以印章为鉴证的。属于公务专用单位领导人的签名章或图章代表单位领导人的身份，同样具有权威性。

三是效用性。没有加盖公章的文件和指令是无效的，加盖了公章的文件才能生效。

（二）公章的种类

按性质、作用、材质等的不同，公章主要分为单位公章（含套印章、钢印），领导人签名章，专用印章和缩印、戳记四大类。

1. 单位公章

单位公章是单位权力和职能的标志。根据适用场合不同，单位公章有以下几种形式。

（1）单位正式公章，即在一般文件、介绍信、证明信上加盖的公章。

（2）套印章。套印章是根据需要，按照正式印章的原样复制而成的模印，适用于大宗公文凭证用印，与正式印章具有同等效力。

（3）钢印。钢印是使用加压设备，采用模压方法加盖无色印章，适用于加盖各种证件，一般加盖在贴照片的证件上。

2. 领导人签名章

领导人签名章是单位主要负责人的图章。某些特殊文件或凭证，如银行借贷、财务报告和决算、合同等，除盖公章和专用章外，还须加盖法人代表或主管领导的签名章。

3. 专用印章

专用印章是为某种专门业务刻制的印章，是根据某一特定工作的需要，为减少单位公章盖用次数而刻制的，如会议专用章、财务专用章、合同专用章、业务专用章等。

4. 缩印、戳记

缩印是依据正式印章和专用印章按比例缩小了的印章，不能作为正式印章使用，主要用在各类票券上作为凭信，如用在国库券上。

戳记是为了方便工作、提高工作效率而刻制的，如在标注文件密级时使用的"机密""绝密"等戳记。

需要注意的是，公章加盖在文书的不同位置以及用在文书处理的不同环节中，其作用各不相同。具体来说，有落款章、更正章、骑缝章、骑边章、密封章、封存章等。

（三）印章的管理

1. 印章的刻制

凡机关单位的正式印章，一律不得私自刻制。印章的刻制程序为：①由需要刻制印章的单位向所在上级机关提出书面申请。②上级机关批准，开具同意刻制印章的介绍信及登记证书。③刻章单位持有上级单位批准的公文等材料，到所在地县、市（区）以上公安机关填写"印章刻制申请书"，办理准刻手续。④到公安机关指定的印章刻制单位刻制印章。⑤从刻制单位取回印章。为安全起见，领取印章应两人同行，同时应检查印章的质量是否符合要求、有无被使用过的痕迹。

2. 印章的启用

（1）选定启用时间。

（2）发出附有印模的通知。选择好启用时间后，及时向有关单位发出正式启用印章的通知。

（3）启用印章。到指定的启用时间时，启用印章。

【阅读资料6-3】

关于启用新印章的函

3. 印章的保管

保管印章时应注意以下几个问题。

（1）安全存放，随用随锁。印章应用专柜保管，一般放在办公专用抽屉或保险柜中，用完印章后要随手锁好。

（2）专人保管。印章必须由专人保管，任何时候印章都不能脱离印章保管人员的监督，保管者也不能委托他人代盖印章。

（3）建立印章保管登记册。

（4）遗失立报。印章如果丢失，要立即报告公安机关备案，并以登报或信函等形式通知有关单位，声明印章遗失或作废。

4. 印章的使用

（1）提出用印申请。用印人填写《用印申请单》，提出用印申请。

（2）认真审核。审核内容包括是否有批准人签字；所要盖章的文书内容是否超越或是未达到所要盖的印章的职权范围；文书基本格式是否正确等。

(3) 盖印正规。盖章要正规、清晰，盖在署名中间，上不压正文，下要齐年盖月。加盖印章的要领是：握法标准，印泥适度，用力均匀，落印平稳。当印章下弧无文字时，采用"下套"方式；当印章下弧有文字时，采用"中套"方式。

(4) 详细登记。盖章后填写《印章使用登记表》，作为印章使用登记凭证以备查询。

5. 印章的停用和销毁

如果遇到单位撤销或名称变动、印章损坏、印章遗失或被盗，以及声明作废等情况，印章应立即停止使用。

(1) 通知相关单位。发文给与本单位有业务往来的单位，标明停用印章的印模和停用的时间。

(2) 彻底清查所有的印章。清查全部停用印章，把清查结果报告领导，请领导审定旧印章的处理办法。

(3) 废章封存或销毁。根据领导批示，或者将废印章上交机构切角封存，或者由本单位自行销毁。如果要销毁旧印章，必须填制《销毁印章申请表》，销毁时要有两人监销。

（四）电子印章

2005年，我国正式实施《电子签名法》之后，电子印章技术及其产品的研究与应用有了较快的发展。

1. 电子印章的特点

电子印章是以先进的数字技术模拟传统实物印章，其管理、使用方式符合实物印章的习惯和体验，其加盖的电子文书具有与实物印章加盖的纸张文书相同的外观、相同的有效性和相似的使用方式。

与实物印章相比，电子印章具有以下几个特点。

(1) 使用更加安全。从审批制作开始，电子印章便具有从源头杜绝造假的优势，这是因为所有审核、认证、制作电子印章的人员都要有授权才可进入全程监控的计算机管理系统。

(2) 保管方便。电子印章存储在可移动介质上，这个存储了电子印章的可移动介质比实物印章更小，更容易保管。

2. 电子印章的使用流程

(1) 电子印章的申请。使用电子印章的单位需要到电子印章管理中心申请电子印章，在履行正常手续并确认无误、合法的情况下，电子印章产品提供商为申请者制作电子印章。

(2) 电子印章及电子印章客户端系统的提供。电子印章产品提供商给用户提供电子印章的同时，还会提供一套电子印章客户端系统。这套系统安装到电子印章保管者所使用的终端电脑中，主要作用是进行盖章、验章以及电子印章管理等。

(3) 电子印章的使用。将存有电子印章的实体插入电脑终端的接口，启动电子印章客户端系统，读入需要加盖电子印章的电子文书，在电子文书中点击菜单上的"盖章"功能按钮，输入正确的电子印章使用个人识别密码，该文书就被盖上电子印章了。

(4) 电子印章的验证。验证带有电子印章的电子文书时，也需要装有电子印章客户端系统的终端电脑。当带有电子印章的电子文书被打开后，电子印章客户端系统会自动验证该电子文书的电子印章是否有效。

此外，电子印章的存储介质如果遗失，应立即到电子印章中心进行挂失，并重新制作印章。

二、信证管理

（一）介绍信的管理

1. 介绍信的含义及用途

介绍信是介绍被派遣人员的姓名、年龄、身份、接洽事项等情况的一种专用书信，具有介绍和证明双重作用。介绍信与用印紧密相连，因此，在一般情况下，介绍信的开具由印章管理人员负责。

作为单位介绍信的管理者，一定要严格按照介绍信使用规定来开具介绍信，一旦介绍信保管和使用不当，会造成无法估量的损失。

2. 介绍信的使用程序

（1）提出申请。需要单位介绍信者，应填写《介绍信使用审批单》。

（2）领导审批。使用者向本单位的主管领导请示，履行签批手续。

（3）开具介绍信、盖章。主管人员根据《介绍信使用审批单》填写介绍信，在正本的日期处和存根骑缝处加盖公章。

（4）登记、保存介绍信存根。介绍信存根要妥善保管，重要的介绍信要归入档案，以备查询。存根至少保存3年，销毁介绍信存根需经领导批准。

3. 介绍信管理的注意事项

（1）介绍信要由专人保管，安全存放。

（2）介绍信要填写有效时间，正本和存根须一致，存根要妥善保管。

（3）开出未使用的介绍信要及时收回。

（4）一般情况下不得开具空白介绍信，确因特殊情况需要开具的，须报请领导批准，并要求使用者在介绍信存根栏写明用途等相关内容。

4. 介绍信的种类

从格式来看，介绍信有两种：书信式和印刷式。

（1）书信式，即用一般公文用纸（或印有单位名称的信笺）书写的介绍信。

例如：

```
                  介  绍  信

××公司：
    今介绍我公司×××、×××两位同志前往贵公司洽谈有关××产品销售的具体事宜，请予
接洽为盼。
    此致
敬礼！
                                                    （印章）
                                                  ×年×月×日

（有效期×天）
```

（2）印刷式，即单位正式介绍信，由单位先设计好固定的格式，然后大批量印刷，使用时只需在相关条项内填上相应的内容即可。印刷式介绍信一般由持出联和存根两部分组成。

例如：

```
No.××××××          ××公司介绍信（存根）
                      ××介字第××号
_____：
    兹介绍我公司_____等____位同志前往你处联系_____事宜，请予接洽。

                                              ×年×月×日
（有效期×天）
```

```
No.××××××
                      ××公司介绍信

_____：
    兹介绍我公司_____等____位同志前往你处联系事宜，请予接洽。
    此致
敬礼！
                                              （印章）
                                              ×年×月×日
（有效期×天）
```

（二）证明信的出具

证明信是机关、团体、企事业单位以及个人出具的，以证明某人的身份、经历或某件事实真相为目的的专用书信。

开具证明信要实事求是，证明信的使用与介绍信一样，要严格履行相关手续。证明信为多页的，应加盖骑缝章。

（三）凭证管理

凭证是人们经常使用的一种证明材料，包括工作证、出入证、汽车通行证等，这些证件一般由秘书人员负责制发和管理，且都需要加盖印章才能生效。

对于已经制好的各种凭证，要建立科学的分发和管理制度；对于已经发放的各项凭证，要建立登记制度，内容包括凭证名称、印制份数、用途、分发对象、领取人等，以备查询。对于余下的各种凭证，要妥善保管，存放在保密的地方，并且定期检查，一旦发现问题，应及时采取相应措施。

考研真题

本章参考文献

[1] 蔡超，杨锋．现代秘书实务[M]．广州：暨南大学出版社，2006．

[2] 蔡韵．试论秘书与信息工作[J]．中外技术情报，1996（7）：11．

[3] 程骁飞．秘书工作中的信息研究[J]．办公室业务，2013（5）：2-3．

[4] 丁晓昌，冒志祥．秘书学与秘书工作[M]．苏州：苏州大学出版社，2002．

[5] 董永祥．党政信息"报忧难"问题的破解途径[J]．党政干部学刊，2013（4）：67-69．

[6] 范立荣．国家秘书职业资格培训教程[M]．北京：海潮出版社，2003．

[7] 高红梅，郭学利．浅谈秘书如何做好信息工作[J]．现代营销（学院版），2012（10）：238-239．

[8] 郭学利．试论秘书信息工作的有序化策略：基于危机管理的视角[J]．现代营销（学院版），2013（4）：106-107．

[9] 韩流．论领导秘书处理信访的特点、原则与方法[J]．秘书之友，2008（1）：27-29．

[10] 何逢宽．督查工作实务[M]．北京：中国档案出版社，2005．

[11] 胡伟．大学写作教程[M]．北京：清华大学出版社，2018．

[12] 胡伟，唐燕儿，温子勤，等．应用文写作[M]．北京：北京大学出版社，2015．

[13] 胡伟，卢芳，赵修磊．信息、文书与档案管理[M]．北京：科学出版社，2010．

[14] 胡伟，郑雅君．秘书实务[M]．北京：北京师范大学出版社，2016．

[15] 江永良，孟霞．社会转型视角下的信访制度研究[J]．理论月刊，2012（5）：139-144．

[16] 贾锡本．浅谈如何开展信息工作[J]．四川外语学院学报，1993（S1）：37-40．

[17] 李晨．信访制度改革研究[D]．北京：中国社会科学院，2015．

[18] 李涛．关于负面信息报道的理论思考[D]．武汉：华中师范大学，2004．

[19] 李旭州．浅论我国信访制度的改革[D]．郑州：郑州大学，2007．

[20] 卢斌，刘永成．信息工作与调查研究[M]．北京：高等教育出版社，2001．

[21] 陆瑜芳．秘书实务[M]．上海：上海社会科学院出版社，2006．

[22] 罗瑛瑛．秘书信息工作中的"负面"信息处理研究：政府税务部门的"负面"信息处理[D]．广州：暨南大学，2014．

[23] 孟庆荣．秘书工作案例及分析[M]．北京：清华大学出版社，2007．

[24] 缪惠．信息工作与档案管理[M]．合肥：合肥工业大学出版社，2005．

[25] 钱培华．我国"一站式"信访服务研究[D]．上海：复旦大学，2012．

[26] 卿立新．突发公共事件网络舆论及其应对研究[D]．长沙：湖南师范大学，2013．

[27] 任晓春. 基于信息管理视角的信访工作分析[D]. 长春：吉林大学，2012.
[28] 沈义淑. 浅析信息在秘书管理中的基础地位[J]. 社科纵横（新理论版），2008（3）：61-62.
[29] 孙荣，杨蓓蕾，袁士祥，等. 秘书工作案例[M]. 上海：复旦大学出版社，2005.
[30] 孙涛. 我国信访制度的现状、问题及对策[D]. 北京：中国青年政治学院，2012.
[31] 唐建强. 浅谈现代企业秘书的信息收集工作[J]. 宜宾学院学报，2005（1）：32-34.
[32] 王芳郁. 论新时代秘书的信息工作[J]. 辽宁教育行政学院学报，2005（2）：26-27.
[33] 王凌，肖传亮. 新编商务秘书实务[M]. 2版. 北京：电子工业出版社，2014.
[34] 王萍，张卫东. 现代文秘工作实务[M]. 北京：机械工业出版社，2007.
[35] 王守福. 文秘工作案例与分析[M]. 北京：高等教育出版社，2001.
[36] 王育. 秘书实务[M]. 北京：高等教育出版社，2003.
[37] 吴爱萍. 正确面对负面信息[N]. 人民法院报，2013（10）.
[38] 向国敏. 现代秘书实务[M]. 北京：首都经济贸易大学出版社，2005.
[39] 谢艳，任贵华，凡琼. 刍议网络对秘书信息工作的负面影响[J]. 咸宁学院学报，2010（4）：160-161.
[40] 徐洋. 我国手机媒体负面信息传播与控制研究[D]. 乌鲁木齐：新疆大学，2012.
[41] 杨锋，张同钦. 秘书实务[M]. 北京：中国人民大学出版社，2015.
[42] 杨群欢，李强华. 秘书学理论与实务[M]. 重庆：重庆大学出版社，2010.
[43] 杨树森. 秘书实务[M]. 合肥：安徽大学出版社，2006.
[44] 于兴亮. 当代中国督查工作述论[D]. 济南：山东大学，2011.
[45] 余红平，胡红霞. 秘书信息与档案管理实务[M]. 北京：外语教学与研究出版社，2009.
[46] 张金英. 办公事务实训[M]. 上海：上海财经大学出版社，2006.
[47] 张丽琍. 商务秘书实务[M]. 北京：中国人民大学出版社，2004.
[48] 张玲莉. 秘书国家职业资格培训教程：四级秘书[M]. 北京：中央广播电视大学出版社，2006.
[49] 张瑜. 灾害事件中负面信息与正面传播效果转化机制研究[D]. 武汉：华中科技大学，2009.
[50] 中国行政管理学会信访分会. 信访学概论[M]. 合肥：合肥工业大学出版社，2005.
[51] 周红莲. 念好督查工作"四字经"[J]. 秘书工作，2011（12）：28.

第七章 会议管理

第一节 常见会议

一、会议的分类

（一）按会议的规模划分

（1）小型会议，出席人数少则几人，多则几十人，但是一般不超过一百人，如各单位内部召开的日常工作会议。

（2）中型会议，出席人数在100～1 000人，如全国人大常务委员会会议等。

（3）大型会议，出席人数在1 000～10 000人，如全国人民代表大会会议等。

（4）特大型会议，出席人数在10 000人以上，如重大节日庆典、大型表彰会、庆祝大会等。

当然，以上标准是相对而言的，如果对一个只有300人的小型社会组织来说，开一个全体员工的会议也可算是大型会议了。

（二）按会议的内容和性质划分

（1）决策性会议，这种会议一般在领导集团内部举行，其目的在于组织研究战略发展问题以及进行经营管理中重大事项的决策，如部门经理例会、公司董事会等。

（2）纪念性会议，指为纪念重要历史人物、重大事件或节日而召开的会议，如纪念中国人民抗日战争暨世界反法西斯战争胜利60周年大会。

（3）动员性会议，是对群众进行思想动员，号召人们为了某个目标而共同努力的会议，如某系统召开的"支援边疆"誓师动员大会、某高校师生开展"三下乡"活动的动员大会。

（4）研讨性会议，指围绕自然科学和社会科学的理论发展以及社会政治、经济、生活中出现的各种问题进行研究讨论的会议，如各种专题性的学术报告会、各专业（行业）年会等。

（三）按会议召开的时间划分

（1）定期会议，指按照相关法律或制度规定必须定期召开的会议，如各级党代会、人民代表大会和各级政协会议、公司年会、股东大会等。

（2）不定期会议，指根据实际工作需要随时召开的各种会议，如紧急电话会议、股东临时大会等。

（四）按会议的举办单位划分

（1）公司类会议。公司类会议的主题通常是管理决策、协调分工和技术（产品）研发等，具体可分为销售会议、经销商会议、技术（产品）研发会议、各部门管理者会议、董事会会议、股东会议、全体员工大会等。公司类会议的规模大小不一，小到几个人，大到上千人。公司类会议的数量极其庞大，但是由于很多公司并不愿意对外宣传内部会议，所以公司类会议的数量很难准确统计。

（2）社团协会类会议。社团协会类会议因人数和性质的不同而不同，规模也从小型地区性组织、省市级协会到全国性协会乃至国际性协会不等。社团协会大致可以分为行业协会、专业和学科协会、教育协会、技术协会等，其中，行业协会是会展业最重要的市场之一，因为协会的成员多为业内成功管理人员，行业协会类会议通常伴有展览会。

（3）其他组织会议。这类会议的典型代表是政府机构会议，其中，市县级的中小规模的政府机构会议不计其数，是一个非常可观的会议市场。

（五）按会议的技术手段划分

（1）传统型会议，指与会者本人必须在约定时间内聚集到约定地点的传统的会议方式。

（2）现代化会议，指充分利用现代化通信网络和高科技技术召开的电子会议，如电话会议、视频会议、卫星会议等。新型的会议形式突破了空间距离给与会者造成的奔波之劳，使身处异地的人们也能照常举行会议，极大地节省了会议的时间成本和场地租用成本。

【案例 7-1】

广东五华县首次召开无纸化重要会议

（记者：丁文茂）

五华县县政府召开 2016 年第 11 次常务会议。会议桌上不像往常那样摆满一叠叠纸质会议资料，而是整齐地摆放着一台台已开机的平板电脑，屏幕上显示着"五华县会议系统——2016 年第 11 次县政府常务会议"入口界面。据该县会务工作人员介绍，这是五华县县政府首次采用无纸化平台召开重要会议。

据了解，五华县县政府充分利用信息化平台，精心组织谋划，破解技术难题，推行全面无纸化会议活动，是贯彻落实中央"八项规定"，精简会议活动、厉行勤俭节约的重要举措。在传统会议模式中，印制、回收大量纸质会议资料会造成高成本支出，资料修正更是不便，词句有改动时就需要重新印制，大量的耗材输出不利于保护环境。

本次县政府常务会议共有 52 个议题、70 多位参会者，大部分议题配套的会议资料多达几十页，有的超过百页，人手一份则数量巨大。推行全面无纸化会议活动后，通过电子文件形式提供会议资料，有效地节约了行政成本，而且使得参会者翻阅资料更加便捷，发言讨论时间更加充分，大大提高了会议的行政效率。

据悉，五华县县政府要求今后的重要会议全面实现无纸化，杜绝不必要的浪费。

二、党政机关与事业单位会议

(一)代表会议

各级党政机关及人民团体举行的,由法定选举的代表参加的代表会议包括各级党代表会议、各级人大代表会议、各级政协会议、各级共青团代表会议、各级妇女代表会议,等等。这类代表会议的特点是规格高、场面隆重;政治性、保密性强;与会人数多,代表性广泛;会场使用范围广,会议持续时间长。

(二)管理工作会

管理工作会是指事业单位内部为了自身的有效运转而召开的工作会议,包括各级办公会议和委员会会议,其目的是落实工作任务、合理配置资源、解决矛盾、协调关系、寻找对策等。这类会议的规模一般不大,与会人员也不是太多。

管理工作会会场的布置包括会场四周的装饰和座席的配置。对于较重要的会议,可根据需要在场内悬挂横幅,在门口张贴欢迎和庆祝标语;会场可摆放适量的青松盆景、盆花;桌面上的茶杯、饮具等应擦洗干净,摆放整齐;座席的配置要适合会议的风格和气氛,讲究礼宾次序。

(三)学习会

学习会包括政治学习会、业务学习会和宣传报告会等,如在某些高校,周四下午为固定学习会时间。

(四)业务交流会

业务交流会是事业单位的专业技术人员经常参加的业务活动,学校的教研会,科研机构的项目碰头会、现场观摩会,新闻出版单位的编前会、审稿会,医院的多科会诊等都属于业务交流会。

(五)学术研讨会

教育、科学、文化、卫生等系统经常举办学术研讨会,也经常派专业技术人员外出参加学术研讨会。

(六)联谊纪念会

由教师节、护士节、记者节等与事业单位工作人员有关的节日衍生的多种类型的纪念性会议均属于联谊纪念会。

三、企业常见会议

企业常见的会议有股东大会、董事会会议、经理会议、年度大会、部门会议等。

（一）股东大会

股东大会是公司企业必不可少的一个组织机构，也是公司企业必须召开的一种会议类型。

1. 股东大会的职权

股东大会应行使的职权包括：①决定公司的经营方针和投资计划。②选举和更换董事，决定有关董事的报酬事项。③选举和更换由股东代表出任的监事，决定有关监事的报酬事项。④审议、批准董事会的报告。⑤审议、批准监事会或者监事的报告。⑥审议、批准公司的年度财务预算方案。⑦审议、批准公司的利润分配方案和弥补亏损方案。⑧对公司增加或者减少注册资本做出决议。⑨对发行公司债券做出决议。⑩对股东向股东以外的人转让出资做出决议。⑪对公司合并和分立，变更公司形式，解散和清算等事项做出决议。⑫修改公司章程。

2. 股东大会的召开

召开不同类型的股东大会要满足不同的要求。

（1）定期股东会和临时股东会的召开。

①定期股东会由公司章程规定，一般每半年或者每一年召开一次。会议的议题通常为：决定公司的经营方针和投资计划；审议批准董事会的报告；审议批准监事会或者监事的报告；审议批准公司的年度财务预算方案、决算方案；审议批准公司的利润分配方案和弥补亏损方案。

②临时股东会在公司出现特殊情况时才召开。代表 1/4 以上表决权的股东、代表 1/3 以上表决权的董事或者监事可以书面向董事长（执行董事）提议召开临时会议。会议的议题通常为：选举和更换董事，决定有关董事的报酬事项；选举和更换由股东代表出任的监事，决定有关监事的报酬事项；对公司增加或者减少注册资本做出决议；对发行公司债券做出决议；对股东向股东以外的人转让出资做出决议；对公司合并、分立，变更公司形式，解散和清算等事项做出决议；修改公司章程。

（2）股份有限公司的股东会与有限责任公司的股东会的召开。

①股份有限公司的发起人必须在创立大会召开 15 日以前将会议日期通知各认股人或者予以公告，创立大会应有代表股份总数 1/2 以上的认股人出席，方可举行。股份有限公司的股东大会会议由董事会负责召集，由董事长主持，董事长因特殊原因不能履行职务时，由董事长指定的副董事长或者其他董事主持。股份有限公司召开股东大会前，一般要先将会议审议的事项于会议召开 30 日以前通知各股东，通知上必须写明会议内容、开会时间和会议地点。对于记名股票的股东，要用专函通知；对于无记名股票的股东，可以通过报刊公告。股东如果不能出席大会，可以委托代理人出席。代理人应向公司提交股东授权委托书，并在授权范围内行使表决权。

②有限责任公司的首次股东会是公司股东会的预备会议，发起人应当于会议召开 15 日以前通知全体股东。会议由出资最多的股东召集和主持，依照《中华人民共和国公司法》（以下简称《公司法》）的规定行使职权。

有限责任公司设立董事会的，股东会会议由董事会召集，董事长主持，董事长因特殊原因不能履行职务时，由董事长指定的副董事长或者其他董事主持。

【阅读资料 7-1】

股东大会图示

3. 股东大会的表决

股东出席股东大会，按照出资比例行使表决权，即所持每一股份有一表决权。具体的议事方式和表决程序，凡《公司法》有规定的，应该遵照规定实施；《公司法》没有规定的，按照公司章程的规定执行。临时股东大会不得对通知中未列明的事项做出决议。

（二）董事会会议

董事会依照法律规定必须由公司设置，由股东推选的董事组成。董事会是公司的常设权力机构，对股东大会负责，实行集体领导，是股份公司的权力机构和领导管理、经营决策机构，是股东大会闭会期间行使股东大会职权的权力机构。董事会具有如下特征：①董事会是股东会或企业职工股东大会这一权力机关的业务执行机关，负责公司或企业业务经营活动的指挥与管理，对公司股东会或企业股东大会负责并报告工作。②股东会或职工股东大会所做的有关公司或企业重大事项的决定，董事会必须执行。

1. 董事会的职权

董事会的职权范围包括：①召集股东会会议，并向股东会报告工作。②执行股东会的决议。③决定公司的经营计划和投资方案。④制定公司的年度财务预算方案、决算方案。⑤制定公司的利润分配方案和弥补亏损方案。⑥制定公司增加或者减少注册资本以及发行公司债券的方案。⑦制定公司合并、分立、解散或者变更公司形式的方案。⑧决定公司内部管理机构的设置。⑨决定聘任或者解聘公司经理及其报酬事项，并根据经理的提名决定聘任或者解聘公司副经理、财务负责人及其报酬事项。⑩制定公司的基本管理制度。⑪公司章程规定的其他职权。

2. 董事会的召开

董事会分为定期会议和临时会议两种。定期会议应当按照公司章程的规定按时召开，通常至少每半年召开一次；临时会议仅在必要时召开，根据规定，1/3 以上董事可以提议召开董事会临时会议。

董事会会议应由 1/2 以上的董事出席方可举行，会议由董事长召集和主持，董事长因特殊原因不能履行职务时，由董事长指定副董事长或者其他董事召集和主持。召开董事会会议应当于会议召开 10 日以前书面通知全体董事，通知应载明召开董事会所议事项。

以下为举办董事会会议的大致步骤。

（1）准备会议议题。召开董事会首先要确定议题。

（2）准备会议材料。会议材料包括：①董事长演讲稿。演讲稿一般由董事长的秘书负责准备，有时也由筹备处的秘书人员准备。②待议文件，主要指需要在会上讨论、议定的材料。③参阅资料，即会议的参考性文件。④交流材料，指会议人员互相沟通的材料。

（3）确定与会人员。秘书部门要掌握与会人员的数目与基本情况。

（4）会议议程和时间、地点的安排。董事会会议一般安排在公司内部的会议室召开，时间由秘书与董事长和其他董事协商决定；会场一般以圆桌会议的形式布置。

【阅读资料7-2】

董事会图示

（三）经理会议

经理会议是指具有经理身份的人研究和决定企业经营管理事宜的会议，主要目的是落实董事会已确定的企业目标和方针，并通过具体的管理经营活动予以体现。经理会受董事会的控制，在不违背董事会所确定的目标和原则的前提下，有权决定和处理企业管理经营活动中所遇到的一切问题。

经理会一般由负责全面工作的经理以例会的形式召集，也可由任何一名经理或部门领导提议召开，经理会议的参加者是各个部门的经理，会议的内容往往是讨论、研究企业在经营管理各方面的事务，因此，提高经理会议的效率显得尤为重要。

（四）年度大会

年度大会是指公司根据业务性质和需要，每年召开一次或数次的、有时间规律的大会，一般在每年的12月举行。

年度大会的会务工作要点包括如下几个方面。

（1）拟订方案。拟订公司年度大会的会议方案，一般是按照公司惯例进行。

（2）确定与会者、时间和地点。确定年度大会的会议范围、出席人员、时间、地点、会议材料，以便布置会场。

（3）安排年度大会的会议议程，一般顺序为：领导致开幕词并做本年度工作报告——分组讨论——大会发言——领导做会议总结或致闭幕词。

（4）组织会议签到。及时、准确地掌握到会的人数，避免无关人员到会。

（5）做好会议记录。安排专人负责会议记录，也可以同时配以录音和录像设备。若录音，会后应及时整理，会议记录一定要忠于发言人的原意。如果会期较长（一般超过一周）或会议规模较大，应编写会议简报，帮助领导掌握会议全局和主要信息，以便及时指导工作。

（6）把握会议进程。为使会议有序召开，在会议进行过程中，秘书人员要注意几个问题：①要根据会议日程安排，协调好会议进程。②对于在会上发言的人员，应提早落实并通知发言人。③协助领导做好会议的组织工作，防止会议前后脱节以及秩序混乱。④要准备好特殊情况下的应急措施。⑤做好会议的安全保卫工作。

（7）编写会议纪要。年度大会后要认真编写会议纪要，落实会议决议，宣传会议精神，及时整理相关会议文件。

（五）部门会议

部门会议是机关或企业内各个部门召开的内部会议，通常由部门主管召集，部门成员参加，有时需要邀请上司列席。会议的内容多是总结上一阶段本部门的工作，并围绕整个公司的规划与总体计划对下一阶段的工作进行安排。

部门会议的会务工作要点包括如下三个方面。

（1）做好会前准备工作。确定会议的目的并尽早告知与会人员；确定会议的时间和地点，会议召集人不能随意设定开会的时间与地点，要尽可能考虑与会人员的实际情况。

（2）提高会议质量。开场白一般控制在 3～5 分钟，语言应系统、简洁，围绕会议目的进行说明；事先对会中需要的重要资料、会议议事方式进行选择。

（3）防止会议垄断，化解意见冲突。会议进行过程中，没有意见冲突发生是不现实的，出现意见相左或对立不是一件坏事，如何处理且避免与会者的对立是提高会议效率所要重点考虑的事项。

第二节 会前工作

一、制订会议计划

（一）会议计划的作用

预先制订会议计划可以保障整个会议有章可循、目的明确，有利于逐个解决问题。

（二）会议计划的内容

会议计划主要包括会议名称、会议议题、会议日程、会议议程、会议程序等。

1. 会议名称

会议名称的构成应包括：①会议主办机构的名称。②会议的主题（或内容）。③会议的类型。④会议的时间或范围，如"××电子有限公司 2015 年新春产品发布会""华南师范大学 2016 年学生代表大会"。

2. 会议议题

会议议题是指会议要集中讨论的问题。通常，会议的议题必须体现出会议的目的和会议的主题，会务人员安排会议的议题时可采用的技巧有：①一个主要议题和一到两个小议题搭配安排。②将同类性质的议题同时提交一次会议讨论。③适当准备一些后备议题，以便在会议进展顺利、时间充裕的情况下进一步讨论。

3. 会议日程

会议日程是将各项会议活动（包括仪式性、辅助性活动）落实到单位时间，凡会期满1天（即两个单位时间）的会议都应当制定会议日程。制定会议日程时通常采用表格形式的"会议日程表"，日程表的基本内容必须包括会议的具体时间、具体内容和地点以及当次会议（活动）的主持人（或负责人），同时要对会议议程中的各项活动，如报到、招待会、参观、考察、娱乐等辅助活动和工作环节进行详细的时间安排。

会议日程的结构包括以下几项。

①标题，由会议活动的名称加上"日程""日程安排"或"日程表"组成。

②正文，通常有表格式和日期式两种。

a. 表格式，日程安排一般以上午、下午、晚上为单元，也可标明中午和傍晚的时间。每个单位时间可再分成多段，以适应不同活动的需要。内容上一般要包括会议活动的时间、名称、内容、主持人（召集人）、参加对象、活动地点、活动要求（备注）等项目。

b. 日期式，即按日期先后排列会议的各项活动，每项议程和活动名称前标明序号或起止时间。

③落款，一般由会议组织机构的秘书处署名，在大会上或主席团会议上通过的会议日程无须落款。

【阅读资料7-3】

××公司关于提高企业核心竞争力的研讨会日程表

4. 会议议程

会议议程是为使会议顺利召开所做的内容和程序工作，是会议需要遵循的程序。它包括两层含义：一是指会议的议事程序，二是指列入会议的各项议题。

大中型会议的议程一般为：开幕式——领导和来宾致辞——领导做报告——分组讨论——大会发言——参观或其他活动——会议总结——宣读决议——闭幕式。

以下为会议议程的格式结构。

①标题。由会议全称加上"议程"二字组成。

②题注。议程如需提交大会审议表决，应在标题后面或者下方居中用圆括号注明"草案"二字。议程如已获大会通过，则去掉"草案"二字，在标题下方注明该议程通过的日期及会议名称，并用圆括号括入。无须大会通过的议程可注明会议的起讫日期，如2009年3月5日—3月8日。

③正文。简要概括地说明会议每项议题性活动的顺序，并用序号标注，句末一般不用标点。

④落款。由会议组织机构确定的议程应当标明制定机构的名称，如"秘书处"，由会议通过的议程不用标写落款。

⑤制定日期。无须大会通过的议程要标明制定的具体日期。

5. 会议程序

会议程序是指一次会议（或活动）的内容按照先后顺序依次安排下来的操作流程。一般地，会议的主持人员应持有一份程序表，据此来主持操作整个会议或活动的进程。

【阅读资料 7-4】

××公司 2007 年度工作总结大会会议程序

二、准备会议资料

通常，会议资料应提前准备好，在会前摆放在每个与会者的座位上，与会者依次就座后即可阅读材料；也可以包装成袋，在会场入口处由工作人员统一逐个发放到每位与会者手中，这样可以避免资料漏领或重复领取现象的发生，有利于节约会议经费支出，也便于会议管理。

需要准备的会议资料主要包括以下五类。

（1）开幕词（闭幕词）。开幕词是指会议开幕时，上级领导或单位主管领导就会议议程、会议意义、会议宗旨等所做的致辞；闭幕词则是在会议结束时，相关领导或会议主持人就会议所做的总结性讲话，这类材料多用于大型的、面向外部公众的会议或活动。

（2）演讲稿。演讲稿包括主持人讲稿和领导演讲稿，这些都需要会务组的专门人员与相关的发言人做好沟通和落实，以免出错，造成不良影响，破坏公司或个人的形象。演讲稿多用于公司内部或外部会议。

（3）工作报告。这类材料多用于公司内部大会，其内容包括例行工作内容、成绩、经验、问题、教训、工作安排等。

（4）议程表、日程表、程序表。三者缺一不可，它们是会议的基本文件资料，可以使每位与会者清楚地了解会议的内容和进程等。

（5）与会人员名单。准备与会人员名单是为了便于落实各项会务工作和后勤服务工作。

三、拟写和发送会议通知

（一）拟写会议通知

会议通知的主要目的是让与会人员清楚会议的内容及安排，在到会前做好充分准备（包括公、私两方面准备）。会议通知的拟写既要做到内容清楚完备，又要做到文字简明扼要。

1. 会议通知的内容

会议通知的内容可包括：①会议的名称、目的、议题。②会议的时间、地址。③对参加会议人员的要求（如准备发言、文件、论文、生活用品等）。④注意事项以及会议筹办单位的名称、联系人、联系地址、电话号码。⑤会议食宿安排、交通路线、接洽标志等。⑥入场凭证或请柬等。⑦回执。

2. 会议通知的格式结构

会议通知的格式结构一般包括标题、主送机关、正文、结语、发文机关、发文日期等。

（1）标题。标题有完全式和省略式两种：完全式标题包括发文机关、事由、文种，如《××市××××公司关于召开××××××会议的通知》；省略式标题如《关于召开×××××会议的通知》，通知内容简单，只写"会议通知"的也是省略式的一种。

（2）主送机关。主送机关是必须承办、执行和应当知晓该通知的受文机关。

（3）正文。一般由两部分构成：①事由，写明会议的目的、依据或情况。②事项，多数分条列项写出，条目分明。

（4）结语。常见的结语写法有3种：①列明事项后，全文就自然结尾，不单独写结束语。②用习惯用语"特此通知"收尾，但前文如用了"特作如下通知"等过渡语，则不宜在收尾处再用习惯用语。③用简要的文字再次明确主题或做必要的说明，以引起受文单位对该通知的重视。

（5）发文机关。在正文右下方写明发文机关名称，如果发文机关已在标题中标明，则不必写发文单位，直接盖公章在发文日期上。

（6）发文日期。写在发文机关之下。

3. 会议通知的形式

常见的会议通知有以下5种形式。

（1）文件式会议通知，常用于大型的、重要的会议或活动，这种通知内容详尽、项目清楚、格式规范，有利于与会者做好相关的会前准备工作。

（2）备忘录式会议通知。这类通知常用于单位或部门召开的事务性会议、例行性会议。例如：

会 议 通 知

××：

兹定于×月×日上午8:30—9:00在公司三楼会议室召开各部门经理每周工作例会，请准时出席。

×××公司办公室
×年×月×日

（3）请柬式会议通知，常被企业或部门用于通知诸如开幕典礼、产品发布会、签字仪式等仪式类的活动，其发送对象一般为上级领导、兄弟单位、社会名流等。请柬可选购市面上出售的各种正式请柬，也可以自行设计、打印请柬，但无论采用何种形式，填写请柬内容时都要注意做到措辞儒雅、语气谦恭、格式规范。

请柬式会议通知分为请柬和邀请信两种形式。

①请柬，即为邀请客人参加会议、活动而专门制发的通知书，也称请帖，多用于庄重的场合或与会人数较多时，既表示对对方的尊重，也表示自己的诚意和郑重的态度。请柬的拟写要求是：对象明确；内容简明、扼要；语言诚恳、热情、有礼貌；发出时间一般为活动举行前10天；款式和装帧要美观大方。

请柬的结构一般为：

a. 标题。封面居中写明"请柬"或"请帖"字样。若无封面，"请柬"二字就写在第一行中间。

b. 称谓。在请柬背面第一行顶格书写被邀请人的姓名或单位名称，个人姓名后加上"先生""女士"或职务等相应称呼。若请柬无封面，在标题下空一行顶格写称谓。

c. 正文。一般包括活动内容，举行活动的时间、地点和活动要求等。

d. 祝颂辞，即结尾语，或尾随文末，或在正文后另起一行空两格写"敬请"二字，然后再另起一行顶格写"光临"二字。

e. 署名及日期。

【阅读资料7-5】

不同样式的请柬

②邀请信。邀请信也叫邀请函，是邀请亲朋好友或知名人士、专家等参加某项活动时所发的请约性书信，在国际交往以及日常的各种社交活动中使用得较为广泛。

拟写邀请信的注意事项为：语言要诚恳、热情、有礼貌；为表示诚意，一般手写或打印后亲笔签名。

邀请信的一般结构为：

a. 标题。首页上端居中书写"邀请信"或"邀请函"。

b. 称谓。顶格书写被邀请人的姓名或单位名称，个人姓名后面加上"先生""女士"或职务等相应称呼。

c. 问候语。称谓下一行空两格或正文开头写"您好！"

d. 正文。正文包括邀请的原因、活动内容、活动安排的细节、提出邀请。

e. 结束语。在正文后另起一行空两格写"此致"二字，然后再另起一行顶格写"敬礼"二字。

f. 署名及日期。

【阅读资料 7-6】

邀 请 函

（4）海报式会议通知，即采用公开张贴、广而告之的通知方式邀约他人或其他组织到场参加活动，常被学会、团体和组织使用。

例如：

第八届校园文化艺术节文学鉴赏座谈会

海　报

在学院第八届校园文化艺术节来临之际，文学社特邀×××大学的×××教授和×××大学的××教授前来我校，与我校的文学爱好者进行座谈交流。

本次座谈会主题：××××××××

座谈时间：×××××××

座谈地点：××××××××

主办者：学院文学社

欢迎本社成员及校内广大的文学爱好者踊跃参加！

（5）公告式会议通知，常在一些股份制公司召开股东大会时使用，通知往往刊登在相关报刊或网站上。

在实际工作中，秘书人员应针对不同的会议类型灵活采用不同的拟写形式和发送方式处理会议通知工作。

【阅读资料 7-7】

××××会议通知

（二）会议通知的发送方式

会议通知一般采用书面形式，以邮寄方式送达。正式会议的通知应在会前一到两周内发出为宜，以便于参会人员有充分的时间安排好手头的工作并做好参会的各项准备；临时的或紧急的会议则较多采用电话通知的形式。现代社会，随着办公自动化的普及，越来越多的单位和部门开始采用电子邮件、传真等形式发送会议通知。

四、会议经费预算

编制会议经费预算其实就是对会议收入和会议支出做理性的预测，也就是估算会议的未来收入额，并将这些收入合理分配到各项会议活动的开支中去。

会议的经费预算包括会议支出预算和会议收入预算两大部分，预算方案须经领导机构审核，报请财政主管部门批准方可通过。

（一）会议支出预算

会议经费支出一般要考虑下列各项目。

（1）会议费，包括场地租金、设备租金、茶水饮料费等。

（2）资料费，包括会议办公文具采购和资料印制等费用。

（3）食宿费，包括与会人员在会议期间的餐饮费用和住宿费用（此项一般为与会者自费，但需会务组统筹组织）。

（4）交通运输费，包括会议期间多次接、送与会代表所产生的租车费、油费、停车费、过桥费、司机劳务费等多项费用。

（5）宣传联络费，指用于会议宣传、新闻发布、联络通信等方面的费用。

（6）其他杂费，如安排会议合影、会间活动的费用，雇用会场翻译、会场保安、礼仪人员的费用，购买大会礼品的费用等。

（二）会议收入预算

会议的经费主要来自以下几个渠道。

（1）会议主办单位或主管领导部门拨发的会议专款，惯常的做法是专款专批、专款专用。

（2）与会者交纳的会务费。会议的组织者可按相关规定和比例收取与会人员的会务费，所收费用应在发送的会议通知里明确说明。同时，当与会者交纳会务费后，会议组织者要及时开具发票凭证，以便与会者会后报销。

（3）商业赞助或捐赠。商业赞助的内容包括直接提供大会赞助费、提供免费（或打折）使用的会议场所、提供免费（或打折）的食宿、提供会议所需器材和设备、提供会议赠品奖品等。

【阅读资料 7-8】

关于印发《中央和国家机关会议费管理办法》的通知

五、会场布置

（一）会场布置的内容

会场布置是一项有明确意图的会务工作，其根本目的在于创设与会议主题、性质相适应的会场氛围，从而辅助会议目标的实现。会场布置的主要任务可以概括为以下四点。

（1）充分利用场地，在会场面积有限的情况下合理安排座位格局，最大限度地利用会场。

（2）提供完备的会议设施，确保满足会议的各项需要。

（3）安排好座位、座次、导引、保卫等，充分体现出会议的严肃性和有序性。

（4）运用座位格局和会场装饰的特殊效果营造适当的会议气氛，帮助实现会议效果。

总而言之，应根据会议的性质与主题、规模与规格、会期与要求、会议类型和会场条件等因素综合考虑会场布置事宜。

（二）会场设计的原则

不同性质的会议要求有不同的会场设计形式，在设计会场时应该注意：会场色调要协调，与会议的类型和主题相适应；会场的座位排列要合理，与参加人员的基本情况相适应。通用的会场设计原则包括以下几点。

（1）党的代表会议要求朴素大方。

（2）人民代表大会要求庄严隆重。

（3）庆祝大会、表彰大会要求喜庆热烈。

（4）追悼会要求庄重肃穆。

（5）座谈会要求和谐融洽。

（6）纪念性会议要求隆重典雅。

（7）日常工作会议要求简单实用。

（三）会场布置的方式

会场布置的主要方式有以下四种（见图 7-1）。

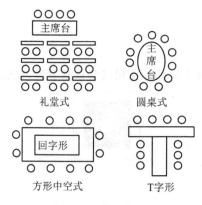

图 7-1　会场布置方式

(1) 相对式，包含月式、礼堂式。
(2) 全围式，包含圆桌式、椭圆式、方形中空式、多边式等。
(3) 半围式，包含马蹄形、T字形和桥形。
(4) 分散式，将会场分成若干个中心，每个中心设一个圆桌。

（四）营造会场气氛的技巧

(1) 悬挂会标。会标即会议标语，可体现会议的主要信息。会标应悬挂于主席台前幕的上端或天幕上，色调要与会场主题一致，并且要有视觉冲击力。

(2) 悬挂会徽。会徽是体现和象征会议精神的图案性标志，应悬挂于主席台的天幕中央。

(3) 安插旗帜。可选择能体现会议主题的旗帜，也可以根据需要安插彩旗等。

(4) 张贴标语。标语包括宣传、烘托会议主题的主体性标语以及表达欢迎和热烈祝贺之意的礼仪性标语。

(5) 摆放花卉。会场摆放花卉能烘托会议主题并营造气氛，同时还能减轻与会者因长时间开会造成的疲劳感。

(6) 调设灯光。灯光的明亮度要适应会议的需要，根据会议的不同阶段有所变化。例如，与会人员做笔记时，应将灯光适当调亮；当与会者观看屏幕时，则应将灯光适当调暗。

(7) 调节音响。会务人员可选取一些常用于会议的会前进行曲、会中休息曲、会后结束曲等调节会场的气氛。

（五）主席台的布置

会议主席台是领导人就座之处，也是与会者瞩目的焦点，因此一定要根据会议的主题精心布置。大型会议会场的主席台一般设在舞台上，和与会人员呈面对面的形式；中型会议的主席台设在舞台上下均可，如设在舞台下，要离与会者近一点，并且稍微垫高一点；小型会议一般不设主席台。

主席台的布置具体应注意以下几个方面。

(1) 主席台上与会者的座位座次安排。大型会议尤其强调依靠排列座次来保证开会的秩序，主席台的座次实际上是按照参加会议的领导人的职务高低来安排的，这既是一项技术性工作，也是一个严肃的政治任务，会务人员必须极其认真地对待。首先要确定主席台就座领导的名单，然后严格按照名单人员的职务安排座位和座次，通常的做法是：身份最高的领导人（有时是最有声望的来宾）就座前排正中央位置，其他领导人则按先左后右（以主席台的朝向为基准）、一左一右的顺序逐一安排座位，即名单上第二位领导人坐在第一位领导人（居中）的左侧，第三位领导人则坐在右侧，依次类推，如图7-2所示。

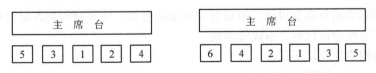

左图：主席台领导人为单数，序号表示领导人身份的高低；
右图：主席台领导人为双数，序号表示领导人身份的高低。

图7-2 主席台座次

（2）代表席的座位座次安排。代表席的座位（面对主席台）有前后和左中右之分，可将与会代表名单按姓氏笔画排列后再排座，也可按不同领域的代表团名称来安排大块座位区域，还可以按与会代表所属的地区来安排就座区域，或者直接按人名摆放座签落实各人座位。总之，代表席的座位安排方法灵活多样，组织者应根据会议的实际情况来选择适当的安排方法，使每一位与会者都能较快地找到自己的座位。

需要注意的是，凡已固定的座位和座次，应在出席证和签到证上注明座号，并在会议桌上摆置座签，同时还应印制"座次表"并发给与会人员。当与会人员入场时，会议工作人员应做适当的引导。当然，并非所有的会议都要安排座位及座次，许多会议可以自由入座。

【阅读资料7-9】

不摆鲜花不搞排场，严肃纪律专心开会——
十九大简朴务实会风引领新风尚

六、与会人员名单及分组

1. 确定与会人员名单

确定与会人员名单时应考虑以下几个问题。

（1）参会对象的范围。要明确必须参加会议的单位，可参加可不参加会议的单位不应列入参加的范围。

（2）参会对象的职务或级别。有的会议要求正职干部才能出席，而有的会议只需分管的业务人员参加即可，这就需要会务人员在确定参会人员时加以区别对待。

（3）参会对象的身份，即要明确每一个参会对象参加会议的身份，参会身份有正式成员、列席成员、旁听成员、特邀成员四种。

（4）参会对象的代表性。这是会议能否真正发扬民主精神、集思广益的关键因素。

（5）参会总人数。这直接关系到会议的规模并影响会议的成本，所以参加会议的人数应当从会议的切实需要出发加以落实。

2. 与会人员的分组方法

对于规模较大而且需要讨论、审议有关议案的会议，需要对与会人员进行分组，分组的目的是为了方便会议讨论、审议等活动。

常用的分组方法有以下几种。

（1）按与会人员所在的单位分组。

（2）按与会人员所在的行业或系统分组。

（3）按与会人员所在的地区分组。

（4）按提出的议题主旨分组。

3. 与会人员名单的编印

会务组在落实参会对象后，应及时编印与会人员名单，并尽可能在开会签到时把与会人员名单逐一分发到每个与会者手中。

【案例7-2】

分组名单疏忽导致的不良后果[①]

庆康公司召开职工代表大会，主要研究本公司产品"庆康传真机"的销售问题，有数百人参加本次会议。

听完总经理的报告后，大会进入小组讨论阶段。这时，不少代表，特别是特邀代表和列席代表都不知道该到哪里去，因为印发的分组名单上没有他们的名字，有些特邀代表和列席代表认为这是对他们的不尊重，纷纷离席而去。最终，有些组的讨论没能正常展开，影响了大会的总体效果。

七、会务工作机构的成立与分工

对于大型重要会议，组织者应挑选有组织经验和接待经验的成员建立会务工作机构并按责任分工成立以下几个工作小组。

（1）秘书组。秘书组负责拟定会议日程，协调人员，安排调度，会议记录，印发会议文件、简报，管理会议文件、档案等工作。

（2）总务组。总务组负责会场布置、会议接待、食宿安排、交通安排、卫生保健、文娱活动等，同时还要担负起设备维修、用品发放与管理、经费预算及筹备等工作。

（3）宣传组。宣传组负责制订会议公关计划、组织落实会议宣传工作、提供会议新闻稿、承办记者招待会、录制会议音像资料等工作。

（4）保卫组。保卫组负责维护会场秩序，保障与会者的人身安全和财产安全。

【阅读资料7-10】

秘书的会议准备工作核对清单

[①] 张金英. 办公事务实训[M]. 上海：上海财经大学出版社，2006.

第三节 会间工作

一、接站

（一）接站工作内容

（1）掌握需接站人员的人数、身份、职务、级别、年龄、性别等情况。

（2）确定需接待人员的交通信息，如航班号、抵达日期和具体时间，提早安排接待人员和车辆，以保证准确无误、安全及时地做好接站工作。

（3）在接站现场树立醒目的标志，以便与会者辨识。如果有重要的上级领导光临，则要在接站现场做适当的布置，以示隆重迎接之意。

（4）当与会者抵达后，接站人员要主动上前问候，握手致意，并介绍其他接站人员的姓名、身份、职位等。

（5）主动帮助与会者提行李，并为对方引路。

（6）乘车返回时，须有主人陪车。工作人员要引导客人上车，为其打开车门，准确安排主客的座位。一般原则是：让与会者坐在车的后排右侧，主人坐在后排左侧，秘书陪同坐在副驾驶位置。

（二）接站工作要求及服务技巧

（1）提前到达，做好迎接准备工作，让与会者感觉到自己被重视和尊敬。

（2）服务礼貌热情，细致周到，凡事替与会者考虑，帮助减少对方对陌生环境的不适感。

（3）一般采用对等接待或高规格接待，即根据对方来人的职务（级别）安排我方同等职务或级别的人员前往接站，以示尊重；如因特殊原因不得已而采取了低规格接待，则应向对方说明情况，取得对方的谅解，避免造成误会。

（4）用语礼貌恭敬，态度亲切自然。如初次见面应使用尊称问候，如"您好""您一路辛苦了"，也可以使用对方的职务称谓，如"张总经理，欢迎您！""黄部长，欢迎您的到来！"等。

（5）接站现场要对双方人员做简单的相互介绍，介绍的顺序是：先按职务从高到低把己方人员介绍给来宾，千万不要颠倒顺序，否则会使领导感到尴尬，让来宾产生误会。

二、报到与签到

（一）报到

报到工作的内容主要包括以下六项。

（1）设置报到处和路标。在与会者报到之前，会议接待人员要设置报到处，还要设置一些会场指引路标,目的是方便与会者清楚了解会场的布局,更快找到目的地。

(2)查验有效证件,包括查验会议通知、单位介绍信、身份证等有效证件。查验证件是为了确认与会者的身份与参会资格,以保证会议安全和会场秩序。

(3)登记与会人员的个人信息。会议接待人员要准备好会议报到登记表,把与会者的相关资料登记到表上。需登记的信息有姓名、性别、年龄、单位、职务、通信方式等。

做好会议报到登记工作,不仅可以统计与会者人数,还有助于做好各项会间服务工作,如餐饮食宿安排等,此外,还可以根据登记的信息编制与会者通信录,便于与会者相互联系。

(4)接收和发放材料。会议接待人员要接收与会人员携带的、需要在会议上分发或传阅的材料,经审查后再统一分发,以免出现与会者自行分发,影响会场秩序的情况,同时,这样做也有利于做好会议文件的保密工作,防止自行分发材料带来的信息外泄等不良后果。对于保密文件和需要清退的文件,接待人员要做好登记工作,以便会后退回或归档保管。

(5)预收费用。有些会议需要向与会者收取一定的会务费、食宿费、材料费等,所有这些费用都应该在会议报到时就提交给会务组的专管人员,并由大会会务组统一开出发票或收据。

(6)安排住宿。会期在1天以上的会议要考虑与会者的住宿问题,住宿安排可根据与会人员的身份和具体住宿要求落实,要尽可能满足与会者的要求。会务人员应在会议登记表上标出与会者所住房间的号码,以便落实一些临时的会间工作。

(二)签到

与会人员正式进入会场后要做的第一件事就是签到,会议签到是会场工作的重要项目。按照不断完善的会议制度的要求,正式的会议要求实际到会人数达到应到会人数的 2/3 才能召开,否则会议产生的一切结论和决策都无效。会场签到就是为了能及时、准确地掌握到会人数,如实反映会议的实际缺席情况,以便确定会议能否顺利召开。

1. 会议签到工作的要求

(1)认真准备。会务人员在会前要准备好有关的签到工具和设备。例如,簿式签到就要先准备签到簿;卡片签到则要先印好卡片;电子签到要准备好机器,并事先进行测试,以免到时候出现故障。

(2)有序组织。会前应事先设好签到处,安排好会务签到人员提前等候,有条不紊地组织签到。如果签到的同时要分发文件,应将相关材料装好袋,以免手忙脚乱、顾此失彼。

(3)及时统计。会议签到结束后,要以最快的速度统计出到会人数和缺席人数,并迅速报告大会主席或会议主持人,以便组织开展相应工作和活动。

2. 常见的签到方法

(1)簿式签到,即与会人员在预先准备好的签到簿上按规定签上自己的姓名,以示到会。签到簿上的内容包括姓名、职务、单位地址、联系方式等,与报到登记表的内容基本一致。簿式签到的优点是便于保存、利于查找,缺点是适用的范围仅限于小型会议,大型会议的与会者人数较多,这种签到方法的效率很低,会影响会议的按时召开。

(2)卡片签到,即会议工作人员将事先印好的卡片发给每一位与会人员,卡片上一般印有会议的名称、日期、座次号等，与会人员在卡片上填好自己的姓名，每次到会时交给会议工作人员，以示到会，散会时领回以便下次到会签到时再用。这种签到方法适用于大中型会议，优点是方便简捷，而且不容易造成入场时的拥挤和混乱，缺点是不利于会务组保存和查找。

（3）会议工作人员代为签到，即会议工作人员在会前准备好参加本次会议的全体与会者名单，开会入场时，来一个就在相应的名字上做上记号，以示到会，对于缺席和请假的与会者也要做相应记号。例如，"√"表示到会，"×"表示缺席，"〇"表示请假等。这种签到方法虽然简单，但它要求会议工作人员能辨认每一位与会人员，因而只适用于一些小型会议和常规性会议。

（4）电子签到，即为每一个与会人员办好磁卡出席证并发放到各人手中，每次进入会场时插入专用读卡机签到，读卡机将每位签到者的个人信息传送到信息中心，会议工作人员即可以据此统计出到会的人数和缺席人数了。电子签到的优点很多，它快速、准确、简便，为广大与会者和承办方所采用，许多大型会议也都采用这种签到方法。当然，电子签到受到设备的限制，要配置相应的设备则需投资安装，使用成本较其他签到形式高，所以目前还未能普及。

三、会场服务工作

会间服务工作的重要一环是会场的服务。会场服务是直接服务每一位与会代表，会直接影响到会议的每一个具体流程，最终影响到整个会议的进程和会议的质量，因此，会务组要高度重视会场服务工作，要协同主持人、会场服务员、保安等工作人员共同做好会场服务。

会场服务的具体工作内容一般包括以下几方面。

（1）引导座位、维持会场秩序。一般机关或部门工作会议的与会对象、会议时间、会议场所相对固定，与会者可按照既定的就座习惯入座；大型的、重要的会议，通常要求与会者按照安排好的区域和座位就座。

为帮助与会者尽快入场就座，保持安静有序的会场氛围，会场工作人员应该提供必要的引路、引座服务。这些引导服务在主观上为与会者营造了受尊重、受照顾的良好心理感觉，其客观效果是能较快地把与会者带到相应的座位上去，同时还可以协助会场签到人员、保安等工作人员制止无关人员进入会场，以免扰乱会场秩序，破坏会议进程。

（2）保持会场内外的联络。会议进行中，与会者虽与外界隔开，却不是与外界隔绝，失去联系。会场工作人员有义务帮助他们进行一些必要的、紧急的会场内外联系，为他们提供传递信息、交接物品、保管物品、交换文件资料等会间服务。对那些一般性的来访、寻人等情况，会场管理人员应予挡驾，避免与会者和会场秩序受到干扰。

（3）保持会议上下的沟通。在会议进行过程中，会务工作人员不但应及时收集、掌握会议的最新动态，随时把会议的进展情况、与会者的建议和要求向会议主持人汇报，同时还应该及时将主持人的意见及有关领导人的意图传达下去，保证上下沟通渠道畅通、信息传递交流及时。

（4）做好会议值班、电话接听工作。在会议进行过程中，会务工作人员应妥善做好会间来电接听、记录、转达等工作。对于普通来电,可做好相关记录,待会间休息或适当的时候报告给领导或当事人。对于紧急电话,为保持会场安静不受干扰,可以用纸条或屏幕通知等方式迅速告知当事人,请当事人尽快离会处理问题。切不可采用广播通知或大声呼叫的方式,这会打断别人的发言和聆听,影响整个会议的进程和气氛。另外,休会期间应安排会场值班人员,避免闲杂人员进入会场,引发意外。

(5)操作与维护会议设备。会议期间的灯光照明、音响、录音、录像、通风等设备均需要安排专人负责开关、维护、保养。要确保所有设备都能正常运作,还要全力配合会议进程的需要去控制、调节、管理好各个设备,为与会代表提供一个良好的会议环境,这样才能真正把会开好。会议休息期间,注意让设备也"休息"一下,否则过度使用既容易使设备受损,也会造成巨大的浪费。

(6)会场保卫工作。依据会议的不同密级和级别,会场要相应采取不同的保卫措施。一般工作会议的会场保卫工作主要是保障会场秩序不受干扰,保护与会代表的人身安全和财物安全;重大、重要会议的会场保卫工作,除了要确保与会代表的人身安全、财物安全外,还要严格监控会场及周围环境,保障会议的安全进行和会议内容不外泄。

(7)会场的清洁卫生工作。良好的会议环境能提供一个良好的会议氛围,让大家心情愉悦地把会开好,并给与会者留下美好而深刻的印象。会场的清洁工作一般由会议服务人员负责,每阶段散会后,会场服务人员应及时做好茶杯消毒、桌面整理、地面打扫、通风换气等工作。

(8)会间茶水点心等的供应工作。有些会议会给与会者提供饮料、水果、点心等服务。提供这些服务的形式灵活多样,既可以安排会场服务人员逐一分送到代表的房间或座位上去,也可以把东西统一放置在某处,设置指示牌,以自助形式让与会者自行按需拿取。会间茶水供应的内容不必追求品种的繁多,数量也应控制好,避免造成会务浪费。一般来说,简单、方便、卫生的瓶装水比较能够迎合广大与会者的需要和习惯。

四、会间文化娱乐活动的安排

一般情况下,会期短(1天以内)的会议不需要安排娱乐节目;若会议内容较多、会期较长,通常需要安排一些会间文化娱乐活动,帮助与会者进行必要的会间休息和调节。

会议期间适度安排一些有益身心健康的会间活动,如观看文艺演出,组织舞会,组织简单的拓展训练,安排参观、考察、游览等,不但可以活跃会议期间的气氛、丰富会议期间的生活,同时还可以让与会者之间有更多接触、交流的机会,促使大家更加和谐融洽地相处,增进相互之间的了解和友谊。这些活动虽没有直接作用于会议本身,但对提高会议效率、促成会议结果有很大的帮助。

(一)会间活动的作用

会间活动有以下三项主要的积极作用。

(1)会间活动能调节会议的气氛,使与会者在轻松的环境下变得思维活跃、积极主动,这有助于改善会议的效果,提高会议的效率。

(2)会间活动能让与会者感受到"团队的精神",能增加与会者之间不同层面的沟通和交流。

（3）会间活动可以帮助与会者舒缓紧张情绪，释放精神压力，从而以更好的状态进入下一阶段的会议。

（二）组织会间活动的原则

（1）健康、轻松。会间活动不同于专门的娱乐活动或体育活动，会间活动的目的是调节与会者的状况和会场的气氛，因此不宜选择体能消耗量很大的文体活动，否则不利于与会者放松身心。

（2）安全。会务组对与会代表的人身安全负有一定的责任，因此不宜组织一些带有危险性的活动。

（3）组织有序。组织会间活动应提前落实好各项准备工作，不能即兴而为，以免出现意外情况而影响会议的进度。

（4）自愿参与。每个与会者的健康状况不一样，习惯的休息方式也可能不同，会务组对此应予以尊重，不宜强制规定全体与会者参加会间活动。

（5）从简节约。由于会议时间、经费都很有限，所以会间活动的时间不宜安排得过长，也不宜铺张浪费；对于活动中涉及的自费活动项目，会务组要向与会者进行必要的提醒和说明，以免引发误会。

（三）会间活动的种类和形式

1. 会间活动的种类

根据主题内容，会间活动可以划分为两大类：①带有教育性质的娱乐活动。②较为单纯的娱乐性活动。其中，以带有教育性的娱乐活动为主，如配合会议主题组织参观活动、到相关单位和部门进行交流访问、安排观看专题节目或影片等。

2. 常见的会间活动形式

（1）组织观看电影、文艺表演活动。组织此类活动要预先统计好人数，提前订场和订位，如果人数较多，可以协商包场观看。

（2）组织参观活动。在参观活动计划确定之后，会务组要及时与接待单位取得联系，协商、落实参观计划，让对方有准备的时间，以便做好接待、讲解、介绍等工作。如参加活动的人数较多，则应事先编组并选定组长，也可以为每个小组配备一名会务工作人员，负责具体的事务和安全工作。此外，如果外出参观的时间较长，还应该注意落实好外出期间的食宿安排，千万不可抱有"走到哪儿吃到哪儿，在哪儿累了在哪儿歇下"的随意想法，因为这是集体活动而不是私人旅游。

（3）组织外出考察。外出考察的时间较长、路程较远，当组织这样的活动时，会务组在会前一定要向与会者清楚说明相关的内容、安排，并要提醒相关细节和注意事项，以便与会者做好工作协调和活动准备。另外，组织者一方应当派具有一定身份的领导人陪同外出，必要时还应配备导游和翻译，以便应对旅途中出现的临时性、紧急性问题。

（4）组织户外游览活动。组织此类活动一定要恰当选择游览景点，既要体现地方文化或特色，又要考虑安全因素。组织者应尽量带领参加者集体行动，确保人身安全，避免发生意外,并安排好往返接送车辆。车辆应做明显、清楚的标记,组织人员在出发前和上、下车时一定要仔细清点人数,避免漏接、漏送。

(5)组织室内娱乐活动。组织这类活动首先要事先了解与会人员的兴趣、爱好、性格、特长等,以便有针对性地安排活动项目,让每一个参与者都能尽兴。其次一定要提前落实好场地,准备好相关的用具、器材、食品、饮品、奖品等。最后注意控制好活动时间和活动气氛,避免造成娱乐疲劳。

(四)组织会间活动的注意事项

组织会间活动时必须注意以下几个事项。

(1)适当照顾与会者的兴趣和要求。根据与会者的兴趣确定会间活动的形式,如文艺演出、参观游览、舞会、体育比赛等。

(2)尊重与会者的宗教信仰和其所属地区的风俗习惯。活动策划人员在审查节目和影片的内容时要格外留心,以避免因政治内容、宗教信仰和风俗习惯等问题而引起与会者的不快。

(3)活动要体现地方风俗或特色。如组织国际性会议的会间活动,最好挑选一些能够体现民族特色和传统文化的节目,而组织双边会议的文艺活动时则应适当安排一些客人所在国家的民族传统节目,以体现主办方对客人的尊重和友好。

(4)如组织户外活动,一定要准备足够的资金和实用物品,如数码相机、对讲机、团队标志、卫生急救药品等,以备紧急情况之需。

五、会间食宿工作

对于会期较长、有较多外地代表参加的会议,一般都应该尽量安排解决与会者的食宿问题。

(一)会议餐饮工作

安排会议餐饮时需要注意以下几个方面。

(1)安排会议餐饮的首要原则是量入为出,即根据实际的会议收入做相应的安排,不可铺张浪费。会议餐其实就是工作餐,工作餐以团体进餐居多,菜式菜量都较为固定,一般不因人而异、另开小灶。工作餐在菜式上较为普通和简单,价格也不宜过于昂贵,而且要控制好菜量,避免点多了吃不完,造成不必要的浪费。

(2)会议餐饮食品要特别强调的是安全卫生。就餐环境、餐具、菜式等不求奢华,但一定要清洁卫生,以免与会代表出现诸如肠胃不适、食物中毒之类的意外情况,影响会议的进程。

(3)在具体菜式的选择上,工作餐要体现顾全大局的原则,也就是在简单、卫生的前提下,注意照顾不同国家、不同民族的饮食习惯。点菜人应掌握一定的餐饮文化和点菜技巧,要了解不同地区、不同菜系的特点,尽可能照顾现场大多数人的口味。对于少数因民族饮食习惯或宗教信仰而有特殊餐饮要求的人,点菜时应对其予以特殊照顾或另行安排。

（4）注意餐桌礼仪。为了维持良好的就餐环境和就餐秩序，组织人员最好能将每桌的人员名单安排落实下来，将餐桌编号并在餐桌上摆放桌签及就餐人员名单，使大家能较快地找到自己的餐桌和座位，这样可以有效避免有些餐桌人满为患、挤着坐，而有些餐桌则三三两两、冷清尴尬的场面。

（二）会间住宿工作

安排会间住宿需要注意以下事项。

（1）要了解住宿宾馆的档次、星级、收费情况。

（2）检查房间的设施设备是否齐全、完好，了解清楚哪些设施可以免费使用，这样可以有效节省会务开支。

（3）要了解宾馆提供的相关服务。现在，许多宾馆不仅能提供住宿服务，同时还能提供优质的会议接待服务。会务组织者在决定租用宾馆住房的时候，可以问清楚宾馆有无会议中心、商务中心、活动中心和配套的运动场地及器材，以及是否提供免费的宾馆专车接送服务和早餐。

（4）要了解住宿者有无特殊要求。在安排住宿时，组织者务必要注意尽可能照顾那些有特殊要求的与会者。例如，有些人可能因健康原因（如神经衰弱）要住单间，有些人则可能因为生活习惯不合（如一个早睡，一个晚睡）住不到一起等，会务组应尽量多了解类似情况，同时尽量予以照顾。

六、会议主持

在日常工作会议中，会议主持是掌握和推进会议进程的重要影响因素，成功的会议主持人必须做好以下工作。

1. 引领会议进入程序

（1）将与会者引入会议状态。作为顺利推进会议进程的第一个环节，会议主持人先要设法带领全体与会人员及时地进入会议状态，可以先使用一些小技巧引起与会者的注意，如让音乐戛然而止，安排领导、嘉宾集中入席等。

（2）准时开会。准时开会是准时闭会的必备条件，不应为某个人或某几个人未到而延误开会时间，否则下次就可能有其他人找借口迟到。

（3）介绍会议目的。即使会议文件或通知在会前已经发到了与会者手中，会议开始后，主持人或有关领导者仍应阐明（或再次阐明）开会的目的和意义等，这样能够消除人们在会议刚刚开始时的混乱思绪，集中注意力。

（4）开场白要简洁、明快、扣人心弦。直接而有活力的开场白能影响会议的气氛和节奏，开场白时间一般为一到两分钟。

2. 推进会议

在推进会议过程中，主持人应掌握以下原则。

（1）防止冷场。当会场气氛沉默、紧张之时，主持人要立即做些评说、提问或解释，防止冷场，以免导致纷争和混乱的场景。

(2) 合理安排与会人员发言。

①避免浪费时间。主持人应有强烈的时间观念，引导与会者积极主动、单刀直入地表达看法，对冗长的讨论环节，毫无新意的"重要指示"，内容重复的表态、祝贺、讲话等浪费会议时间的发言要及时阻止，以保证按时散会。

②阻止无序、无礼的发言。会场上，如果有人不经允许就随意发言或超时发言且不听劝阻，甚至在发言中以污言秽语诋毁他人、揭人隐私，会议主持人应该及时、果断地予以干涉，有效地阻止这些行为的发生。

③防止偏离目标。面对发言、讨论偏离会议目标的现象，会议主持人应该及时进行引导，帮助与会者将分散的精力拉回到会场上，可以选择适当的时机插话，引导与会者集中精力讨论中心议题，也可以准确地归纳要点，引导、鼓励"骨干"人员发言，让其发挥带动作用。

(3) 澄清混乱模糊的信息。主持人要保证发言人的话能够被听众充分理解，可以借鉴的方法有：①澄清发言人的讲话内容，使听众正确理解，如"对不起，打断一下，你说这个想法很重要，是说整个方案缺它不可吗？"②为了充分了解某一建议，主持人可以就一些细节发问，如"没有提到广告费用，这会影响计划吗？"③对容易造成误解的问题向发言人提问，如"我提个问题，这项产品的市场销售潜力怎么样？"④请别人代为解释，如"老赵，就这一问题你是否能补充说明一下？"⑤概括或重复发言人的话，使内容明确，如"你是说我们不应该在国家级杂志上登广告吗？"

(4) 时常做简短概括。简短概括如同在比赛场上翻动记分牌，能让与会者感受到会议的节奏，同时也有助于澄清分歧点，引起与会者注意。主持人的简短概括应限制在半分钟内，不可影响会议的进程。

3. 结束会议

在闭会阶段，主持人要向与会者报告已得出的结论、尚存在的分歧和会后要采取的行动。

【案例7-3】

××公司年终总结会议主持词[①]

开场白：

今天，窗外阳光明媚，室内暖意融融！在新春佳节即将到来之际，我们在这里欢聚一堂，召开2009年度总结暨表彰大会。此次会议的主要目的是为了回顾一年来的工作，总结经验，吸取教训，共商公司未来发展大计，并对为公司各项工作的发展做出贡献的员工、施工队进行表彰和奖励。

首先，我代表公司对市美术馆对我们会议的大力支持表示感谢！同时感谢工作人员提供的帮助！

为保证会议的有序进行，在会议正式开始之前，我提几条要求：

---

① 本案例源于网络并经作者加工整理。

（1）请所有与会人员暂时关闭手机，会议期间不要接打电话。
（2）不要在会场内外来回走动，大声喧哗，或与人交头接耳。
（3）不要随地吐痰，乱扔废弃物，不要抽烟。
（4）会议结束以后，先欢送领导和来宾退场，然后依次退场。

现在正式开会。

会中事项：

第1项　公司总经理徐文章先生代表公司宣读对陈英文同志的任命决定（1分钟）。
第2项　公司董事长毛昝听先生为陈英文同志颁发聘书（1分钟）。
第3项　陈总进行就职发言（3分钟）。
第4项　石继辉先生代表公司宣读《公司关于颁布规章制度的决定》（1分钟）。
第5项　靳兆民先生代表郑州项目部技术人员做工作总结（5分钟）。
第6项　杜晓甫先生代表洛宁项目部技术人员做工作总结（5分钟）。
第7项　郭海涛先生代表伊川项目部技术人员做工作总结（5分钟）。
第8项　张仲云先生代表栾川项目部技术人员做工作总结（5分钟）。
第9项　王志红女士代表女职工做工作总结（3分钟）。
第10项　蔡念记先生代表施工队长做工作总结（5分钟）。
第11项　刘占奇先生代表施工队长做工作总结（5分钟）。
第12项　毛占动先生代表郑州项目部做工作总结（10分钟）。
第13项　王宝军先生做三邓线和伊川管网工程的工作总结（10分钟）。
第14项　贾秀民先生代表协作单位发言（5分钟）。
第15项　王社先生代表协作单位发言（5分钟）。
第16项　韩记光先生做施工管理工作总结（15分钟）。
第17项　贾建民先生代表栾川项目部做工作总结（15分钟）。
第18项　徐总做2009年度公司总结报告（45分钟）。
第19项　陈总宣读公司对优秀施工队和先进个人进行表彰和奖励的决定（3分钟）。
第20项　毛董事长为优秀施工队颁发荣誉证书和奖金（3分钟）。
第21项　毛董事长为公司先进个人颁发荣誉证书和奖金（10分钟）。
第22项　毛董事长做重要讲话（5分钟）。

会后总结：

今天上午的会议开得很圆满，也很成功。徐总的总结报告既对公司一年来的发展进行了全面、客观、公正的总结，也提出了公司第二个五年计划的发展思路，描绘了公司美好的未来。毛董事长的讲话站得高、看得远，使我们每一个人都能感受到公司的光明前景，更加坚定了我们每个人的信心。本次大会是一个振奋人心、催人奋进的大会！

会后，我们要深入学习、领会这次会议的精神，在毛董事长、徐总的正确领导下，继续坚持"诚信做人，踏实干事"的经营理念和"对社会负责，让员工富裕"的发展方针，团结一心、共同努力，务实开拓、不断创新，共同为公司的美好未来贡献我们的力量和智慧！

2009年度总结暨表彰大会到此结束，公司董事长为表达对各位来宾及全体员工一年来为公司所做的工作的谢意，中午特意在兰亭阁宴请大家，并于下午 2 点举行公司迎新联欢会，联欢会为大家准备了丰富多彩的节目，请到时欣赏。

七、会议记录

（一）会议记录的含义及其作用

1. 会议记录的定义

会议记录是在会议过程中，由记录人员把会议的基本情况、大会报告、代表发言、决议等内容记录下来形成的重要会议材料，是反映会议客观进程的原始而真实的信息材料。

会议记录不但能在会后很好地传达会议精神，使会议的各项决议在日后的工作中得到充分贯彻和执行，而且也能为以后检查执行情况提供依据，所以做好会议记录是一项非常重要和必要的会间工作。

2. 会议记录的作用

会议记录作为一项非常重要和必要的会间工作，有以下几项作用。

（1）会议记录是研究和总结会议的重要依据。会议期间形成的各项会议决议、意见等，后期都要进行会议总结，会上的"工作报告"和"讲话"等也要根据各组讨论的意见进行修改，进行这一切工作的重要依据就是会议上的原始记录。此外，会议记录还可以作为日后分析、研究、处理有关问题的参照依据。

（2）会议记录经整理后，可作为向下传达的文件，也可以作为向上级汇报的原始材料。

（3）会议记录可作为编写会议纪要和会议简报的基础材料和重要的参考佐证资料。

（4）会议记录是重要的档案资料，在编史修志、查证组织沿革、考核使用干部以及落实政策、核实历史事实等方面都可起到无法替代的凭证作用。

（5）对于一些法定性会议，会议记录经发言者和会议领导人签字确认后具有法律效力。

（6）图片类、音频类会议记录可适当用于报刊报道和影视制作。

（二）会议记录的分类

会议记录根据不同的标准可划分为不同的种类。

（1）按记录的手段划分：①手工记录，是指会议记录人员用文字或记录符号在纸上进行记录。②机器记录，是指借助各种记录信息的机器设备进行记录，如录音机、录像机、计算机、摄影机、照相机等。

（2）按会议记录的载体划分：①书面记录，是将会议的信息记录在纸质材料上。②音频记录，即用录音带、磁盘等记录会场内的语音信息。音频记录比书面记录更容易整理，而且它也是书面会议记录的重要补充，重要的会议常常采用录音的方法来避免错记或漏记。③视频记录，是采用摄像机记录会场内的活动场面，以便会后直观地再现当时的情景；也有的使用照相机拍摄会议现场情况，以便对书面会议记录进行补充。

（3）按会议记录的详略划分：①详细记录，是指对会议进行完整的记录，要求做到一字不漏、"有言必录",甚至连发言者发言时的表情、会场的气氛等都要求记录在册。②摘要记录,是对会议议题、发言要点、会议结论、决议等重要内容的记录,要求择要而记,概括记录会议的主要内容及精神即可。

此外,还有一些会议记录是配合着会议的种类来分类的。例如,按会议性质划分,有党委会议记录、群众团体会议记录、企事业行政会议记录等;按会议内容划分,有工作会议记录、座谈会记录等;按会议范围划分,有大会议记录、小组会议记录等。

(三)会议记录的要求及注意事项

1. 会议记录的要求

会议记录的要求可以概括为:项目、过程要完整;内容要真实、准确;语言表达要清楚、简洁;格式、名称要规范;笔记要快速。另外,会议记录材料应使用统一的规格,如使用 A4 纸记录,便于日后立卷归档。

2. 会议记录的注意事项

做会议记录时应注意以下事项。

(1)记录的项目要完整,也就是说要完整记录会议名称、届数或次数、时间、地点、出席人、列席人、缺席人、主持人、记录人等组织情况,以及由会议议程、议题、讨论过程、发言内容、决定事项等组成的会议内容。

(2)记录内容要客观、准确、真实、完整。这就要求记录人员应当有高度的责任心,以严肃认真的态度忠实记录发言人的原意,不得任意取舍增删、断章取义,不得添加自己的主观判断和主张;对于会议决议,要确保一字不差,不能有丝毫出入;对会议的主要情况、发言的主要内容和意见等,记录的详略要视具体情况而定。一般情况下,决议、建议、问题和发言人的观点、论据材料等要记得具体、详细;而对会场一般情况的说明,可抓住要点,记其大略即可。

(3)及时整理会议记录。首先,整理时要实事求是,忠实于讲话人、发言人的原意,尽可能地采用原话;原话意思不完整的,可以做一些加工处理,但不能在内容和意思上做随意的增删。其次,整理会议记录要做到层次分明、段落清楚、语句通顺、文字准确、字迹清晰易认,不能使用自造的简称或文字。再次,对开会时没有听清楚或发言者表达不清的地方,会后要及时找相关人员补充完整,并加以核对。为保证会议记录的质量,可在会前安排好一人主记、一人辅记,还可以根据需要安排录音、录像,以免遗漏。最后,还应注意观察并记录会场的动态信息。

(4)会议记录一般不公开发表,如需发表,必须征得上级领导同意以及发言者本人审阅、同意方可进行。

(四)会议记录的基本结构

会议记录的结构一般包括如下三个部分。

1. 基本情况

这一部分应准确写明会议名称及会议组织的基本情况,可在会议召开之前或之初写好,不可遗漏。其内容一般包括以下几个方面。

(1) 会议名称：要写全称。
(2) 性质：交代会议属于何种类型或性质的会议。
(3) 次数：记录该次会议属于某专题下的第几次会议。
(4) 开会的时间、地点。
(5) 出席会议的人数（人名）和缺席人数（人名）：如果到会人数不多，可一一写明姓名；如果是群众性大会，只要记录参加对象和总人数以及出席会议的重要领导成员即可；如果会议出席的对象来自不同单位，应设置签名簿，请出席人员签署姓名、单位、职务等；对缺席人员，应注明缺席原因；对列席人员，可一一写出姓名。
(6) 主持人：记录主持人姓名，写明主持人的职务等。
(7) 记录人：记录人本人签名，必要时注明记录人真实的职务，以示对记录内容负责。

2. 会议内容和会场情况

会议内容是会议记录的核心部分，需重点记录，它既是供他人了解会议意图的主要材料，也是日后备查的重要依据，是会议成果的综合反映。主要内容包括会议议题、与会者的讨论过程、发言内容、会议决议等。对于会议发言的内容，记录人应根据会议性质、目的、要求等综合考虑，采用恰当的记录方法，可摘要记录，也可详细记录。

对于会议期间会场内发生的、与会议进程有关且具有记载价值的情况，也应及时记录在册，如与会者的掌声、笑声、迟到、中场退场等情况，这些记录能更加真实、全面地反映出会议的实际情况。

3. 结尾

会议记录的结尾没有固定的程式，标注"散会""结束""完"等均可。如中途休会，则写明"休会"。最后，在会议记录的右下方，由主席（或主持人）和记录人签名，以示对记录内容负责。

【阅读资料 7-11】

会议记录格式

【阅读资料 7-12】

××学院第×次办公室会议记录

【阅读资料 7-13】

惠能公司项目会议记录

（五）会议记录的常用方法

会议记录的常用方法有以下几种。

（1）摘要记录法。只记录会议要点和中心内容，即只需记录会议的议题、议程、发言人姓名、发言要点与主要事实、决议情况等会议概况，而对会议气氛、与会者发言的态度等只做摘要记录。摘要记录一般在开会时认真记录就可以了，过后无须再整理，研讨会、汇报会、座谈会等小型会议大多采用摘要记录法。

（2）详细记录法。详细记录法多用于讨论某些重大的、复杂的问题的重要会议，除了要记录会议概况和会议过程等内容，对每一位与会代表的发言也要求做到有言必录。详细记录不仅要求记录人员在开会时要认真详细记录，会后还要及时加以整理和补充，必要时还应由会议主持人或发言人审阅和签字。需要注意的是，详细记录并非要一字不漏、逐字逐句地全记下来，对于那些口语、俗语、重复使用的语句，则不必记录。

（3）速记法。速记法是指运用各种速记符号对语言进行记录，它与通用文字记录不同，是采用同音归并和近音归并的方法对信息进行压缩，使记录的速度与讲话人的语言、表达速度相同。由于速记符号不同于常用文字，但又具有文字的部分功能，所以，要掌握速记法需经过专门的学习和训练。一旦掌握了速记这种专业性较强的技能，其记录的效率将比一般的文字记录高出数倍。

【阅读资料 7-14】

会议记录实用技巧

第四节　会　后　工　作

一、会场善后工作

（一）安排与会人员离会

（1）提醒与会者携带好个人物品。与会人员离场时，会务人员应提醒其携带好个人物品，不要有遗漏。

（2）事先了解外地与会人员对时间、交通的要求，根据会期长短、人数多少等实际情况及早安排好外地与会人员的回程事宜。一般情况下，要按先远后近的次序安排返程机票、车票的预订事宜。如果与会人员要赶往下一个目的地，会务人员要提前准备好机票、车票，并尽量安排专人专车送其去往机场或车站。

（3）编制与会者回程时间表，安排好送行车辆，派人将外地与会人员送到机场、车站、港口，待他们启程后再返回。如有必要，还应安排有关领导同志为与会人员送行。无论是自有车辆还是租赁车辆，会议组织者都有责任保证其安全性，包括每辆车合法承载量的确认、各种安全检查以及司机的安全教育等。

【案例 7-4】

做好返程工作①

祥瑞公司承办了营销协会的年会，会务组的李秘书负责代表们的返程工作。由于这次会议会期较长，李秘书在会议通知的回执中就已要求与会人员填写代表们的返程时间、所乘交通工具的种类等内容。鉴于会议期间，有的代表可能在返程时间和工具上有所变化，所以在会期进行到一半时，李秘书又逐个找代表进行核对，落实最后的返程日期、所乘坐的交通工具以及车次、航班号。有的代表不知道乘坐什么交通工具比较方便，一时难以确定车次、航班号以及出发和到达时间，李秘书就掏出随身携带的交通时刻表，与代表一起讨论，帮助他们做出最佳选择。全部代表确定完毕后，李秘书立刻抓紧时间预订车、船、机票，尽量满足代表的要求，实在不能做到的，也及时跟代表沟通后重新选择，再行预订。

会议接近尾声，李秘书开始忙着给各位代表送票，同时，统计好需要送站的代表名单，把他们出发的时间分成几个集中的时间段，以便派专车送站。

与会代表离会那天，李秘书提醒代表与会务组结清费用，归还所借物品，拿好自己的物品和票据，准备返程。跟代表们说完再见，看着他们坐上送站的专车离开会场，李秘书终于松了口气。对于会议结束后需要暂住的代表，李秘书也都给予了妥善的安置，尽量满足他们的需要。

在与会代表填写的会议评估表上，李秘书的返程工作得到了大家的一致好评。

（二）整理会场

1. 清理会场

（1）拿走通知牌和方向标志。在会议结束后，应及时恢复场地的原有模样，以便归还租借的场地。一次性说明标志或通知牌应予以销毁，可重复利用的应统计、归类、入库，以便下次使用。

（2）清理会场内其他物品。如果在会议结束后有宴会，秘书或服务人员要为客人做好向导，随后要清理会场，撤去会场布置的会标等宣传品，把会议上使用的幻灯片、幕布、手提电脑、席卡等收拾好，如果发现会场有遗失物品要妥善保管，及时与失主联系。会议期间会产生大量的废弃纸张，这些纸张或是草拟的文件，或是会议资料和财务报表，会议

---

① 孟庆荣. 秘书工作案例及分析[M]. 北京：清华大学出版社，2007.

结束后，秘书人员首先要收回所有应该收回的会议资料，对所有纸张进行整理、清点、归类，找出有用的资料，不能再利用的纸张要销毁，避免泄露机密信息。

（3）会场清理完毕后要通知配电人员和服务人员切断会场电源，关闭会场。

2. 归还租借物品

会议结束后，要及时归还从公司内部其他部门或其他单位借用的相关物品，归还前要检查物品是否完好，如果损坏要按照约定予以赔偿，不需要赔偿的，归还时要特别说明或修理好后再归还。

3. 结算会议开支

如果是外借的会场，会议结束后，秘书人员应及时与会场出租方结清会议的各项费用，主要包括会议室租用设备的使用费、开会期间的其他相关费用等。

二、会后文书工作

（一）会后文书的清退、收集工作

1. 文书清退的含义

文书清退指根据有关规定和要求清理办毕文书，定期或不定期地将其退还原发文机关或其他指定的专门部门。

2. 会议文件收集的范围

需要收集的会议文件大致包括如下几种。

（1）关于召开会议的请示与批复。

（2）提交会议审议批准的文件。例如，工作规划、计划、报告、预决算、行政法规及各项决议的草案等。

（3）会议期间使用的文件。例如，开幕词、闭幕词、领导人演讲稿、大会发言材料（包括典型经验介绍材料、专题报告）、会议总结报告等。

（4）会议参考性文件。例如，调查报告、可行性分析报告、统计报表、技术图纸或图表等。

（5）会议管理性文件。例如，会议通知、日程与议程安排表、会议须知、保密规定、会议主席团名单、委员会名单、与会人员名单、票证、签到簿等。

（6）会议记录、简报。

（7）会议宣传性文件。例如，宣传会议精神、主旨或决定事项的文件资料，会议纪要，决议，新闻报道等。

（8）会议的照片、录音、录像等资料。

3. 清退文件的方法

（1）根据《会议文件清单》清退。会议主办部门应向参加会议的单位发出《会议文件清单》，详细列出会议所发文件的目录，通知受文单位的文书处理部门及时收缴登记，统一管理。与会人员应主动把文件交给档案员登记，档案员也应主动找与会人员收回文件。

（2）对于一般小型内部会议，如果参加的人数较少，人员又比较熟悉，可以在宣布会议结束的同时，由主持会议的领导提出要求，请与会人员将需要退还的文件留下，也可由秘书人员在会场门口收集。对个别领取会议文件后未到会或提前离会的人员，应当及时催退。

（3）对于大中型会议的文件收集，应提前制定《文件清退目录》，先由与会人员个人清理，再由召集人收齐交大会秘书处。

（4）清退会议工作人员手中的文件，可采取按目录限时交退的方法。

（5）机密文件的清退。重要的机密文件一般不会发给与会人员，如果必须发给与会人员，应在会议结束前收回，并在文件上注明"会议后收回"的字样。

（二）会议文件的立卷归档

1. 会议文件的立卷方法

会议文件立卷工作的基本原则是"一会一案"，即以会议为单位立卷，按照会议文件资料的自然形成规律进行保管可以保持文件之间的历史联系，也可以反映公司活动的特点和真实面貌，便于利用。

会议文件的立卷常采用如下几种方法。

（1）编制案卷目录。在正常情况下，会议立卷工作应依据事先编制好的案卷类目进行。案卷类目是每年年初在实际文件产生之前，根据公司性质、职权范围、内部组织结构情况，参照往年的案卷类目，按照立卷要求拟制出的案卷分类名册，这是一种比较详细具体的立卷规划。编制案卷类目可以由会议秘书部门的有关工作人员提出方案，经主管领导批准即可。

（2）灵活运用文件的特征立卷。每份会议文件都有一定的特征，一般来说，一份文件主要由作者、名称、内容、收文机关和形成文件的时间等几个基本部分组成，可以概括为六个特征：部门特征、时间特征、名称特征、作者特征、地区特征和通信者特征。会议立卷就是按会议文件资料的共同特征或以一个特征为主结合其他特征组成案卷。通常来说，一卷之内结合使用两个以上特征立卷是比较科学的方法。

2. 会议文件立卷工作的程序

会议文件资料立卷归档的基本程序可简单归纳为：将收集的文件资料进行登记——向上级汇报情况——甄别整理、分类归卷——进行卷内文件的编号、编目——填写卷内文件的备考表——拟制案卷标题——填写案卷封面——移交给档案室——清理、销毁不再使用的纸张。

（1）大型会议的文件立卷工作程序。

①收集资料。这是立卷工作的第一步，要按会议文件立卷范围将会议中形成的所有文件、资料及时完整地收集起来。分发会议文件时须留出必要的份数，一般以保存两份为宜（不包括原稿）。重要会议文件的初稿、历次修改稿也应保存，如有复印稿亦应保存一份。注意收集领导阅办完的文件以及会议的非正式文件，如来往电报、电话记录、证件等。

②鉴别整理。检查收集的文件、资料是否齐全完整，如有未收集的应尽快收集起来，并剔出无须立卷归档的会议文件、资料。

③分类归卷，即对所有会议文件、资料进行大体分类，区分为主要文件资料、一般文件资料、参考资料、大会发言、书面发言、领导讲话、会议简报、会议快报、有关文书资料

等，然后按问题和时间特征立卷。一般来说，会议主要文件资料（报告、决议、结论及主要负责人的重要讲话等）应单独立卷；一般文件资料及参考文件资料分别按问题特征立卷；大会发言按发言日期立卷；书面发言按地区或单位立卷；通知、来往文书按时间立卷。

④组卷。组卷时最好将属于永久、长期、短期三个保管期限的文件分别组卷。针对同一类问题的文件、资料集中组卷，区分文件张数多少，多的可分几个属类汇成若干卷，少的可将若干属类汇成一卷。卷内文件、资料按重要程度和时间进行排列，定稿放在最前面。同时，为使案卷不受污损，要拆除文件、资料上的金属钉和障碍物，并注意页码顺序。

⑤卷内文件编目。定卷以后在会议文件资料上加盖编目章（包括卷号、顺序号），以卷为单位编排标注页号，第一页在右上角，第二页在左上角，把每份文件在卷内的位置固定下来，然后按顺序填写卷内目录，没有标题的文件要代拟标题。

⑥填写卷内文件资料备考表，即对每次会议卷内文件资料情况做必要的说明，说清楚文件资料的来龙去脉、形成过程、重要程度和卷内文件变动情况等，字迹要清楚，卷面要整洁，立卷者、检查者还要签注姓名和立卷时间。

⑦拟定案卷标题。每个案卷要拟定标题，一般应反映出会议名称、作者和主要内容。标题是查找利用文件的基本线索，因此所拟标题要确切，语言要通顺精炼、概括性强。标题通常由作者、问题、名称三个部分组成。

⑧填写案卷封面。案卷封面要用毛笔或钢笔以正楷书写，字迹要清楚、整洁，卷皮所列项目应填写齐全，卷皮起止日期均以卷内文件资料的最早和最晚日期为准。

⑨案卷排列。按保管期限、重要程度和时间排列。

⑩案卷目录。案卷目录是登记案卷和利用档案的基本工具，由立卷部门按照向档案部门移交案卷的顺序排列，并逐卷逐项填写案卷目录。一般打印一式三份，两份随案卷移交档案部门，一份留存备查。

上述工作完成后，即可按归档要求移交档案部门。在正常情况下，应在第二年上半年将上一年的案卷向档案部门移交归档。归档时，交接双方应按照案卷目录清点核对无误后履行签字手续。

（2）日常工作会议的文件立卷工作程序。日常工作会议文件资料的立卷也要从收集资料做起，做好鉴别整理，然后是组卷、拟定案卷标题，其他如卷内文件资料编目、备考表的填写、卷皮的填写、编写案卷目录与大中型会议基本相同。上述工作完成后，即可按归档要求移交档案部门归档。

3. 会议文书的归档

会议文书的归档包括以下两种情况。

（1）平时归卷。会议文书的平时归卷是按照会议主题组卷，即归卷时不和其他同时间文件组卷，而是按会议主题组卷。一般情况下，每次会议都应单独组成案卷。

（2）定期归档。文件的清退和销毁应建立严格的制度，每次会议结束要及时清退，一年至少清退一次，一般每年4月底以前将上一年度的文件清退归档。

4. 会议文件销毁的工作程序

各种文件、资料、电报除需要归档的外，多余的和没有存档价值的都要销毁。

凡需销毁的文件，均需登记造册，经主管领导审查签字，监销人核对无误后才能销毁，个人不得自行销毁文件。

文件销毁的方法包括：①焚烧，不可留残片，当文件全部化为灰烬后监销人方能离开。②直接送市国家保密局公文回收站。③送造纸厂化浆，装车前要打好捆或用编织袋装好，不要散装，要选派可靠人员押运，严禁无关人员介入，以防泄密。

文件材料销毁必须要有至少两人监销。

三、会议总结

（一）会议总结的概念

会议总结是机关团体、企事业单位对会议工作的总体回顾，在整个工作流程中具有承上启下的作用。

（二）会议总结的特点

1. 经验性

会议总结和计划相反，它是在会议结束后进行的工作。会议总结的材料必须是真实的，包括典型材料和数据，这样才有实践意义。会议总结应据实议事，运用画龙点睛式的议论提出主题，写明层义，事实是主要的，议论是必要的。写法上应以叙述说明为主，叙述不是详叙，是概叙；说明要平实准确，不能旁征博引。

2. 规律性

会议总结不是简单地把发生过的事实罗列在一起，它必须对收集到的事实、数据等进行认真的分析和研究，找出某种带有普遍性的规律。会议总结要产生评价议论，即主题和层义以及众多小观点（包括对经验和规律的思想认识）。会议总结是否具有理论性、规律性是衡量一篇会议总结好坏的重要标志。

3. 借鉴性

会议总结对后续工作的开展具有借鉴作用。通过全面检查、审视、反思会议前、中、后的经验和教训，可使会议部门的筹划、组织、管理、服务等能力得到提升。

（三）会议总结的结构

会议总结的结构一般包括标题、正文和落款三个部分。

1. 标题

会议总结的标题有多种写法。例如，综合性总结的标题一般为"总结单位＋总结时限＋文种"，如"××大学第二次党员大会会议总结"。再如，为了使重点更突出，总结可采用双标题，即正副标题的形式。正标题往往用来揭示总结的主题，而副标题则指明总结的内容、单位、时间等，如"适应市场竞争变化，提高公司经济效益——××公司销售经理会议总结"。

2. 正文

总结的正文一般包括三个部分，即前言、主体和结尾。

（1）前言。前言要用最精炼的文字概括地交代会议的主要内容、时间、地点、背景、经过等，也可以将总结出来的规律性认识、主要经验或教训、主要成绩或存在的问题写出来。

（2）主体。主体部分是总结的重点，一般要阐明成绩与经验，即对会议中所获得的物质成果或者精神成果、取得的优异成绩及其成功的原因与条件的分析归纳。

（3）结尾。会议总结的结尾要简明扼要、短小精悍，通常有两种写法：①总结式，即用几句概括性的话总结正文的内容。②展望式，即用简短的语言对未来的工作进行展望，展示美好的前景。

3. 落款

会议总结的落款要写明撰写总结的单位的名称以及成文日期，即署名和署时，可以写在标题之下，也可以写在文末。如果在标题中已标明了总结单位的名称，落款中这一部分便可以省略。

【案例 7-5】

会 务 总 结[①]

顺达公司承办了一个大型研讨会，在会议接近尾声时，负责这次会务工作的总经理秘书高祥让组织工作人员将早已设计好的一份会议评估表发给了与会代表，请他们逐项填写各项内容。统计后发现，绝大多数与会代表对会议的各项组织工作给予了高度评价，高秘书感到很欣慰。但也有代表在评估表中提出了对某些工作的不满和批评，高秘书对此很重视，觉得有必要在会后好好总结，以利改进。

会议圆满结束后，高秘书组织全体会务人员进行总结。他要求全体会务人员先进行自我总结并写出一份书面总结交给他，然后召开一次座谈会。

座谈会上，大家畅所欲言，对这次会务工作中做得好的方面和欠缺的方面都进行了讨论和剖析，每个会务人员还根据自己的分工和实际工作进行了自我对照，找出了自身做得不足的地方。在大家进行了充分交流后，高秘书根据与会代表填写的会议评估表和会议中每个人的实际表现，结合大家的发言和会议的实际效果，进行了总结性发言。他认为，这次会议中，全体会务人员的表现都还不错，大家都很努力，会议基本达到了预期效果，然后他点名表扬了几个秘书，称赞他们的工作做得很出色，得到了与会代表的一致好评。同时，高秘书也指出了个别人员在工作中存在的问题，把与会代表提出的意见反馈给了相关人员，希望他们好好总结，在以后的会务工作中有所改进。最后他说："这次会议，大家辛苦了，回去好好休息，我会向领导汇报，为大家请功。"

座谈会后，高秘书根据各方面的意见，写出了书面的会务工作总结，并交给了总经理。总经理审阅后，高秘书把定稿发给相关人员，并把会议总结做了归档。之后，总经理对全体会务人员进行了慰问，对表现突出的会务人员进行了表彰。

---

① 孟庆荣. 秘书工作案例及分析[M]. 北京：清华大学出版社，2007.

四、会议经费结算工作

（一）收取会务费的方法和时机

针对需要与会代表向主办方支付培训费、住宿费、资料费、餐饮费等的会议，会务工作人员需要做好会议经费结算工作。

（1）应在会议通知或预定表格中详细注明收费的标准和方法。

（2）应注明与会人员可采用的支付方式。

（3）开具发票的工作人员事先要与财务部门确定正确的收费开票程序，不能出任何差错。如果有些项目无法开具正式发票，应与会议代表协商，开具收据或证明。

（二）付款的方法和时间

付款的方法和时间具有灵活性，但是正规的会议一般按通例付款。

【阅读资料7-15】

会议付款方法和时间一览表

五、会后的催办、反馈与落实工作

（一）会议决定事项的催办与登记

会议决定或决议的事项中，需要通知有关部门办理或知晓的，秘书部门应负责催办，同时应将在实际贯彻执行中所得到的结果、引起的反应以及造成的影响等情况反馈给主管领导者。会后反馈可以用书面或口头催询的方式，必要时还可以派人直接深入有关部门或单位进行实地检查与催询。会后的催办、反馈与落实工作是会后工作的一项重要内容，也是整个会务工作的一个重要组成部分，它能反映出会议的效果以及会议的主旨精神是否能够落到实处。

检查催办工作要做到如下几点。

（1）明确催办人员。

（2）健全登记制度，建立催办登记簿，逐项列出检查催办的事项，并由催办人员根据实际情况定期记录催办事项的进展状况。

（3）建立汇报制度。催办人员可采用口头汇报、书面汇报、专题报告等多种方式向领导汇报催办事项的落实情况，对一些重大问题，不能自作主张，要听从领导的指示。

(二)会议决定事项的反馈

会议决定事项的反馈就是将会议决策精神传达给执行者后,通过各种途径和方式将执行者的意见收集起来,反映给领导者的过程。它既是实现会议决策目标的最主要环节,是对会议决策的检验、制约和完善,又是公司领导做出决策、正确行使指挥职能的重要手段。

(三)会议决策的落实工作

会议决策的传达落实是实现会议决策目标的最主要环节。落实的主要任务是将概念性的决策或精神变为具体的实际行动。没有实际行动,决策就失去意义;决策落实不力,就收不到好的效果。可以说,传达落实是实现会议决策目的的最重要一环。

六、会后文件的拟写

会后文件主要包括会议决定和会议纪要,二者的含义、格式以及写作要求各有不同。

(一)会议决定

根据《党政机关公文处理工作条例》规定,"决定"适用于对重要事项做出决策和部署、奖惩有关单位和人员、变更或者撤销下级机关不适当的决定事项。会议如有重要事项安排,一般在会后发文,通常适用"决定"。

会议决定的内容包括以下几个部分。

①标题。标题分为正规公文标题——三元素标题,即"发文机关+事由+文种",如《×××××关于×××××的决定》;二元素标题,即"事由+文种",如《关于×××××的决定》。

②正文。正文包括发文原因、决定事项和要求。发文原因即做出决定的根据,可以是法律依据或管理条例;决定事项包括具体实施的原则、方法、步骤;关于事件处理、人员表彰、处分的决定,须写明事实和组织处理决定;事项要求层次分明、条理清楚,每个层次可用数量词或分标题标明;要求即执行要求,有的决定无须此项。

③落款。发文机关加盖公章,若标题中有发文机关,此处可略写。

④成文日期。通常用汉字标注成文日期。

(二)会议纪要

会议纪要是用于记载、传达会议情况和议定事项的公文,适用于企事业单位、机关团体。

(1)会议纪要的结构。会议纪要通常由标题、正文、成文单位构成。

①标题。标题通常有两种模式:a. 公文式标题,由"召开会议的机关+内容+纪要或会议名称+'纪要'"构成;b. 文章式标题,由正副标题构成。

②正文。会议纪要的正文一般由两部分组成:a. 会议概况,主要包括会议时间、地点、名称、主持人、与会人员、基本议程;b. 会议的精神和议定事项,包括会议精神、讨论的具体问题、交流的经验、提出的意见、领导的指示、会后的任务与决定的事项。

③成文单位。成文单位可在标题下,也可在文末。

(2) 会议纪要起草的程序。

(3) 会议纪要与会议记录的区别:①性质不同。会议记录是对讨论发言的实录,属事务文书;会议纪要只记要点,是法定行政公文。②功能不同。会议记录一般不公开,无须传达或传阅,只作为资料存档;会议纪要通常要在一定范围内传达或传阅,要求贯彻执行。

 考研真题

本章参考文献

[1] 蔡超,杨锋. 现代秘书实务[M]. 广州:暨南大学出版社,2006.
[2] 范立荣. 国家秘书职业资格培训教程[M]. 北京:海潮出版社,2003.
[3] 符丽莉. 行政机关会议管理研究[D]. 长沙:湖南大学,2006.
[4] 葛红岩. 秘书与会议组织和服务[M]. 北京:人民出版社,2007.
[5] 胡伟,成海涛,王凌. 会议管理[M]. 3版. 大连:东北财经大学出版社,2018.
[6] 胡伟,成海涛,王凌. 会议与商务活动[M]. 北京:科学出版社,2010.
[7] 廖世昌. 会议管理[M]. 北京:企业管理出版社,1992.
[8] 廖雄军. 会议组织规范与技巧[M]. 南宁:广西人民出版社,2007.
[9] 陆永庆,阮益中. 现代会务服务[M]. 上海:上海交通大学出版社,2005.
[10] 陆瑜芳. 秘书实务[M]. 上海:上海社会科学院出版社,2006.
[11] 罗烈杰. 会议实务[M]. 深圳:海天出版社,2003.
[12] 孟庆荣. 秘书工作案例及分析[M]. 北京:清华大学出版社,2007.
[13] 聂德虎,朱佳林. 会议组织艺术[M]. 武汉:华中理工大学出版社,1988.
[14] 沈卫. 职业秘书商务活动教程[M]. 北京:清华大学出版社,2008.
[15] 孙荣,杨蓓蕾,袁士祥,等. 秘书工作案例[M]. 上海:复旦大学出版社,2005.
[16] 滕宝红. 会议管理实操细节[M]. 广州:广东经济出版社,2006.
[17] 天虹. 会议管理实务[M]. 北京:中国纺织出版社,2005.
[18] 王敏杰. 商务会议与活动管理实务[M]. 上海:上海交通大学出版社,2008.
[19] 王萍,张卫东. 现代文秘工作实务[M]. 北京:机械工业出版社,2007.

[20] 王守福. 文秘工作案例与分析[M]. 北京：高等教育出版社，2001.
[21] 王首程. 会议管理[M]. 北京：高等教育出版社，2003.
[22] 王育. 秘书实务[M]. 北京：高等教育出版社，2003.
[23] 向国敏. 现代秘书实务[M]. 北京：首都经济贸易大学出版社，2005.
[24] 肖庆国，武少源. 会议运营管理[M]. 北京：中国商务出版社，2004.
[25] 徐寒. 职业秘书会务组织方法与技巧[M]. 广州：广州出版社，2004.
[26] 袁岳，张军. 神奇会议：如何召开座谈会[M]. 北京：机械工业出版社，2006.
[27] 张大成. 组织会议和活动[M]. 北京：中国人民大学出版社，2002.
[28] 张丽珝. 商务秘书实务[M]. 北京：中国人民大学出版社，2004.
[29] 张玲莉. 秘书国家职业资格培训教程：四级秘书[M]. 北京：中央广播电视大学出版社，2006.
[30] 张伟. 我国省级机关政府会议管理问题初探[D]. 长春：吉林大学，2008.
[31] 张晓彤. 高效会议管理技巧[M]. 北京：北京大学出版社，2004.

第八章 秘书写作

第一节 通　　知

一、通知的概念

根据《党政机关公文处理工作案例》，"通知"适用于发布、传达要求下级机关执行和有关单位周知或者执行的事项，批转、转发公文。它是党政机关、企事业单位中使用频率最高、适用范围最为广泛的一种常用公文。

二、通知的种类

根据内容性质和作用，通知一般可以分为以下三种。

1. 发布性通知

这类通知要告知的是本机关决定的事项，发文对象包括下属机关、平行机关和不相隶属的机关，如《国务院办公厅关于印发中央预算单位政府集中采购目录及标准（2020年版）的通知》。当某个机关单位认为本单位的特定文书需要正式发文，或需要将某个特定部门制订的规章制度上升为机关单位共同执行的事项，或需要将机关单位负责人的讲话等转化成单位的意志，可通过印发来完成。

印发的功能有三：其一，将非公文（如计划、规划、纲要等）转化为公文，以增强被印发文件的效力，如《××省人民政府办公厅关于印发××省城镇化发展"十二五"规划的通知》；其二，将单位内部某机构制定的表达部门意图的规章制度等上升为整个单位的意图，如《××省人事厅、教育厅关于印发××省高等学校专业技术职务结构比例管理试行意见的通知》；其三，将领导的讲话、发言等上升为单位的集体意志，如《××局关于印发××同志在××××座谈会上讲话的通知》。

2. 批转、转发性通知

批转，即将某一下级机关报来的文件（如请示、报告、意见、纪要等）审核批准并转发给有关下级机关，如《××省人民政府关于批转省发展改革委××省2012年改革指导意见的通知》。当某一机关认为下级机关所发的公文具有一定的参照、指导、借鉴作用，便可在表明自身态度的基础上，将下级机关的文件发送到其他下级单位，要求其学习、效仿、借鉴或执行。

转发，即将上级机关、平级机关或不相隶属机关发来的公文转发给下级机关，如《×××省人民政府转发国务院关于开展第三次全国经济普查的通知》。当某一机关认为上级的文件需要办理，或认为平级机关、不相隶属的机关单位的文件值得本单位参照、学习、借鉴时，便可将该文件转发有关下级单位。

"批转"有时也可转化为"转发",对下级机关要求批转的公文,若是重大事项、重要工作或影响全局的问题,一般用批转;若是一般性工作意见或事项,可在批准后以所属办公厅(室)的名义转发。

3. 事项性通知

事项性通知即要求下级机关办理与有关单位共同执行或周知的事项,用以部署工作、安排活动、解决具体问题,如《科技部高新司关于召开国家级示范生产力促进中心绩效评价整改评审会的通知》。

三、通知的结构与写法

通知由标题、主送机关、正文和落款组成,批转、转发性通知还需要在落款后附上批转、转发的文件的主体。

1. 标题

通知的标题由"发文机关+事由+文种"组成,如《国务院关于开展第三次全国经济普查的通知》。

批转、转发性通知的标题比较复杂,实际操作中,为了避免"关于"和"通知"重复,在文字处理上通常可以采用以下方式。

(1)转发的公文不是通知时,省略第一个"关于",如原题《国务院办公厅关于转发安全监管总局等部门〈关于依法做好金属非金属矿山整顿工作意见〉的通知》省略后成为《国务院办公厅转发安全监管总局等部门关于依法做好金属非金属矿山整顿工作意见的通知》。

(2)转发的公文是通知时,省略第一个"关于"和最后的"通知",如原题《广东省人民政府关于转发〈国务院关于开展第三次全国经济普查的通知〉的通知》省略后成为《广东省人民政府转发国务院关于开展第三次全国经济普查的通知》。

(3)多次转发的公文,省略发文事由中多余的文字。例如,××市人民政府关于转发《××省人民政府转发人事部关于××同志恢复名誉后享受××级待遇的通知》,标题可简化为《××市人民政府转发人事部关于××同志恢复名誉后享受××级待遇的通知》,标题中省略的××省人民政府转发的过程,在正文中交代清楚即可。

2. 主送机关

通知的主送机关必须是需要阅知和办理通知事项的单位,应当使用机关全称、规范化简称或者同类型机关统称。

3. 正文

通知的正文一般包括缘由、事项和结语三方面内容,不同种类的通知,正文的侧重点各有不同。

(1)发布性通知和批转、转发性通知的正文一般包括:①标明将发布、批转、转发的文件或法规、规章的名称,并表明发文的态度,说明该文件或法规、规章通过或施行的日期;②写明与被发文件或法规、规章相关的事项,如缘由或法规、规章如何处置,或本次所发文件的意义及注意事项;③提出执行希望和要求。其中,②③项内容可酌情省略。

(2)事项性通知的正文要写出通知的缘由、具体的事项、执行要求等。特殊情况下,可不写缘由。

事项性通知常以"特此通知"等语句作为结束语，但批转、转发以及指示性强的通知一般不用"特此通知"作为结束语。

4. 落款

通知落款处要签署发文机关的名称，并写明发布通知的年、月、日。若发文机关名称已在标题中出现，则可省略发文机关，只签署日期。

四、对被批转、转发文件的技术处理

批转、转发文件时，要将被批转、转发的文件"斩头去尾"，留下主体部分，以取消被批转、转发文件的独立性，将不能取消的信息补进相应位置，使其成为被批转、转发的对象，大致需要分以下四步进行。

（1）取消被批转、转发文件的版头，原文件版头中的发文字号在通知正文的"引用文件"部分体现，如"现将《国务院关于开展第三次全国经济普查的通知》（国发〔2012〕60号）转发给你们"；

（2）取消被批转、转发文件的主送机关；

（3）取消被批转、转发文件的印章、附注，保留原发文机关署名和成文日期；若原文件无发文机关署名，则需要补加；

（4）取消被批转、转发文件的版记。

五、通知的写作要求

（1）立意鲜明、语言简练。首先要明确写作目的，根据客观实际和开展工作的需要确定行文的范围与对象；写作时要开门见山，叙述事项要主次分明；通知的语言以叙事为主。

（2）行文要及时。通知往往要求下级机关和有关人员周知或执行某些事项，必须及时办理，所以要及时行文。

（3）被印发、批转、转发的文件要经过认真审核。

（4）联合行文，要先协商一致。

（5）必要时使用"紧急通知""补充通知"字样。

六、参考例文

【例文 8-1】

国务院办公厅关于印发中央预算单位
2013—2014 年政府集中采购目录及标准的通知

国办发〔2012〕56 号

国务院各部委、各直属机构：

《中央预算单位 2013—2014 年政府集中采购目录及标准》已经国务院同意，现印发给你们,请遵照执行。

国务院办公厅
2012 年 12 月 19 日

中央预算单位 2013—2014 年政府集中采购目录及标准(略)

【例文 8-2】

××省人民政府关于批转省发展改革委

××省 2012 年改革指导意见的通知

各地级以上市人民政府,各县(市、区)人民政府,省政府各部门、各直属机构:

省政府同意省发展改革委《××省 2012 年改革指导意见》,现转发给你们,请认真贯彻执行。

××省人民政府
20××年×月×日

××省 2012 年改革指导意见(略)

【例文 8-3】

广东省人民政府转发国务院

关于开展第三次全国经济普查的通知

粤府〔2012〕151 号

各地级以上市人民政府,各县(市、区)人民政府,省政府各部门、各直属机构:

现将《国务院关于开展第三次全国经济普查的通知》(国发〔2012〕60 号)转发给你们,并结合我省实际提出以下意见,请一并贯彻执行。

一、充分认识开展经济普查的重要意义

经济普查是一项周期性的重大国情国力、省情省力调查。通过经济普查,摸清全省第二产业和第三产业的发展规模、结构和效益,准确反映我省经济发展状况,对加强和改善宏观调控、加快经济结构战略性调整、科学制定中长期发展规划,推动我省加快转型升级、建设幸福广东具有重要意义。各地、各有关部门要进一步提高认识,把第三次经济普查工作列入重要议事日程,采取切实有效措施,按时完成各项普查任务。

二、加强对经济普查工作的组织领导

此次经济普查调查范围广,任务重,参与部门多,技术要求高,工作难度大。为加强对普查工作的组织领导,省成立第三次全国经济普查领导小组,统一组织和协调全省经济普查工作。领导小组由分管副省长任组长,省委宣传部、省编办、省统计局、发展改革委、监察厅、民政厅、财政厅、地税局、工商局、质监局、省国税局和国家统计局广东调查总队等单位负责同志为成员。领导小组办公室设在省统计局,负责普查的具体组织实施和协调工作。各地级以上市、县(市、区)政府要建立相应的普查工作协调机制,抓紧组织实施本地区经济普查工作。省各有关部门要进一步明确职责分工,各负其责、通力协作、密切配合,共同做好普查工作。

三、依法组织实施经济普查

各地、各有关部门以及所有普查对象必须严格按照《中华人民共和国统计法》《全国经济普查条例》的规定以及国家和省的统一要求,依法组织实施经济普查,建立普查工作责任制,制订数据质量控制办法,确保普查结果真实、可靠。各级普查机构要在当地政府的领导下,严格按照国务院的统一部署,结合本地实际,制订切实可行的普查方案,高质量地完成普查各环节的工作。各地政府要按照国发〔2012〕60号文规定,按照财政分级负担的原则,根据本地区普查的需要,将普查工作经费列入相应年度的财政预算,按时拨付,确保到位,保证普查工作顺利实施。省财政对东西北地区给予适当补助。

广东省人民政府
2012年12月26日

国务院关于开展第三次全国经济普查的通知(略)

【例文 8-4】

**科技部高新司关于召开国家级示范生产力
促进中心绩效评价整改评审会的通知**

国科高函〔2012〕235号

天津、河北、山西、内蒙古、辽宁、黑龙江、江苏、浙江、安徽、湖北、广西、重庆、贵州、陕西、新疆科技厅(委),有关国家级示范生产力促进中心:

为加强国家级示范生产力促进中心的管理,对2011年度绩效评价为E类的中心,召开整改情况评审会。现将有关事项通知如下。

一、整改要求

1. 根据《国家级示范生产力促进中心认定和管理办法》(国科发高〔2011〕173号)第十条第三款,对限期整改、但未能通过整改评审的中心,将取消其国家级示范生产力促进中心资格。

2. 按照《科技部办公厅关于公布国家级示范生产力促进中心2011年度绩效评价结果的通知》(国科办高〔2012〕45号)的要求,评价结果为E的示范中心,须制定整改方案,认真整改,并将整改情况报省级科技部门审查通过后,于9月30日前报送我司和火炬中心。

3. 请有关省、自治区、直辖市科技部门,通知相关中心,按时参加评审会。未参加评审会或未通过评审的中心,将被取消国家级示范生产力促进中心资格。

二、评审会要求

1. 已报送整改方案的示范中心

共 17 家。请围绕整改工作进展、自身发展、典型业务、下一步工作打算等内容准备汇报材料。

2. 未报送整改方案的示范中心

共 4 家。请说明未报送整改方案的具体原因,并围绕整改工作进展和下一步工作打算准备汇报材料。

三、其他事项

1. 会议时间：2012 年 11 月 9 日，8 日报到。

2. 会议地点：五洲大酒店（重庆市渝北区红锦大道 63 号，嘉州花园附近，电话：×××-××××××××）

3. 汇报要求

每个单位汇报时间为 10 分钟（请采用 PowerPoint 格式），答辩时间 5~10 分钟。各汇报单位必须严格控制时间。

4. 各中心报到时，须提交以下材料：

（1）书面材料。一式 7 份，5 000 字左右（不得过度装订）。

（2）答辩材料。采用 PowerPoint 格式，提交电子版。

5. 各中心须于 11 月 3 日前，将参会人员反馈我司。

四、联系人和联系方式

1. 高新司：×××、×××，电话：×××-××××××××。

2. 火炬中心：×××，电话：×××-××××××××。

特此通知。

附件：参加答辩生产力促进中心名单

科技部高新技术发展及产业化司
2012 年 10 月 22 日

第二节 演讲稿

一、致辞类

根据时间长短、篇幅大小，致辞可以分为小致辞（5 分钟，一页半纸，约 1 000 字）、中致辞（10 分钟，三页纸，约 2 000 字）、大致辞（15 分钟，四页半纸，约 3 000 字）。

（一）小致辞

（1）标题，标题下面顶格写称呼，如"尊敬的×××"（一般是职务与致辞者同级及以上的人员，采用"姓名+职务"的格式），紧接着是"尊敬的各位领导、同志们"或者"尊敬的各位领导、各位来宾""女士们、先生们、朋友们"。

（2）正文，一般采用三段论的形式，层次为"1+3+5"模式。

第一段，"今天，我们很高兴在这里召开（举办）××会议（活动）"或者"我们很高兴迎来××活动的隆重开幕，这是××的一项重要举措"，接着用三句话先后表示祝贺、欢迎、感谢。

【例文 8-5】

今天，我们非常高兴相聚在美丽的羊城，共同迎来2017年（第十九届）中国风险投资论坛的隆重开幕。这是中国风险投资论坛连续第19年在广东举行，充分体现了民建中央、科技部对广东的信任与支持。在此，我谨代表广东省省委、省政府，对论坛开幕表示热烈祝贺！对各位领导和嘉宾朋友的到来表示诚挚欢迎！对长期以来关心和支持广东经济社会发展的海内外各界人士表示衷心感谢！

第二段，围绕主题讲过去，一般有两种写法。

第一种写法：第一层次介绍主题（以概念性的内容点题），第二层次讲述过去几年围绕主题采取了哪些措施，第三层次说明取得了哪些成效。

【例文 8-6】

金融是现代经济的核心。近年来，我省高度重视金融业创新发展，紧紧围绕建设金融强省的目标，不断深化改革，着力增强市场活力，大力提升金融服务实体经济的能力，努力构建具有较强竞争力的现代金融体系，全省金融业发展取得了显著成效。2016年，全省金融业增加值达6502亿元，占GDP的8.2%，金融机构总资产达24.3万亿元，约占全国的1/10；金融机构本外币存、贷款余额分别达18万亿元、11万亿元，位居全国第一；境内上市公司474家，新三板挂牌企业1618家，保费收入3830亿元，跨境人民币结算业务量2.7万亿元，均居全国首位。特别是率先在全国设立了首家民营银行（微众银行），成为国内首家获得AA+评级的民营银行，为小微企业和大众提供了更加丰富、便捷的金融服务，为促进我省经济社会平稳健康发展做出了积极贡献！

第二种写法：第一层次介绍整体发展情况，第二层次介绍近年来在相应领域做了哪些工作，第三层次介绍取得了哪些成效。

【例文 8-7】

改革开放以来，广东一直是我国最具经济活力和投资吸引力的地区之一。2016年，全省生产总值达7.95万亿元，约占全国总量的1/9，连续28年位居全国首位；外贸进出口总额达6.3万亿元，约占全国的1/4；R&D投入占GDP的2.52%；国家级高新技术企业达19857家，跃居全国首位。与此同时，我省围绕建设国家科技产业创新中心，充分发挥广州、深圳区域金融中心的辐射带动作用，大力发展风险投资和私募股权投资，积极推动企业改制上市，创新发展区域股权交易市场，多层次资本市场在实施创新驱动发展战略中的重要作用更加凸显。2016年，全省金融业增加值占GDP比重达8.2%，金融机构本外币存、贷款余额分别达18万亿元、11万亿元；境内上市公司474家，新三板挂牌企业1618家，保费收入3 830亿元,跨境人民币结算业务量2.7万亿元,均居全国首位;创业投资和私募股权投资募集资金规模超过1万亿元,科技进步对经济增长的贡献率超过57%。

第三段,围绕主题讲未来。其中,第一层次介绍当前整体发展所处的阶段或者面临的新形势;第二层次介绍当前主题或者工作在整体发展中所处的地位或具有的重要性;第三层次阐明这次会议或者活动的特点和意义;第四层次对与会的专家学者或嘉宾朋友们提出希望;第五层次代表所在单位或者部门表态。其中,第四层次和第五层次的位置可以根据不同情况调换,对下致辞时第四层次在前,第五层次在后;对上致辞时第五层次在前,第四层次在后。

【例文 8-8】

当前,广东上下正紧紧围绕贯彻落实习近平总书记"四个坚持、三个支撑、两个走在前列"的重要批示和省第十二次党代会精神,深入实施创新驱动发展战略,加快推动产业转型升级。风险投资作为科技创新的助推器,在促进新产品研发、科技成果转化和高科技产业化等方面的作用至关重要、不可替代。本届论坛汇聚了中外高层政府官员和金融、企业、学术等领域的精英翘楚,围绕"双创新经济、资本新时代"主题进行深入研讨,对于进一步提升广深金融中心辐射带动能力、推动金融人才与资源集聚交流、促进经济社会平稳健康发展具有十分重要的意义。广东将以承办此次论坛为契机,充分学习借鉴国内外风险投资方面的成功经验,进一步完善综合性的创业投资发展扶持政策,促进风险投资和私募股权投资机构集聚发展,深度打通资本与科技创新、产业升级间的通道,努力打造国际风投创投中心,加快建设金融强省和国家科技产业创新中心。诚挚希望各位嘉宾朋友以这次论坛为重要机遇和平台,深入交流经验,推动合作发展,共同为构建良好创新生态、促进科技金融紧密结合做出新的贡献!

【例文 8-9】

当前,我省正处于全面贯彻落实习近平总书记"四个坚持、三个支撑、两个走在前列"的重要批示和省第十二次党代会精神的重要时期。加强金融文化建设对于助推实体经济健康发展、加快金融强省建设具有十分重要的意义。本届金融图书"金羊奖"评选遵循学术影响力、专业权威性、公众认知度等综合指标,由评审委员会通过严格、严密的标准和程序,按照公平、公正、公开的原则,最终评选出获奖图书10种,全面展示了过去一年我国金融文化发展的现状。希望各位专家评委、获奖作者代表及业界代表围绕获奖图书主题、热点金融话题,把脉金融新态势,探讨发展新举措,在交流与碰撞中产生智慧的火花,积极为广东乃至全国金融发展建言献策,为经济新常态下的金融业发展营造良好的文化氛围。广东将一如既往地大力支持广州金交会、金融图书"金羊奖"评选活动及读享会的开展,不断推动金融文化发展,厚植金融文化基础,为加快金融强省建设和促进全国金融文化发展做出新的贡献!

(3)结尾段,先祝会议或者活动圆满成功,再祝与会人员身体健康、工作顺利等,最后谢谢大家。

【例文 8-10】

最后，祝 2017（第十九届）中国风险投资论坛圆满成功！祝各位领导和嘉宾朋友身体健康、工作顺利、万事如意！谢谢大家。

【例文 8-11】

最后，祝第五届金融图书"金羊奖"读享会圆满成功！祝各位嘉宾朋友工作顺利、身体健康、万事如意！谢谢大家。

【例文 8-12】

最后，祝梅州客商银行事业蒸蒸日上！祝各位来宾朋友身体健康、工作顺利、万事如意！谢谢大家。

【阅读资料 8-1】

某高速公路开工仪式致辞

（二）中致辞

中致辞一般是在小致辞的基础上，对正文第三段进行扩充。如果是对下致辞，一般扩充第四层次，将希望分点来写；如果是对上致辞，一般是扩充第五层次，将表态分点来写。当然，有时候根据需要也可以将第三层次和第四层次都进行扩充，不过这个时候要注意控制篇幅。

【例文 8-13】

今天，我们非常高兴在美丽的清远迎来"全国广电公益广告发展论坛暨中国·广东广电公益广告大会"的隆重召开，这是我国公益广告领域的一件大事。国家新闻出版广电总局田进副局长在百忙之中莅临大会，充分体现了国家新闻出版广电总局和田进副局长对我省广电公益广告事业发展的重视和支持。在此，我谨代表广东省人民政府，对大会的召开表示热烈祝贺！对各位领导、各位嘉宾和同志们的到来表示诚挚欢迎！对大家长期以来对广东改革发展特别是广电公益广告事业发展的关心、支持和帮助表示衷心感谢！

公益广告是国家文化建设的重要内容，也是中华文化传承的重要载体。近年来，在国家新闻出版广电总局的大力指导和支持下，我省高度重视广电公益广告在促进社会文明进步中的作用，专门设立广电公益广告专项扶持项目并出台了相关管理办法，认真完成国家部署的"中国梦""践行社会主义核心价值观""抗战胜利 70 周年"等重大主题公益广告宣传任务，大力开展国防教育、禁毒、税收、预防艾滋病等专题公益广告宣传活动，内容涵盖道德、文明、法治等各方面，推动我省广电公益广告事业呈现繁荣发展、欣欣向荣的景象。全省广电媒体年均创作公益广告总数达 1 万条，年均播出公益广告总时长达 150 万分钟，公益广告平均播放时长达到商业广告的 12%，远远超过 3% 的国家标准。同时，全省广电公益广告制作水平不断提升，近 3 年获得国家资金扶持的项目累计达到 33 个，特别是今年，成绩尤为突出，获得国家扶持项目 19 个，包括税收专项类扶持作品 9 个。其中，广东广播电视台作品"纳税，为祖国加油"被评为全国唯一的税收广播一类作品；一些广播电视播出机构逐渐形成了各具特色的公益广告创作风格，成为我省广电公益广告领域的名片，为我省推进文化强省建设、促进经济社会平稳健康发展做出了重要贡献。

当前，我省正处于率先全面建成小康社会的决胜阶段。随着今年国家、省先后颁布实施《公益广告促进和管理暂行办法》，我省公益广告发展进入法治化、规范化、专业化阶段，在传播社会主义核心价值观、倡导良好道德风尚、促进公民文明素质和社会文明程度提高、维护国家和社会公共利益等方面的重要作用更加凸显。这次"全国广电公益广告论坛暨中国·广东公益广告大会"在我省清远市召开，并将永久落户清远市，同时在清远市建立全国广电公益广告研创基地，必将为我国广电行业打造专业、权威、有规模、有影响的优秀公益广告交流、展示、创作平台，为国家广电公益广告事业发展集聚资源和人才，探索产业发展经验。我省将以此为新起点，全面贯彻落实党中央、国务院和国家新闻出版广电总局的各项决策部署，认真学习各兄弟省区市的好经验、好做法，按照本次大会提出的"创新公益广告，滋润社会文明"理念，以传播社会主义核心价值观为导向，以服务社会文明进步为目标，以调动社会共同参与为重点，以促进产业建设为抓手，全力推动我省广电公益广告事业发展再上新台阶，努力打造全国广电公益广告领域的品牌和标杆。

在具体工作中，本省将重点抓好以下五个方面的工作：一是扶持精品广告创作。提升广电公益广告扶持项目激励作用，将作品征集覆盖范围从以面向广电系统为主扩大到全社会，并建立更加丰富的专项类扶持项目，打造更多公益广告精品。注重发挥高校和网络的作用，开展常态化的公益广告创意征集评奖活动。合理运用企业冠名公益广告政策，吸引企业投资精品公益广告创作，提高全社会参与精品公益广告创作的积极性。二是加强公益广告资源统筹。抓好广电公益广告优秀作品库建设，统筹利用广电播出机构历年优质作品资源，采用颁发荣誉、冠名、政府采购等多种方式吸引优质作品入库，盘活公益广告存量资源，满足社会对精品广电公益广告播出资源的基本需求。三是加快推动广电公益广告产业化。探索建立广电公益广告行业组织，为企业、播出机构、创作机构搭建常态化的合作和交流平台。将广电公益广告制作与传播纳入向社会力量购买文化服务的指导性目录，鼓励、支持、引导社会力量参与广电公益广告产业。四是促进公益广告社会效益转化。加强对广电公益广告播出数据的监测，健全公益广告播出排名、通报、表彰制度。强化播出机构与政府职能部门、社会团体、公益组织的合作，把公益宣传和社会公共事业发展、公益动员紧密结合。五是加快广电公益广告媒体融合进度。加强传统广电媒体和网络媒体、新媒体在公益广告创作、播出方面的合作交流。注重利用新媒体传播资源，建设基于网络和新媒体的广电公益广告优秀作品库。衷心希望国家新闻出版广电总局和各兄弟省区市的各位领导、各位嘉宾和同志们一如既往地关心支持广东，对广东经济社会发展特别是广电公益广告工作多提宝贵意见建议，给予具体指导，传授创新经验。

最后，预祝"全国广电公益广告发展论坛暨中国·广东广电公益广告大会"取得圆满成功！祝各位领导、各位嘉宾和同志们工作顺利、生活愉快！

谢谢大家。

（三）大致辞

大致辞在中致辞的基础上对正文第二段进行扩充，一般是对第二层次（措施方面）或者第三层次（成效方面）进行扩充。如果想重点汇报所做工作，那么就将第二层次分点来写，每点写一两句话。如果想重点介绍取得的成效，那么就将第三层次分点来写，仍然是每点写一两句话。当然，有时候根据需要也可以将第二层次和第三层次都进行扩充，不过这个时候要控制文中每个分点的篇幅。

二、会议讲话类

根据时间长短、篇幅大小，讲话可以分为小讲话（15 分钟，四页半纸，约 3 000 字）、中讲话（30 分钟，九页纸，约 6 000 字）、大讲话（60 分钟以上，十八页纸以上，约 12 000 字）。

（一）小讲话

开头段一般有三个层次：第一层次介绍召开会议的主要目的；第二层次介绍会议的进展情况（结合会议议程来讲）；第三层次要求或希望大家认真贯彻落实会议精神。每个层次一句话。

【例文 8-14】

今天，省政府召开全省推进教育现代化动员会，主要任务是贯彻落实党的十八届六中全会和习近平总书记系列重要讲话精神，总结我省近年来教育创强争先工作，对当前和今后一个时期全省推进教育现代化进行动员部署。刚才，伟其同志代表省教育厅通报了全省教育创强争先工作情况，省财政厅和惠州、清远市政府的负责同志分别进行了发言，讲得都很好。希望各地、各部门积极行动起来，认清使命、明确目标、真抓实干、上下联动，加快推进教育现代化各项工作，在新的历史起点上努力开创我省教育改革发展的新局面。

第二段写之前的工作措施及成效，可参考致辞类演讲稿第二段的写法：第一层次介绍会议的主题（以概念性的内容点题）；第二层次介绍近年来采取了哪些措施；第三层次介绍取得了哪些成效。

【例文 8-15】

促进科技成果产业化是打通科技与经济结合通道、尽快形成新生产力的关键环节。近年来，我省坚持以深化省部院产学研合作为突破口，建立健全科技成果产业化合作机制，拓宽科技资源、重大项目和重大平台的信息共享渠道，推进以技术交易、知识产权、创业孵化、科研众包、科技金融等为主要内容的科技公共服务体系建设，加快推进科技成果产业化，取得了明显成效，产生了良好的经济社会效益。截至目前，省财政累计投入产学研合作资金 50 亿元，带动地市财政投入 200 多亿元、社会及企业投入超 1 000 多亿元。特别是连续 3 年每年举办一次科技成果与产业对接会，累计共有 2 400 多项具有产业化前景的技术成果、850 多家企业、150 多所省内外高校科研院所进行了深入对接展示。

【例文 8-16】

　　研究生教育作为国民教育的顶端，承担着高端人才供给和科学技术创新的双重使命，在广东加快建设高等教育强省和打造南方教育高地中发挥着重要支撑作用。一直以来，在国务院学位委员会的指导下，在省委、省政府的正确领导和各位委员及有关单位的共同努力下，省第五届学位委员会主动适应我省经济发展新常态，采取有力举措，深入推进教育体制综合改革，推动我省学位与研究生教育事业取得了显著成效。一是重点学科建设不断加强。二是学位点建设进一步拓展。三是研究生教育规模稳步扩大。四是研究生培养质量不断提升。总体看来，我省学位与研究生教育事业取得了长足进步，为我省经济社会平稳健康发展做出了重要贡献。这些成绩的取得，离不开在座各位委员和广大教职工的辛勤付出和艰苦努力，在此，我谨代表省政府，向大家表示衷心的感谢和诚挚的问候！

　　第三段，写当前工作中仍然存在的问题，一般不分项，逐个列举即可，每个问题用一句话描述，中间用分号隔开。

【例文 8-17】

　　同时，我们也要清醒地看到，我省学位与研究生教育工作还存在一些问题和不足，主要表现在：学位与研究生教育规模仍比较小，研究生教育治理体系还不完善，结构类型还不够合理，培养机制改革有待进一步完善，教育质量保障体系建设和监督力度有待加强，特别是研究生教育创新驱动发展能力与我省经济发展水平还不相匹配，高水平大学和高水平学科数量较少，不能较好地满足我省经济社会发展和产业结构转型升级的需要。这些问题，我们要在今后工作中采取有效措施，认真加以解决。

　　第四段，第一层次介绍当前所处的发展阶段及面临的新形势；第二层次阐述新形势下做好当前工作的重要性；第三层次阐明上级对当前工作的重视程度和新要求；第四层次介绍做好下一步工作的总体思路及发展目标。

【例文 8-18】

　　当前，我国经济发展进入新常态，经济下行压力增大，转方式、调结构任务艰巨，亟须更好地发挥科技成果转移转化对释放新需求、创造新供给、推动供给侧结构性改革的重要作用。开展经营性领域技术入股改革工作，对于激励科技人员创新创业积极性，支持科研人员合法享有成果转化收益，促进科技成果转化、造福社会与百姓具有十分重要的意义。中央高度重视科技成果转化工作，在前不久刚刚召开的全国科技创新大会上，习近平总书记强调……李克强总理多次在不同会议上强调……胡春华书记在今年全省创新驱动发展大会上指出……《实施方案》出台后，省委、省政府按照国务院出台的《实施〈促进科技成果转化法〉若干规定》，对方案的贯彻落实进行了专项督察，有效推进了体制机制创新，为更好地解决科技经济"两张皮"问题奠定了坚实基础。下一步，省直各有关单位、各高校和科研院所要切实增强做好经营性领域技术入股改革工作的责任感和紧迫感，紧扣创新发展要求和创新创业主题，进一步深入开展改革试点工作，加快完善成果转化的政策环境，建立起符合科技创新规律和市场经济规律的科技成果转移转化体系，通过改革促进科技成果资本化、产业化，为广东经济的持续稳定增长提供新动力。

第四段之后，将下一步的各项具体工作分项展开来写，每一项写一段，每一段中可分项也可不分项。其中，组织保障段可以作为具体工作的最后一项，也可以在具体工作之后，单列一段。

【例文 8-19】

（一）全面推进城市公立医院改革

……

（二）深化医改领域的"放管服"改革

……

（三）加快医联体建设

……

（四）深化医保管理制度改革

……

（五）优化药品供应保障制度

……

（六）创新人事薪酬制度

……

当前，推进全省公立医院改革等医改年度重点任务已经明确，关键是要抓好落实。一要加强组织领导。各地、各有关部门负责同志特别是主要负责同志要亲自上手、负责到底。对攻坚难度大、影响面广、老百姓密切关心的改革任务，要不折不扣地贯彻落实，切实把改革成果转换为人民群众的健康福祉和获得感。二要强化统筹协调。充分发挥省医改领导小组协调统筹作用，及时协调省发改、财政、卫计、人社等部门解决改革中的困难问题，大力支持各地探索创新。三要认真督查考核。把深化医药卫生体制改革纳入全面深化改革中同部署、同要求、同考核，确保必须完成的硬任务逐条逐项落到实处、取得实效。

结尾段说明做好××工作使命光荣、任务艰巨、责任重大，号召大家在上级的统一领导下做好工作。

【例文 8-20】

同志们，全面推动我省学位与研究生教育事业发展，责任重大，使命光荣，任务艰巨。让我们认真贯彻落实中央和省委、省政府的部署要求，坚持求真务实、开拓进取，狠抓落实，奋发有为，不断开创我省学位与研究生教育改革发展新局面，为我省率先全面建成小康社会、率先基本实现社会主义现代化做出新的贡献！

（二）中讲话

开头段参照小讲话的写法，最后加上"下面，我讲三点意见"。

以下为"三点意见"的具体内容。

第一点，充分认识工作面临的新形势、新任务，进一步增强工作责任感、紧迫感和使命感。分段介绍：第一段，在参考小讲话第二段写法的基础上，可分项（不分段）介绍取得的成效。第二段，在参考小讲话第三段写法的基础上，可分项（不分段）介绍存在的问题。第三段，参考小讲话第四段前三个层次的写法，其中，可适当展开写这项工作的重要意义或者上级对做好这项工作的新要求，同时增加第四个层次，即希望与会同志把思想和行动统一到上级和形势的要求上，切实增强工作责任感、紧迫感和使命感，以此作为这一点的结尾。

第二点，突出重点，攻坚克难，全面推动这项工作达到新水平。分段介绍：第一段写下一步工作的总体思路及发展目标。第二段开始分项介绍下一步的具体工作，每一项写一段，每一段中尽量再分小项，即"一要""二要""三要"（如果对上汇报则为"一是""二是""三是"），每个小项以短句形式作为概括性的小标题，这样看起来层次更清晰。

第三点，加强领导，狠抓落实，确保各项工作落到实处。分段介绍：第一段写抓落实的重要性和总要求；第二段开始写抓落实的具体要求，一般是加强组织领导、强化统筹协调、加大投入力度、狠抓督促检查、大力宣传引导等。每一项写一段，每一段内一般不再细分小项。

最后是结尾段。

【阅读资料8-2】

中讲话例文

（三）大讲话

大讲话常以四段论的形式拟写，就是将中讲话第一点的第三段展开写，可以将意义分项来写，也可以将面临的形势分项来写，还可以对下一步的总要求提几条原则性、方向性的要求，每项写一段。第一大部分仅写过去采取的措施、取得的成效和存在的问题三个层次。

三、机关工作报告类

1. 机关工作报告的种类

（1）工作情况报告。这是用于汇报工作进程、总结工作经验、反映工作问题、提出工作意见的报告，是应用范围最为广泛的一种报告。

（2）工作建议报告。这是对工作中的重大情况、特殊情况、新情况进行调查了解后，向上级做出的报告，不需要答复，主要是让上级了解、掌握情况，以便根据情况采取措施、指导工作。

（3）工作答复报告。这是答复上级机关的查询、提问或汇报执行上级机关某项指示、意见的结果的报告。正文包括答复依据、答复事项两部分，写法比较自由，有的先写依据后写答复，有的则穿插叙述。

2. 机关工作报告的结构

政府机关工作报告的结构安排主要有如下三种模式。

（1）工作逻辑式。工作逻辑式报告包括三个层次：第一层次，为什么开展这项工作，主要讲开展这项工作的基础，面临的问题，开展这项工作的重要性、紧迫性等。第二层次，如何开展这项工作，主要讲开展这项工作的总体思路、主要目标、工作措施等。第三层次，如何才能保证做好这项工作，主要讲开展这项工作的思想保障、组织保障、资金保障、机制保障、环境保障等。

（2）时间递进式。时间递进式报告包括三个层次：第一层次，过去怎么样，主要讲已经采取的工作措施、取得的成效、获得的经验体会。第二层次，现在怎么样，主要讲面临的形势、遇到的问题、有哪些有利条件、有哪些不利因素。第三层次，未来怎么样，主要讲将要实现的目标任务、遵循的工作思路和即将采取的政策措施。

（3）工作并列式。工作并列式报告包括六个层次，这六个层次其实是对上述两种模式的综合。

第一层次，措施成效。简要交代时间，背景，工作的过程、措施、结果和取得的成效、成绩：一是采取的工作措施主要有哪些；二是工作进展情况与特点、特色有哪些；三是工作成效、成果有哪些。

第二层次，经验体会。这是对工作实践的理性认识，要从实际工作中概括出规律性，以便指导今后的工作。需要注意的是，主要的做法和经验要比工作措施高一个层次，要有理论高度、理论概括，而不是对工作的机械罗列。

第三层次，问题原因。要对表面问题、深层问题及其背后原因进行分析，包括主观原因，如思想不统一；客观原因，如刮台风影响建设工期；政策原因，如国家政策调整造成工作的变化；工作原因，如在工作落实上存在不足。

第四层次，思路目标，即总的工作思路、主要工作目标、具体工作目标，如中长期工作一般呈现为一年开好局、两年基本完成、三年完善提高。

第五层次，工作建议。

第六层次，保障措施，即思想保障、组织保障、资金保障、机制保障、环境保障等。

不同类型的工作报告有不同的侧重点，如偏重总结性的报告可以只写情况、成绩和经验体会，不写问题和意见；偏重汇报性的报告着重写情况、成绩和问题，不写经验体会；偏重分析问题的报告写存在的问题，不能简要列出，更不能不做分析，必须逐一写出，深入剖析，要"见到骨头见到肉"。

四、调研报告类

调研报告具有鲜明的目的性，侧重分析情况、研究问题、解决问题。一般来说，开头要交代清楚调研的背景情况。

【例文 8-21】

　　实验室是科技创新体系的重要组成部分，是加强前沿研究、基础研究、应用基础研究、应用开发研究和战略性高技术研究的核心力量和骨干平台。今年3月以来，为落实朱小丹省长的部署要求，推进我省实验室向高水平、高层次跃升，有效提升全省原始创新能力、增强创新驱动发展后劲，省政府研究室会同省科技厅组成联合调研组，先后赴山东、安徽和省内广州、深圳、东莞等地，与当地科技部门及实验室负责同志进行座谈，组织我省高校科研院所实验室主任进行研讨，同时多方收集资料，系统研究了欧美地区和国内山东、上海等地先进实验室的经验做法。在此基础上，调研报告认真梳理分析了我省实验室建设的现状和存在问题，对照国内外实验室建设的经验做法，提出加快我省实验室体系建设的对策建议。

【例文 8-22】

　　我省少数民族地区是全省经济社会发展的重要组成部分，但长期以来由于历史和地理等多方面原因，这些地区的发展比较缓慢，主要经济指标在全省50个山区县和全国120个少数民族自治县中排名靠后。今年8月，胡春华书记批示指出要加强民族地区工作的政策支持。为探索我省加快少数民族地区发展的有效途径，近期，省政府研究室联合省民族宗教委成立专门调研组，先后赴连南、连山和乳源3个少数民族自治县实地考察，对目前发展中存在的困难和问题进行了分析，并对照研究了湖北、湖南、浙江等兄弟省对民族地区的扶持政策，提出下一步对策建议，形成此调研报告。

　　如果调研的目的是研究解决当前某个工作领域中存在的问题，则调研报告的正文一般分为四部分：第一部分为相关工作的基本情况；第二部分为对相关工作目前存在的突出问题或者亟待解决问题的分析；第三部分为其他地方和部门工作的好经验、好做法；第四部分为若干对策建议。如果第一部分的内容不多，也可将第一、二部分合并，重点放在分析问题。

　　如果调研的目的是学习他人的好经验、好做法，正文一般分为三部分：第一部分介绍对方的基本情况，特别是好经验、好做法。第二部分进行本地本单位相关工作情况的分析。第三部分为若干对策建议。

【例文 8-23】

　　小城镇建设一直是浙江省区域和城乡发展的一大特色和优势。近年来，浙江省开展以经济发达镇为依托，培育发展小城市试点取得了明显成效，引起了从中央到地方、从各级党委政府到学界的关注和热烈讨论。在当前全国上下推进新型城镇化的大背景下，为更好地学习借鉴浙江省培育发展小城市的经验做法，进一步提高我省小城镇改革发展水平，6月以来省政府研究室成立专门调研组赴浙江省调研，并到我省东莞、佛山、顺德等地考察，形成此调研报告。现将有关情况报告如下。

　　一、浙江省培育发展小城市的基本情况
　　……浙江省的经验做法主要有五个方面……
　　二、广东省培育发展小城市的形势分析

广东与浙江都是全国最早以村镇为载体进行经济改革探索的省份，广东的顺德模式和浙江的温州模式在改革开放初期就已成为我国城市化和工业化的典范……

但是，与浙江省培育小城市相比，我省在这方面工作仍然存在不少差距。主要体现在四个方面……

三、若干政策建议

加大改革创新力度，建设一批功能完备、产业发达、环境优美、生态宜居、个性独特的小城市，构筑集聚能力强、带动效应好、体制机制活、管理水平高的城镇化发展新平台，是探索具有广东特色的新型城镇化发展新路子的重要途径。为此，建议：

（一）建立组织领导机制，将小城市培育工作摆上战略议程

……

（二）加强分类指导，找准特大镇转型成为小城市的发展路

……

（三）科学选择培育试点，以点带面推开全省小城市培育工作

……

（四）深化简政强镇事权改革，探索高效能、低成本的小城市行政管理模式

……

（五）加大财政金融支持力度，拓宽小城市建设资金来源渠道

……

（六）完善配套政策机制，为我省小城市持续健康发展提供长远保障

……

 考研真题

本章参考文献

[1] 丁晓萍，汪雨申，黄庆桥. 平易近人：习近平的语言力量[M]. 上海：上海交通大学出版社，2014.

[2] 胡伟. 大学写作教程[M]. 北京：清华大学出版社，2018.

[3] 胡伟，唐燕儿，温子勤. 应用文写作[M]. 北京：北京大学出版社，2015.

[4] 李琪. 基于评价视角的习近平演讲稿评价表达研究[D]. 广州：暨南大学，2017.

[5] 李雯雯，杨惠媛. 习近平就职讲话的人际意义分析：批评话语分析视角[J]. 剑南文学（经典教范），2013（9）：142，144.

[6] 林春香. 习近平主席跨文化语境讲话的互文性分析[J]. 湖南人文科技学院学报，2016（5）：43-46.

[7] 刘进. 论习近平讲话的话语力[J]. 武汉理工大学学报（社会科学版），2013（4）：569-573.
[8] 潘雅雯. 基于语料库的习近平演讲稿的隐喻研究[D]. 广州：暨南大学，2016.
[9] 沙水清. 习近平讲话格言运用的特色[J]. 新湘评论，2014（4）：34-35.
[10] 申孟哲，陈振凯. 总书记的清新文风[J]. 人民文摘，2014（3）.
[11] 王嘉. 习近平演讲稿篇章结构与篇章语言研究[D]. 广州：暨南大学，2018.
[12] 文秀. 习近平讲话的语言风格及特点[N]. 学习时报，2013-12-09.
[13] 文秀. 习近平话语风格的实践意义：纠正干部讲话"假大空长"陋习[N]. 学习时报，2014-01-20.
[14] 习近平. 之江新语[M]. 杭州：浙江人民出版社，2007.
[15] 严华. 高级秘书与行政助理（第四辑）[M]. 广州：暨南大学出版社，2013.
[16] 严华. 高级秘书与行政助理（第五辑）[M]. 广州：暨南大学出版社，2014.
[17] 中共中央宣传部. 习近平总书记系列讲话重要讲话读本[M]. 北京：学习出版社，2014.
[18] 张国浩. 领导讲话稿写作中的常见问题及应对策略[J]. 应用写作，2014（3）：22-25.
[19] 赵伟. 习近平总书记讲话的语言风格及其启示[J]. 中国特色社会主义研究，2014（3）：28-32.
[20] 庄园. 温家宝总理答记者问元话语研究[D]. 合肥：安徽师范大学，2014.

第九章 文档管理

第一节 概述

一、文档管理的概念

文档管理是秘书和秘书机构的一项基本工作，具体包括文书工作和档案管理两方面的内容。围绕文书的拟制、传递、使用和整理等所进行的一系列衔接有序的工作构成了文书工作，重要文书的整理、保存和利用则形成了档案管理。

二、文书的概念、分类与处理

（一）文书的概念

"文书"一词载于文献，始于汉代，司马迁在《史记》中多次用到"文书"一词，如《史记·李斯列传》中记载："明法度，定律令，皆以始皇起。同文书。治离宫别馆，周徧天下。"最初，"文书"泛指文献典籍，即一切有历史价值的文字材料。唐宋以后，"文书"的含义相对狭窄了些，主要指应用性文字材料，如唐代诗人白居易所作《卖炭翁》中的"手把文书口称敕"。由宋代王昭禹在其著作《周礼详解》中对《周礼·天官》中"小宰之职……以官府要之八成，经邦治"的一段注释可见，文书在宋代不仅指应用性文字材料，而且有了公用和私用的区别："要之八成皆文书也。比居、简稽、版图、礼命、要会，文书之用于公者也；传别、书契、质剂，文书之用于民者也。"

我们现在所研究的文书虽然仍然是指文字材料，但与古代意义上的文字材料已有所不同。文书的现代含义有广义与狭义之分，广义的文书指行为主体在社会活动中为了传递信息、记载活动和表达意图而形成并使用的具有应用性和特定格式的文字材料，存在于机关、团体、企事业单位以及个人的社会活动中；狭义的文书特指党政机关内的文字材料，与公文、文件有相似之处。

文书、公文与文件三者之间的差别不在其内涵，而在其外延。根据习惯的称呼，在不同的地方，或用文书，或用公文，或用文件。我们习惯说"文书工作"而不说"公文工作"或"文件工作"，习惯说"文书处理程序"而不说"文件处理程序"，习惯说"中央文件"而不说"中央文书""中央公文"。习惯用语是约定俗成的，在本书中，笔者也尊重习惯用语，在不同的地方分别使用了"公文""文书""文件"。

（二）文书的种类

随着社会的发展，秘书工作内容不断扩充，工作方式也日益多样化，应秘书工作的需要,文书的种类也日新月异。有学者统计,现今有名目的文书已达二百多种。文书依据行文关系、文书来源和使用范围三个角度可划分为不同种类。

1. 按行文关系划分

行文是指一个单位给另一个单位发行公文。行文关系是指发文单位与受文单位之间的关系。文书按行文关系来划分,通常分为上行文、下行文和平行文。

2. 按文书来源划分

文书按来源可分为收来文书、对外文书和内部文书三种。

3. 按使用范围划分

文书按使用范围可分为通用公文、专业公文和机关常用公文三种。

(三)公文的行文规则

行文规则是指公文在运行传递中应遵守的各项规定。为了准确运用行文规则,确保公文的正常运行,秘书人员首先应了解并正确地把握公文的行文关系和行文方向。

1. 公文的行文关系

行文关系是行文时发文单位与受文单位的关系,是机关单位之间的组织关系在公文运行中的体现。我国党政机关、企事业单位、社会组织之间及其内部各部门之间的组织关系和行文关系主要包括以下三种。

(1)上下级关系,包括领导和被领导关系、指导与被指导关系、监督与被监督关系,等等。领导和被领导关系指同一垂直组织系统中存在直接职能往来的上下级机关之间的关系,如党中央对省委、国务院对省政府等都是这种有隶属关系的领导关系,省委宣传部对市委宣传部、省经贸委对市经贸委则是指导关系。监督关系如纪检对同级、下级机关的纪律监督、政协对党政部门和社会组织的民主监督等。上级可向下级行文指挥、布置工作,了解情况,处理问题,回答请示、询问;下级则应按照上级文件精神开展工作,向上级行文报告情况,请求帮助。

(2)平级关系,即相同级别的机关或者部门、单位之间的关系,如省政府与省政府之间、县政府与县政府之间、省政府下属的各个厅之间、厅所属的各个处之间都是平级关系,其代表性文种是平行文——"函"。

(3)不相隶属关系,指不是同一垂直组织系统、不发生直接职能往来的机关之间的关系,如××省财政厅和××市市政府,××市财政局和××市××大学。这些机关之间若有公务需要联系,用函行文即可。

2. 公文的行文方向

行文方向是指公文以发文机关为立足点向不同机关运行的方向。根据行文关系,可将公文的行文方向划分为上行文、下行文和平行文三种。

3. 公文的行文规则

作为公文运行中应遵循的规矩、法则,《党政机关公文处理工作条例》(以下简称《条例》)第四章对公文的行文规则进行了详细的规定。

(1)行文应当确有必要,讲求实效,注重针对性和可操作性。

（2）行文关系根据隶属关系和职权范围确定。一般不得越级行文，特殊情况需要越级行文的，应当同时抄送被越过的机关。

（3）同级党政机关、党政机关与其他同级机关必要时可以联合行文。属于党委、政府各自职权范围内的工作，不得联合行文。党委、政府的部门依据职权可以相互行文。部门内设机构除办公厅（室）外不得对外正式行文。

（4）向上级机关行文，应当遵循以下规则。

①原则上主送一个上级机关，根据需要同时抄送相关上级机关和同级机关，不抄送下级机关。

②党委、政府的部门向上级主管部门请示、报告重大事项，应当经本级党委、政府同意或者授权；属于部门职权范围内的事项应当直接报送上级主管部门。

③下级机关的请示事项，如需以本机关名义向上级机关请示，应当提出倾向性意见后上报，不得原文转报上级机关。

④请示应当一文一事，不得在报告等非请示性公文中夹带请示事项。

⑤除上级机关负责人直接交办事项外，不得以本机关名义向上级机关负责人报送公文，不得以本机关负责人名义向上级机关报送公文。

⑥受双重领导的机关向一个上级机关行文，必要时抄送另一个上级机关。

（5）向下级机关行文，应当遵循以下规则。

①主送受理机关，根据需要抄送相关机关。重要行文应当同时抄送发文机关的直接上级机关。

②党委、政府的办公厅（室）根据本级党委、政府授权，可以向下级党委、政府行文，其他部门和单位不得向下级党委、政府发布指令性公文或者在公文中向下级党委、政府提出指令性要求。需经政府审批的具体事项，经政府同意后可以由政府职能部门行文，文中须注明已经政府同意。

③党委、政府的部门在各自职权范围内可以向下级党委、政府的相关部门行文。

④涉及多个部门职权范围内的事务，部门之间未协商一致的，不得向下行文；擅自行文的，上级机关应当责令其纠正或者撤销。

⑤上级机关向受双重领导的下级机关行文，必要时抄送该下级机关的另一个上级机关。

（四）公文处理的流程

公文处理是指党政机关公文拟制、办理、管理等一系列相互关联、衔接有序的工作。

《条例》第五条规定："公文处理工作应当坚持实事求是、规范准确、精简高效、安全保密的原则。"

根据《条例》规定，公文处理工作包括公文拟制、公文办理和公文管理三方面内容。公文拟制包括公文的起草、审核和签发等环节，公文办理包括发文办理、收文办理和整理归档三项内容，公文管理指秘书围绕公文相关要素和有效使用所开展的一系列工作。

各级党政机关应当高度重视公文处理工作，加强组织领导，强化队伍建设，设立文秘部门或者由专人负责公文处理工作。各级党政机关办公厅（室）主管本机关的公文处理工作，并对下级机关的公文处理工作进行业务指导和督促检查。

三、党政机关公文

（一）党政机关公文的概念

《条例》规定："党政机关公文是党政机关实施领导、履行职能、处理公务的具有特定效力和规范体式的文书，是传达贯彻党和国家的方针政策，公布法规和规章，指导、布置和商洽工作，请示和答复问题，报告、通报和交流情况等的重要工具。"

（二）党政机关公文的分类

根据不同的标准、不同的角度，党政机关公文可以有不同的分类方法。以下为较常见的分类方法。

（1）按紧急程度划分。公文可分为平件和急件，急件又可分为"特急"和"加急"两类。

（2）按秘密程度划分。公文可分为一般公文和涉密公文，涉密公文又可分为"绝密""机密"和"秘密"三类。

（3）按行文方向划分。公文可分为下行文、上行文和平行文。下行文是指具有隶属关系的上级机关发给下级机关的公文；上行文是指具有隶属关系的下级机关发给上级机关的公文；平行文是指同系统内的平级机关或不相隶属的机关之间来往的公文。

（4）按公文的性质和用途划分。根据《条例》规定，公文可划分为如下 15 种。

①决议。适用于会议讨论通过的重大决策事项。

②决定。适用于对重要事项做出决策和部署、奖惩有关单位和人员、变更或者撤销下级机关不适当的决定事项。

③命令（令）。适用于公布行政法规和规章、宣布施行重大强制性措施、批准授予和晋升衔级、嘉奖有关单位和人员。

④公报。适用于公布重要决定或者重大事项。

⑤公告。适用于向国内外宣布重要事项或者法定事项。

⑥通告。适用于在一定范围内公布应当遵守或者周知的事项。

⑦意见。适用于对重要问题提出见解和处理办法。

⑧通知。适用于发布、传达要求下级机关执行和有关单位周知或者执行的事项，批转、转发公文。

⑨通报。适用于表彰先进、批评错误、传达重要精神和告知重要情况。

⑩报告。适用于向上级机关汇报工作、反映情况，回复上级机关的询问。

⑪请示。适用于向上级机关请求指示、批准。

⑫批复。适用于答复下级机关请示事项。

⑬议案。适用于各级人民政府按照法律程序向同级人民代表大会或者人民代表大会常务委员会提请审议事项。

⑭函。适用于不相隶属机关之间商洽工作、询问和答复问题、请求批准和答复审批事项。

⑮纪要。适用于记载会议主要情况和议定事项。

（三）党政机关公文的特点

公文是党政机关实施领导、履行职能、处理公务的重要工具，作为一种特殊的实用文体，它有着自己鲜明的特点。

1. 政治性

公文是传达贯彻党和国家的方针政策，公布法规和规章，指导、布置和商洽工作，请示和答复问题，报告、通报和交流情况等的重要工具。公文的内容与国家的政治、政策密切相关，一切公务活动必须贯彻、执行党和国家制定的路线、方针、政策，因此，公文必然带有鲜明的政治性、政策性。公文的格式、种类、行文规则、办理等都具备绝对的合法性和一定的政治性。

2. 权威性

党政机关公文代表党政机关立言，公文发布的主体也是党政机关，公文的内容是各机关组织、开展工作的依据。正式发布的公文对其适用范围内的机关、团体和个人起规范约束作用，具有法定的权威性和特定的效力。

3. 实用性

公文是以完成特定的公务活动为目的，为承担某种具体而明确的公务职能而写作的。由于公文是在公务活动中形成和使用的，所以它总是针对或为解决某些具体问题而产生，因此具有很强的实用性。

4. 规范性

公文的规范性主要体现在两个方面：一是体式规范，二是程序规范。

（1）体式规范。公文的体式指的是公文的文体、结构、格式和语言。公文作为一种特殊的应用文文体，具有特定的结构、格式和语言要求。公文格式遵照国家有关部门专门制定的规范化标准——《党政机关公文格式》（GB/T 9704—2012）（以下简称《格式》），《格式》对公文用纸、版面要求、印制装订要求、公文格式各要素编排规则、公文中横排表格、计量单位、标点符号和数字的用法等做出了详细、明确的规定。该标准适应了现代办公自动化的要求，既突出了公文庄重、醒目、实用、美观的文面形态，又利于电子公文的处理。

（2）程序规范。公文处理工作是指公文拟制、办理、管理等一系列相互关联、衔接有序的工作，而公文的拟制、办理和管理都必须经过规定的处理程序。公文处理程序包括机关公文的传递、签收、登记、分办、拟办、承办、催办、办结、立卷、归档和销毁等。只有经过领导人签发的文稿才能印刷、用印和传递；联合发文由所有联署机关的负责人会签。

公文办理工作包括收文办理、发文办理和整理归档。收文办理的主要程序包括签收、登记、初审、承办、传阅、催办、答复。发文办理的主要程序包括复核、登记、印制、核发。公文管理包括密级的确定、变更或解除，公文印发传达范围的确定和变更，公文的撤销和废止，涉密公文的清退或销毁等内容。其中，每一项内容都有对应的具体的办理程序，任何人不得违反公文办理程序擅自处理，只有这样，才能维护公文的严肃性与权威性，才能实现公文处理工作的规范化、科学化、制度化，提高办公效率。

5. 时效性

公文是为解决现实工作中存在的实际问题而形成和使用的，为推动现实工作服务。一项工作一旦完成，公文的使命亦随之结束。失去时效后，公文依法具有查考的价值。

（四）党政机关公文的格式

公文的格式是公文的外部组织形式，体现了公文的权威性，是公文的重要组成部分，包括用纸格式、排版格式、印制装订格式和文面格式等内容。对于以上内容，《格式》做了细致而明确的规定。

1. 公文用纸

公文用纸一般使用纸张定量为 60～80 g/m² 的胶版印刷纸或复印纸。纸张白度 80%～90%，横向耐折度≥15 次，不透明度≥85%，pH 值为 7.5～9.5。

公文用纸采用 GB/T 148 中规定的 A4 型纸，其成品幅面尺寸为：210 mm×297 mm。

特殊形式的公文用纸幅面，可以参照《格式》标准并按照有关规定执行。

2. 公文的版面格式

（1）页边与版心尺寸。公文用纸天头（上白边）为 37 mm±1 mm，公文用纸订口（左白边）为 28 mm±1 mm，版心尺寸为 156 mm×225 mm。

（2）字体和字号。如无特殊说明，公文格式各要素一般用 3 号仿宋体字。特定情况可以适当调整。

（3）行数和字数：一般每面排 22 行，每行排 28 个字，并撑满版心。特定情况可以适当调整。

（4）文字的颜色。如无特殊说明，公文中文字的颜色均为黑色。

3. 印制装订要求

（1）制版要求：版面干净无底灰，字迹清楚无断划，尺寸标准，版心不斜，误差不超过 1 mm。

（2）印刷要求：双面印刷；页码套正，两面误差不超过 2 mm。黑色油墨应当达到色谱所标 BL100%，红色油墨应当达到色谱所标 Y80%、M80%。印品着墨实、均匀；字面不花、不白、无断划。

（3）装订要求。公文应当左侧装订，不掉页，两页页码之间误差不超过 4 mm，裁切后的成品尺寸允许误差±2 mm，四角成 90º，无毛茬或缺损。

骑马订或平订的公文应当：

①订位为两钉外订眼距版面上下边缘各 70 mm 处，允许误差±4 mm；

②无坏钉、漏钉、重钉，钉脚平伏牢固；

③骑马订钉锯均订在折缝线上，平订钉锯与书脊间的距离为 3～5 mm。

包本装订公文的封皮（封面、书脊、封底）与书芯应吻合、包紧、包平、不脱落。

4. 公文的文面格式

公文的文面格式是指公文的数据、项目在公文文面上所处的位置和书写的形式，这些构成要素及其编排规则不是随意而定的，而是由党和国家有关部门颁布的法规性公文所规定的，任何单位在拟制公文时都必须遵照执行。

《条例》规定，公文一般由份号、密级和保密期限、紧急程度、发文机关标志、发文字号、签发人、标题、主送机关、正文、附件说明、发文机关署名、成文日期和印章、附注、附件、抄送机关、印发机关和印发日期、页码等要素组成。《格式》将版心内的公文格式各要素划分为版头、主体、版记、页码四部分。

（1）版头。公文首页红色分隔线以上的部分称为版头。版头由份号、密级和保密期限、紧急程度、发文机关标志、发文字号、签发人、版头中的分隔线等要素构成。

①份号。份号即公文印制份数的顺序号，是指将同一文稿印制若干份时每份公文的顺序编号。编制份号的目的是准确掌握公文的印刷份数、分发范围和对象。当文件需要收回保管或销毁时，可以对照份号掌握其是否有遗漏或丢失。并不是所有公文都必须编制份号，《条例》规定涉密公文应当标注份号，如需标注份号，一般用6位阿拉伯数字（3号字体），顶格编排在版心左上角第一行。

②密级和保密期限。密级即公文的秘密等级，是由发文机关根据公文内容涉及国家安全和利益的程度来划定的。《条例》规定，涉密公文应当根据涉密程度分别标注"绝密""机密""秘密"和保密期限。保密期限根据实际情况确定，期满自动解密。《中华人民共和国保守国家秘密法》规定：国家秘密的保密期限，除另有规定外，绝密级不超过30年，机密级不超过20年，秘密级不超过10年。《条例》规定："如需标注密级和保密期限，一般用3号黑体字，顶格编排在版心左上角第二行；保密期限中的数字用阿拉伯数字标注。"

③紧急程度。紧急程度是指公文送达和办理的时限要求。根据紧急程度，紧急公文应当分别标注"特急""加急"，电报应当分别标注"特提""特急""加急""平急"。公文的紧急程度要根据情况标注，不可滥标急件或随意升格紧急程度。如需标注紧急程度，一般用3号黑体字，顶格编排在版心左上角；如需同时标注份号、密级和保密期限、紧急程度，按照份号、密级和保密期限、紧急程度的顺序自上而下分行排列。

④发文机关标志。发文机关标志由发文机关全称或者规范化简称加"文件"二字组成，也可以使用发文机关全称或者规范化简称。发文机关标志居中排布，上边缘至版心上边缘为35 mm，推荐使用小标宋体字，颜色为红色，以醒目、美观、庄重为原则。联合行文时，如需同时标注联署发文机关名称，一般应当将主办机关名称排列在前；如有"文件"二字，应当置于发文机关名称右侧，以联署发文机关名称为准上下居中排布。

⑤发文字号。发文字号是由发文机关编排的文件代号，其主要作用是便于统计和管理公文，便于查找和引用公文。发文字号由发文机关代字、年份、发文顺序号组成。联合行文时，使用主办机关的发文字号。编排在发文机关标志下空二行位置，居中排布。年份、发文顺序号用阿拉伯数字标注；年份应标全称，用六角括号"〔〕"括入；发文顺序号不加"第"字，不编虚位（即1不编为01），在阿拉伯数字后加"号"字。上行文的发文字号居左空一字编排，与最后一个签发人姓名处在同一行。

⑥签发人。上行文应当标注签发人姓名，公文应当经本机关负责人审批签发，重要公文和上行文由机关主要负责人签发。党委、政府的办公厅（室）根据党委、政府授权制发的公文，由（授权）机关主要负责人签发或者按照有关规定签发。签发人签发公文，应当签署意见、姓名和完整日期；圈阅或者签名的，视为同意。联合发文由所有联署机关的负责人会签。签发人的标识方法为：由"签发人"三字加全角冒号和签发人姓名组成，居右空一字，编排在发文机关标志下空二行位置。"签发人"三字用3号仿宋体字，签发人姓名

用 3 号楷体字。如有多个签发人，签发人姓名按照发文机关的排列顺序从左到右、自上而下依次均匀编排，一般每行排两个姓名，回行时与上一行第一个签发人姓名对齐。

⑦版头中的分隔线。发文字号之下 4 mm 处居中印一条与版心等宽的红色分隔线。

（2）主体。《格式》规定，公文首页红色分隔线（不含）以下、公文末页首条分隔线（不含）以上的部分称为主体。公文主体部分包括标题，主送机关，正文，附件说明，发文机关署名，成文日期，印章，附注，附件等要素。

①标题。标题由发文机关名称、事由和文种组成。例如，《国务院关于促进稀土行业持续健康发展的若干意见》。标题一般用 2 号小标宋体字，编排于红色分隔线下空二行位置，分一行或多行居中排布；回行时，要做到词意完整，排列对称，长短适宜，间距恰当，标题排列应当使用梯形或菱形。除法规、规章需要加书名号，荣誉称号要加双引号外，标题尽可能不用或少用标点符号。转发类公文标题的基本形式可以表述为：发文机关名称+"转发"+被转发公文主题+"的通知"。批转、转发公文，标题中应避免使用重复用语和相同的公文种类，文字过长时可进行压缩概括。当多层次地"转发"某个公文时，标题中一般只留一个"关于"、一个"转发"和一个"通知"，可将各级转发机关的意见融入本层机关的转发意见中。例如《××县人力资源和社会保障局关于转发《××市人保局、财政局关于转发《××省人社厅、财政厅关于转发〈人力资源社会保障部、财政部关于调整纪检监察办案人员补贴标准的通知〉的通知》的通知》的通知》，不仅看起来不美观，念起来也拗口，简便的做法是直接转发最高层，如《××县人力资源和社会保障局转发人力资源社会保障部、财政部关于调整纪检监察办案人员补贴标准的通知》，"人力资源社会保障部、财政部关于调整纪检监察办案人员补贴标准"即为被转发公文的主题。

②主送机关。主送机关是指公文的主要受理机关，应当使用机关全称、规范化简称或者同类型机关统称。编排于标题下空一行位置，居左顶格，回行时仍顶格，多个主送机关之间用顿号或逗号隔开，一般按系统和级别分，在各系统之间加逗号，在同一系统内各单位之间加顿号，最后一个机关名称后标全角冒号。例如，"各省、自治区、直辖市人民政府，国务院各部委、各直属机构："。如主送机关名称过多导致公文首页不能显示正文时，应当将主送机关名称移至版记。如需把主送机关移至版记，除将"抄送"二字改为"主送"外，编排方法同抄送机关。既有主送机关又有抄送机关时，应当将主送机关置于抄送机关之上一行，之间不加分隔线。

③正文。正文是公文的核心部分，其内容一般包括发文缘由、事项、结尾三项。公文正文结构通常按这三项内容分为三大部分，每部分之间用过渡语明显提示。缘由部分可长可短，视实际需要撰写。事项部分常常采用分条列写的方式，使阅读者一目了然。结尾部分用习惯用语。公文结构原则上要求简明清晰，切忌故弄玄虚。公文首页必须显示正文，一般用 3 号仿宋体字，编排于主送机关名称下一行，每个自然段左空二字，回行顶格。文中结构层次序数依次可以用"一、""（一）""1.""（1）"标注；一般第一层用黑体字、第二层用楷体字、第三层和第四层用仿宋体字标注。

④附件说明。附件说明包括公文附件的顺序号和名称。公文附件是对正文内容的补充说明或参考资料。如有附件，在正文下空一行左空二字编排"附件"二字，后标全角冒号和附件名称。如有多个附件，使用阿拉伯数字标注附件顺序号（如"附件：1. ×××××"）；

附件名称后不加标点符号。附件名称较长需回行时，应当与上一行附件名称的首字对齐。

⑤发文机关署名、成文日期。发文机关署名，署发文机关全称或者规范化简称。成文日期，署会议通过或者发文机关负责人签发的日期。联合行文时，署最后签发机关负责人签发的日期。加盖印章的公文，成文日期一般右空四字编排；单一机关行文时，一般在成文日期之上、以成文日期为准居中编排发文机关署名；联合行文时，一般将各发文机关署名按照发文机关顺序整齐排列在相应位置。不加盖印章的公文，单一机关行文时，在正文（或附件说明）下空一行右空二字编排发文机关署名，在发文机关署名下一行编排成文日期，首字比发文机关署名首字右移二字，如成文日期长于发文机关署名，应当使成文日期右空二字编排，并相应增加发文机关署名右空字数；联合行文时，应当先编排主办机关署名，其余发文机关署名依次向下编排。成文日期中的数字用阿拉伯数字将年、月、日标全，年份应标全称，月、日不编虚位（即 1 不编为 01）。

⑥印章。公文中有发文机关署名的，应当加盖发文机关印章，并与署名机关相符。印章用红色，不得出现空白印章。印章端正、居中下压发文机关署名和成文日期，使发文机关署名和成文日期居印章中心偏下位置，印章顶端应当上距正文（或附件说明）一行之内。联合行文时，将印章一一对应、端正、居中下压各发文机关署名，最后一个印章端正、居中下压发文机关署名和成文日期，印章之间排列整齐、互不相交或相切，每排印章两端不得超出版心，首排印章顶端应当上距正文（或附件说明）一行之内。有特定发文机关标志的普发性公文和电报可以不加盖印章。

单一机关制发的公文加盖签发人签名章时，在正文（或附件说明）下空二行右空四字加盖签发人签名章，签名章左空二字标注签发人职务，以签名章为准上下居中排布，在签发人签名章下空一行右空四字编排成文日期。联合行文时，应当先编排主办机关签发人职务、签名章，其余机关签发人职务、签名章依次向下编排，与主办机关签发人职务、签名章上下对齐；每行只编排一个机关的签发人职务、签名章；签发人职务应当标注全称。签名章一般用红色。

加盖发文机关印章或加盖签发人签名章，是证明公文效力的形式，即公文生效标识。当公文排版后所剩空白处不能容下印章或签发人签名章、成文日期时，可以采取调整行距、字距的措施解决。

⑦附注。附注用于说明其他项目不便说明的事项，如公文印发传达范围等。公文如有附注，居左空二字加圆括号编排在成文日期下一行。

⑧附件。附件是公文正文的说明、补充或者参考资料。附件应当另面编排，并在版记之前，与公文正文一起装订。"附件"二字及附件顺序号用 3 号黑体字顶格编排在版心左上角第一行。附件标题居中编排在版心第三行。附件顺序号和附件标题应当与附件说明的表述一致。附件格式要求同正文。如附件与正文不能一起装订，应当在附件左上角第一行顶格编排公文的发文字号并在其后标注"附件"二字及附件顺序号。

（3）版记。《格式》规定，公文末页首条分隔线以下、末条分隔线以上的部分称为版记。公文的版记包括版记中的分割线、抄送机关、印发机关和印发日期等要素。

①版记中的分割线。版记中的分隔线与版心等宽，首条分隔线和末条分隔线用粗线（推荐高度为 0.35 mm），中间的分隔线用细线（推荐高度为 0.25 mm）。首条分隔线位于版记中

第一个要素之上，末条分隔线与公文最后一面的版心下边缘重合。

②抄送机关。抄送机关是指除主送机关外需要执行或者知晓公文内容的其他机关，应当使用机关全称、规范化简称或者同类型机关统称。公文如有抄送机关，一般用 4 号仿宋体字，在印发机关和印发日期之上一行、左右各空一字编排。"抄送"二字后加全角冒号和抄送机关名称，回行时与冒号后的首字对齐，最后一个抄送机关名称后标句号。如需把主送机关移至版记，除将"抄送"二字改为"主送"外，编排方法同抄送机关。既有主送机关又有抄送机关时，应当将主送机关置于抄送机关之上一行，之间不加分隔线。

③印发机关和印发日期，即公文的送印机关和送印日期。印发机关和印发日期一般用 4 号仿宋体字，编排在末条分隔线之上，印发机关左空一字，印发日期右空一字，用阿拉伯数字将年、月、日标全，年份应标全称，月、日不编虚位（即 1 不编为 01），后加"印发"二字。版记中如有其他要素，应当将其与印发机关和印发日期用一条细分隔线隔开。

（4）页码。页码即公文页数顺序号，位于版心外，一般用 4 号半角宋体阿拉伯数字，编排在公文版心下边缘之下，数字左右各放一条一字线，一字线上距版心下边缘 7 mm。单页码居右空一字，双页码居左空一字。公文的版记页前有空白页的，空白页和版记页均不编排页码。公文的附件与正文一起装订时，页码应当连续编排。

5. 公文的特殊格式

（1）公文中的横排表格。A4 纸型的表格横排时，页码位置与公文其他页码保持一致，单页码表头在订口一边，双页码表头在切口一边。

（2）公文中计量单位、标点符号和数字的用法。公文中计量单位的用法应当符合 GB 3100、GB 3101 和 GB 3102（所有部分），标点符号的用法应当符合 GB/T 15834，数字用法应当符合 GB/T 15835。

6. 公文的特定格式

（1）信函格式。发文机关标志使用发文机关全称或者规范化简称，居中排布，上边缘至上页边为 30 mm，推荐使用红色小标宋体字。联合行文时，使用主办机关标志。

发文机关标志下 4 mm 处印一条红色双线（上粗下细），距下页边 20 mm 处印一条红色双线（上细下粗），线长均为 170 mm，居中排布。

如需标注份号、密级和保密期限、紧急程度，应当顶格居版心左边缘编排在第一条红色双线下，按照份号、密级和保密期限、紧急程度的顺序自上而下分行排列，第一个要素与该线的距离为 3 号汉字高度的 7/8。

发文字号顶格居版心右边缘编排在第一条红色双线下，与该线的距离为 3 号汉字高度的 7/8。

标题居中编排，与其上最后一个要素相距二行。

第二条红色双线上一行如有文字，与该线的距离为 3 号汉字高度的 7/8。

首页不显示页码。

版记不加印发机关和印发日期、分隔线，位于公文最后一面版心内最下方。

（2）命令（令）格式。发文机关标志由发文机关全称加"命令"或"令"字组成，居中排布，上边缘至版心上边缘为 20 mm，推荐使用红色小标宋体字。

发文机关标志下空二行居中编排令号，令号下空二行编排正文。

签发人职务、签名章和成文日期的编排：单一机关制发的公文加盖签发人签名章时，在正文（或附件说明）下空二行右空四字加盖签发人签名章，签名章左空二字标注签发人职务，以签名章为准上下居中排布，在签发人签名章下空一行右空四字编排成文日期。联合行文时，应当先编排主办机关签发人职务、签名章，其余机关签发人职务、签名章依次向下编排，与主办机关签发人职务、签名章上下对齐；每行只编排一个机关的签发人职务、签名章；签发人职务应当标注全称。签名章一般用红色。

（3）纪要格式。纪要标志由"×××××纪要"组成，居中排布，上边缘至版心上边缘为 35 mm，推荐使用红色小标宋体字。

标注出席人员名单，一般用 3 号黑体字，在正文或附件说明下空一行左空二字编排"出席"二字，后标全角冒号，冒号后用 3 号仿宋体字标注出席人单位、姓名，回行时与冒号后的首字对齐。

标注请假和列席人员名单，除依次另起一行并将"出席"二字改为"请假"或"列席"外，编排方法同出席人员名单。

纪要格式可以根据实际制定。

第二节 公文拟制

公文拟制包括公文的起草、审核、签发等程序。

一、起草

公文起草应当做到以下几点。

（1）符合国家法律法规和党的路线方针政策，完整准确体现发文机关意图，并同现行有关公文相衔接。

（2）一切从实际出发，分析问题实事求是，所提政策措施和办法切实可行。

（3）内容简洁，主题突出，观点鲜明，结构严谨，表述准确，文字精练。

（4）文种正确，格式规范。

（5）深入调查研究，充分进行论证，广泛听取意见。

（6）公文涉及其他地区或者部门职权范围内的事项，起草单位必须征求相关地区或者部门意见，力求达成一致。

（7）机关负责人应当主持、指导重要公文起草工作。

二、审核

公文文稿签发前，应当由发文机关办公厅（室）进行审核。审核时要注意以下几个重点。

（1）行文理由是否充分，行文依据是否准确。

(2) 内容是否符合国家法律法规和党的路线方针政策；是否完整、准确地体现发文机关意图；是否同现行有关公文相衔接；所提政策措施和办法是否切实可行。

(3) 涉及有关地区或者部门职权范围内的事项是否经过充分协商并达成一致意见。

(4) 文种是否正确，格式是否规范；人名、地名、时间、数字、段落顺序、引文等是否准确；文字、数字、计量单位和标点符号等用法是否规范。

(5) 其他内容是否符合公文起草的有关要求。

需要发文机关审议的重要公文文稿，审议前由发文机关办公厅（室）进行初核。

经审核不宜发文的公文文稿，应当退回起草单位并说明理由；符合发文条件但内容需做进一步研究和修改的，由起草单位修改后重新报送。

【案例 9-1】

一封公函二万金

晚清时，有个为魏光焘道台做书启师爷的人，他在起草一件向全国各州府通缉逃兵的例行公文时，不仅误将"奉天府"混杂在各州府之中，而且直呼该府长官为"奉天知府"。抄写的书吏也疏忽大意，依样画葫芦，魏光焘更是不加审核，大笔一挥就签发了。

为什么不能将奉天府与其他各州府并称呢？原来奉天即盛京（今辽宁沈阳），是清王朝龙兴之地。清入关以后，即把盛京作为"留都"，设辽阳府；顺治十四年改为奉天府，设府尹一人，掌管盛京地方事务。奉天府和北京的顺天府平级，是规格最高的两个府，相当于省一级特别行政区。两府长官均为正三品高官，其地位相当于各省的巡抚，都可以直接向皇帝奏事，一般知府则只是从四品，属于地市级官员，所以通常行文时，奉天、顺天两府均须单列在其他府州官署之上。

当时的奉天府尹松林是满洲镶黄旗人，曾任山东按察使和布政使，后由最高领导人亲自点名担任奉天府尹，地位崇高，又有来头。他见了来文，自然十分恼怒，于是当即去函责问。魏光焘尴尬之极，只好亲自写信，自称"门生"，百般道歉。这还不够，魏光焘又央请京中某贵要出面斡旋，并献上万两银子，才暂时摆平了此事。一年后，松林又写信给魏光焘，要他代购数十件极其名贵的黑狐狸和猞猁皮衣。说是代购，实为强索，魏光焘哪敢不办？结果又花了上万两银子，如数将皮衣买了送去。当时人因此称此事为"一封公函二万金"。（《春冰室野乘》卷下）

三、签发

公文应当经本机关负责人审批签发。重要公文和上行文由机关主要负责人签发。党委、政府的办公厅（室）根据党委、政府授权制发的公文，由受权机关主要负责人签发或者按照有关规定签发。签发人签发公文，应当签署意见、姓名和完整日期；圈阅或者签名的，视为同意。联合发文由所有联署机关的负责人会签。

第三节 公文办理

公文办理包括收文办理、发文办理两方面内容。

一、收文办理

收文办理主要包括签收、登记、初审、承办、传阅、催办和答复七个环节。

（一）签收

签收时，对收到的公文应当逐件清点，核对无误后签字或者盖章，并注明签收时间。如系误投，应立即退回。签收的目的是明确交接双方的责任，保证公文运转的安全可靠。

机关单位经常要收进大量的文件材料，并不是每份文件和材料都要进行签收，只有那些重要的文件和材料才履行签收手续。例如，机要部门送来的机要件、邮局送来的重要文件、外机关直接送来的文件等都必须履行签收手续。

以下为签收的具体操作步骤。

（1）检查、核对所收公文的件数是否与文件投递单或送文登记簿登记的件数相符。

（2）核对所收公文封套上注明的收文机关、收件人是否确与本机关相符，核对封套编号是否与传递文书单或送文登记簿的登记相符，检查公文包装是否有破损、开封等问题。如有错误，要及时退回；如有包装破损、开封等现象要当场声明并及时查明原因。

（3）经检查无误后，在文件投递单或送文登记簿上签署收件人姓名和收件日期，普通件注上收到的年、月、日即可，急件则要注上收到的年、月、日、时、分，以备日后查询。

送文登记簿如表 9-1 所示。

表 9-1 送文登记簿

序 号	发文时间	封套号	发文机关	文 种	签收人	签收时间	备 注

第　页

（二）登记

登记时，对公文的主要信息和办理情况应当进行详细记载。登记是记载收文基本特征和运转轨迹的载体，有助于秘书机构的文件管理。

收文登记形式包括簿册式、卡片式、联单式和电脑登录四种。簿册式登记是指用预先装订成册的登记簿对收文进行登记，此登记方式的优点为成本低、易于保存，适合按时间顺序进行流水登记。卡片式登记是指用单张卡片对收文进行登记，每张卡片只限登记一份收文，该登记形式可多人同时进行，有利于文书处理效率的提升。联单式登记是指一次填写两联或两联以上收文登记单的登记形式，该登记形式一次登记即可多次使用，也有利于提高办文效率。电脑登录是指通过电脑软件对收文进行登记的形式，该登记形式简便易行，满足了现代社会信息共享的需求。收文登记簿、收文登记卡和收文联单分别如表 9-2、表 9-3 和表 9-4 所示。

表 9-2 收文登记簿[①]

收文编号	收文日期	来文单位	来文字号	文件标题	附件	密级	份数	承办部门	签收人	处理结果	归卷号	备注

第　页

表 9-3 收文登记卡[①]

来 文 单 位		来 文 字 号		份　　数		密　　级	
收 文 单 位		收 文 编 号		收 文 日 期			
文 件 标 题				附　　件			
拟 办 意 见							
批 办 意 见							
办 理 结 果							
归 卷 号							
备　　注							

表 9-4 收文联单[①]

收 文 编 号		收 文 日 期		收 文 人			
来 文 单 位		文　　号		份　　数		密　　级	
文 件 标 题				附　　件			
主 要 内 容							
处 理 情 况				归卷号			
备　　注							

（三）初审

初审是秘书对收到的公文进行审查核对，经初审不合格的公文应及时退回发文单位并说明理由。初审内容包括以下几点：

（1）来文是否应由本机关办理；

（2）来文是否符合行文规则；

（3）文种、格式是否规范；

（4）涉及其他地区或者部门职权范围内的事项是否已经协商、会签；

---

① 胡伟，郑雅君. 秘书实务[M]. 北京：北京师范大学出版社，2016.

（5）是否符合公文起草的其他要求。

（四）承办

承办是收文办理的中心环节，指单位相关职能部门或个人按照领导的办理意见，承接办理收文并贯彻落实的环节。

《条例》对承办做出了如下明确规定：

（1）阅知性公文应当根据公文内容、要求和工作需要确定范围后分送；

（2）批办性公文应当提出拟办意见报本机关负责人批示或者转有关部门办理；

（3）需要两个以上部门办理的，应当明确主办部门；

（4）紧急公文应当明确办理时限；

（5）承办部门对交办的公文应当及时办理，有明确办理时限要求的应当在规定时限内办理完毕。

承办应严格遵循以下几点要求。

（1）遵循指示意见办理。按批办人的批示及有关规定、惯例，对文件中反映的情况具体办理和执行。承办人必须认真研究批示意见，明确办理原则，加强调查研究，分清轻重缓急，按照批办意见准确及时地进行办理。对几个部门合办的文件，应由主办部门提出意见，协办部门积极配合。

（2）及时办理。任何公文都具有时效性，对需要承办而本身没有明确规定办理时限的公文，承办人员应根据公文的性质与重要程度及以往惯例，确定办理的时限；对于紧急公文，应当按时限要求办理，确有困难的，应当及时予以说明。通常，特急件应随到随办，尽快在当时或在一日之内办理完毕；急件原则上也是随到随办，最迟不超过 3 天；对于限时完成的公文，必须在限定的时间范围内办理完毕。

（3）依据惯例规章办理。遵循有关的方针政策、法律法规，依据惯例及实际情况，实行岗位责任制，对公文承办人员明确职责，提出具体要求和指标，做到目标明确、各司其职、权责相符、赏罚分明，以保证承办工作准确、及时、顺利完成。

（4）填写承办结果。为了日后查考公文承办的过程、方式、结果以及承办的责任者，便于维护正常的承办工作秩序，防止出现重复办文的现象，需简要注明公文的办理经过与结果，并向原交办任务的领导人、负责人及时汇报办理结果，在文件处理单"处理结果"一栏内填写承办的经过与结果，包括承办人姓名与日期，以备日后查询。发文承办的，注明复文号、复文日期；会议承办的，注明会议名称、会议时间、议定事项；电话回复的，注明时间、地点、人员、主要内容；当面解决的，注明时间、地点、解决的方式和方法、措施与结果等。

公文承办过程包括拟办、批办、分发和承办四个步骤。拟办是指秘书部门的拟办秘书或业务部门的拟办人员对需要办理和答复的收文提出办理意见，该环节是秘书参谋咨询职能在文书工作中的具体体现；批办是指机关领导人在审阅收文和拟办意见后，就收文如何办理在文件阅办单上做出的批示，该环节是领导行使职权的具体体现；分发是指秘书人员根据领导的批示，将公文分送相关领导人和部门；承办是指具体工作人员根据领导批示对收文进行实质性办理。

根据办文实践，一般将需要办理的公文分作阅知件和批办件两类进行处理。前者为知晓性，给相关人员传阅即可；后者是要解决问题的，需统筹协调、提出方案和建议，程序较为烦琐。将公文分为阅知件和批办件进行研究，有助于总结公文拟办审核、撰写的规律和方法。阅知件，主要指承办上级、本级、下级或不相隶属部门阅知性的文件资料，如公告、决定、决议、办法、知照性函件以及日常信息资料等。批办件，主要指承办上级、下级、平级或不相隶属部门需要解决和处理的文电、信息等资料，如内部制发的文电，接收的请示、通知、商洽函、领导批示，承办法律法规（草案），办理人大议案建议和政协提案，值班工作情况、电话记录等。

阅知件拟办意见的拟制关键在于根据文件的印发范围及有关内容，提出送阅范围，经办公室负责人审核后送阅。拟办表述一般为：拟报××、××（领导）阅或阅示；请××（办公室负责人）核。例如，省政府在编制某期参阅性资料时，根据省金融办、省科技厅以及F市、F市辖下N区的有关信息编写了一份名为《某省金融高新区以"中国最佳"为目标，打造私募基金及风险投资集聚区》的调研报告。F市委办收文后，进入公文拟办程序，将其确定为一份阅知件办理，根据信息涉及的部门，提出如下拟办意见：拟请××（书记）、××（市长）、××（分管副市长）同志阅，送市金融工作局、市委办信息科阅，发N区委办，请××（办公室主任）同志核。上例体现了阅知件拟办撰写的要点，凡阅知件内容涉及的领导和部门均需要送阅，拟写时注意层次，先写送阅领导，后写送阅部门，最后请办公室负责人审核。送阅部门也有层级之分，先写平级部门、后写下级部门。因这份阅知件是通过电传方式接收，给下级部门也通过电传，因此给N区委办用"发"这一字眼。

批办件应提出具体拟办意见。例如，某地级市政府办公室接到省委政研室的一份函件，《关于征求对〈省委、省政府关于加快高新技术产业开发区发展的意见〉稿意见的函》，经办文秘人员审阅来文后，提出如下拟办意见：①我省将于近期召开全省高新区建设发展工作会议，出台《省委、省政府关于加快高新技术产业开发区发展的意见》，请结合本地区、本部门的工作实际，认真研究讨论《意见》（征求意见稿），于×月×日前将修改意见稿及理由送省委政研室。②建议发市委办、市府办、市委政研室、市发展改革局、市经贸局、市科技局、市财政局和高新区管委会，请市委政研室收集、整理各部门意见后报省。③此件拟呈××（书记）、××（市长）、××（分管副市长）阅示，请××（秘书长）核。

以上拟办意见虽然简短，却涵盖大量的信息，包括三部分内容：公文的内容摘要、处理建议和送阅范围（即①、②、③）。从上例中，我们看到拟办意见各部分层次清晰、分工合理、语义明确，这有利于领导短时间内获悉公文撮要并迅速做出批示，对各级各部门办理该事项起到较好的导向作用，同时也较好地促进了公文运转，实现了信息的上传下达。

（五）传阅

传阅是指秘书在收文办理中，根据领导批示和工作需要将公文及时送予传阅对象阅知或者批示的环节。在此环节，秘书须随时掌握公文去向，不得出现漏传、误传和延误现象。

要传阅的文件有两种情况：一是文件经主要领导批办后需要其他副职领导或有关人员传阅，以掌握文件精神和主要领导的批示意见；二是来文属于抄送件，不需要特别办理，只要求有关单位、部门和人员了解，收文后，文秘人员将文件直接送有关部门和人员传阅。

传阅文件的要求包括以下几个方面。

（1）注意传阅的对象，分清主次先后。传阅工作应以负责组织传阅的文书人员为中心点，有时也可采用集中传阅、设立阅文室、横传、指派专人传递等方法进行传阅。

（2）有密级的文件，应严格按照保密工作的要求做好文件保密工作，即按不同的密级要求限定传阅范围。

（3）传阅文件要有时间限制，尤其对有办理时限要求的文件，更要严格控制好传阅时间。

（4）文件传阅完毕必须及时交还给办公室保管，不得随意存放在个人手中。

（5）每份传阅文件，都要由文书部门在文件首页附上文件传阅单（见表9-5）。凡传阅人员都要在文件传阅单上签注姓名和日期。

表9-5　文件传阅单

收文编号		紧急程度		密 级		份 数	
来文机关				文件标题			
收文日期							
传阅情况	姓　名						
	送　出						
	退　回						
拟　办							
批　办							
处理结果							
复文号				归卷号			
备　注							

【阅读资料9-1】

公文传阅方法介绍

（六）催办

催办是指秘书在收文办理过程中，根据公文的紧急程度和承办时限对承办工作进行督促检查，以防止公文漏办和延误。

催办工作中，秘书人员须做到以下两点：一是完善催办制度，做到专人负责；二是实施催办登记，填写催办记录单。实际工作中，秘书催办采用的方法有书面催办、电话催办和当面催办三种。催办记录单样表如表9-6所示。

表 9-6　催办记录单

来文单位		文件字号		密级		收文日期		收文号	
文件内容									
交办日期		承办期限		主办单位					
领导批示									
催办记录									

（七）答复

答复是收文办理的终结环节，指秘书将公文办理结果及时回馈来文单位，并根据需要告知相关单位。该环节，秘书可以根据实际情况，灵活选用书面答复形式（如制发答复公文）或口头答复形式（如面谈答复或电话答复）。

完成收文答复程序后，经办人须将公文办理情况和结果在文件传阅单上做简要说明，这一环节被称为"注办"。注办的目的是便于公文整理和日后查考。

涉密公文应当通过机要交通、邮政机要通信、城市机要文件交换站或者收发件机关机要收发人员进行传递，通过密码电报或者符合国家保密规定的计算机信息系统进行传输。

二、发文办理

机关单位发出的一切文书统称为发文，围绕发文进行的管理活动即发文办理。《条例》规定，发文办理主要包括复核、登记、印制和核发四个环节。

（一）复核

复核指在公文正式印制之前，秘书人员对已经发文机关负责人签批的公文的审批手续、内容、文种、格式等进行复核；需做实质性修改的，应当报原签批人复审。

【案例 9-2】

左 右 侍 郎

明成祖永乐四年，江西布政司右参政张本奉调进京，担任工部左侍郎，后来因事免官，经审查，没有多大问题，于是第二年五月便官复原职了。然而不久又因"奏牍书衔误左为右，为给事中所劾"（《明史·张本传》）。幸运的是，明成祖只是将错就错地将他降为右侍郎，没有另外给处分。张本等于自己降了自己半级（左在右前）。

（二）登记

对复核后的公文，秘书应当确定发文字号、分送范围和印制份数并详细记载。该环节旨在对发文进行管理、统计和核查。发文登记表如表 9-7 所示。

表 9-7 发文登记表

顺序号	发文日期	发文字号	文件标题	附件	密级	份数	发往机关	归卷日期	归入卷号	备注

（三）印制

印制是公文的印刷制作环节，是发文定稿形成文件正本的过程。公文印制必须确保质量和时效。印刷格式必须符合《党政机关公文格式》的相关规定。

涉密公文应当在符合保密要求的场所印制。

印制登记表如表 9-8 所示。

表 9-8 印制登记表

序号	文件名称	送文单位	送文时间	印文数量	印完时间	印制人	取件人	备注

第　　页

用印或签署是文件生效的标志。用印是指在缮印好的文件上加盖发文机关或部门的印章，适用于以机关或部门名义制发的公文。公文的印章一般盖于公文右下落款处，上要压正文，下要骑年盖月。签署是指在缮印好的文件上加盖领导人的名章，适用于以领导人名义制发的公文。秘书人员完成此环节须填写用印登记表，用印登记表如表 9-9 所示。

表 9-9 用印登记表

用 印 类 别		用 印 数	
用 印 缘 由			
经 办 人		部门负责人	
办公室审核		单位领导签批	
日 期		备 注	

（四）核发

核发是发文办理的终结环节，公文印制完毕后，秘书人员对公文的文字、格式和印刷质量进行检查后分发。该环节包括核查和分发两个步骤。

核查是指秘书人员就待发公文的标题、字号、附件、用印、日期和份数等基本要素进行最后核对。分发是秘书人员按发放范围对待发公文进行分装和发送，在该环节的工作中，秘书人员首先应认真封装待发文件，然后填写发文通知单，最后及时传递文件。发文通知单样表如表 9-10 和表 9-11 所示。

涉密公文应当通过机要交通、邮政机要通信、城市机要文件交换站或者收发件机关机要收发人员进行传递,通过密码电报或者国家保密规定的计算机信息系统进行传输。

表 9-10 发文通知单[①]

文件名称: 发文时间:

序 号	收文单位	份 数	签 收 人	签 收 时 间

表 9-11 发文通知单(两联式)[①]

发往单位: 第一联 发文时间:

文 件 名 称	文 号	文 件 概 要	份 数	备 注
登记人		收件人		收文日期

说明:此联由发文机关保存。

发文通知单

发往单位: 第二联 发文时间:

文 件 名 称	文 号	文 件 概 要	份 数	备 注
登记人		收件人		收文日期

说明:此联请收件人签名并加盖公章退回。

【案例 9-3】

照 抄 来 文

清朝乾嘉年间,直隶巨鹿县知县嘱咐书启师爷起草一份答复总督的禀帖,师爷在开头"奉宪谕"下面没有照抄总督府来文,只写"云云"二字,原文则要书吏誊抄时加进去。在完全依靠手工抄写,书写材料又不便宜的古代,这种做法自然可以理解,不能指责这位

---

① 胡伟,郑雅君. 秘书实务[M]. 北京:北京师范大学出版社,2016.

师爷"偷工减料",图省事。可是负责抄写工作的书吏工作太马虎,师爷怎么写,他怎么抄,知县更是看也不看就签发出去了。

不管这个书吏是个新手还是一个马大哈,草拟文稿的师爷都应该叮嘱他:誊抄文稿时,别忘了将总督衙门来文上面的那段话补进去。正是师爷"金口难开"少说了这句话,结果闹出了笑话。

当时的直隶总督方观承是位师爷出身的官员,在官场上号称"能吏",前后主政直隶达二十年之久,是乾隆时期著名的"五督臣"之一。他看到这件票帖,觉得又好气又好笑,于是提笔批示道:"吏云云,幕云云,官亦云云,速将该承办书办提解来辕,仰候本部堂当堂云云。"(《清稗类钞·诙谐类》)

方总督虽然给足了知县和师爷面子,没有为难他们,只将板子打在疏忽大意的书吏身上,但知县见了这个批文,哪能不吓得心惊肉跳、屁滚尿流?于是赶忙再呈上一份票帖,把自己大骂一通,保证今后再也不犯这种低级错误。好在方总督只是开玩笑,没有当真,巨鹿知县府上上下下虚惊了一场。

第四节　文书的整理归档

一、档案整理概述

(一)档案整理的含义

档案整理是指对收集的零散文件材料或需要进一步条理化的档案进行分类、排列、编目,使之系统化,建立档案实体秩序,使档案从杂乱到系统、由无序变有序。

档案整理是档案管理工作的基础环节,通过整理零散无序的档案,使之成为一个系统的整体,档案的鉴定、保管、检索、利用等各个工作环节才能顺利开展。

档案分为文书档案、科技档案(基本建设、科学研究、设备仪器、产品档案)、会计档案、人事档案、诉讼档案等专门档案,以及照片档案、音像档案、电子档案等特殊载体档案。不同种类、不同载体的档案有不同的整理方法和要求,但整理原则相同,即"遵循文件的形成规律,保持文件之间的有机联系,区分不同价值,便于保管和利用"。

(二)档案整理的内容

档案整理的内容包括区分全宗、全宗内档案分类、归档文件的整理和编目。

(三)档案整理的分类

档案整理的重点是全宗内档案的分类。档案按载体可分为纸质档案和特殊载体档案。

1. 纸质档案

纸质档案按门类可分为文书(党群、行政类)档案、专门档案和科技档案。

(1)文书档案是机关档案的主体,应根据《中华人民共和国档案行业标准归档文件整理规则》(DA/T 22—2015)整理。

（2）专门档案采用专门的分类方法进行分类，如会计档案分为会计综合、会计报表、会计账簿、会计凭证、工资册等类。

（3）科技档案按科技文件材料的种类分类，如按工程项目分类，以一个基建工程项目的全部科技文件材料为单位进行分类，适用于基建设计、施工单位的科技文件材料的分类；按型号分类，以一种产品和设备的全部科技文件材料为单位进行分类，主要适用于产品、设备等科技文件材料的分类；按课题分类，以一个科研课题的全部科技文件材料为单位进行分类，主要适用于科学研究、科技文件材料的分类；按时间分类，以记载科技文件材料内容的时间为标准进行分类，一般适用于水文、气象、天文等方面的科技文件材料分类。

2. 特殊载体档案

特殊载体档案分为声像档案、电子档案和实物档案。

（1）声像档案，一般分为照片、录音带、录像带等类。

（2）电子档案，通常分为一般文件、科技文件、数据文件和命令文件等类。

（3）实物档案，分为荣誉性实物、失效印章、产品实物等类。荣誉性实物分为可折叠（如奖状、锦旗、证书）、不可折叠（如奖杯、奖牌）等类；产品实物档案按照"产品种类＋型号"分类。

3. 档案分类方案

全宗内档案分类方案是用文字、字母或数字标列各个类目的名称，表示全宗内档案分类体系的纲要，是对全宗内档案实体进行分类整理排列的依据，是归档文件上柜架分类排列放置的依据。

一个立档单位的档案是由不同职能部门在各项工作中形成的，由于每个单位的工作职能有所不同，其档案也会有不同门类。例如，一个乡镇机关在职能活动中会形成文书、基建、设备、会计、声像、国土、司法、乡镇规划与建设、实物等各门类不同载体的档案；一个学校在教学、管理等职能活动中会形成党群、行政、教学、科研、会计、人事、基建、设备仪器、外事、出版、声像及实物等各门类的档案。把有共同属性的档案分为一类，以一个全宗为单位编制本单位各门类档案的分类大纲，即分类编号方案。各单位应当结合本单位的档案工作实际，编制全宗内档案分类编号方案。

以下列举不同性质单位设定的档案分类类目。

（1）管理型单位（机关、管理型企业、社区、村），类目号用英文字母表示。例如，文书类（类目号：A）；基建类（类目号：B）；设备类（类目号：C）；会计类（类目号：D）；人员类（类目号：F）；声像类（类目号：G）；实物类（类目号：H）。

（2）生产型企业和科技事业单位（生产企业、医院），类目号用阿拉伯数字表示。例如，产品类（类目号：0）；设备仪器类（类目号：1）；基建类（类目号：2）；科研类（类目号：3）；文书类（类目号：4）；声像类（类目号：7）；人员类（类目号：8）；会计类（类目号：9）；实物类（类目号：10）。

（3）大学、高职院校、中小学、幼儿园（简称学校），分类类目号用拼音字母表示。例如，党群 DQ；行政 XZ；教学工作 JX；科学研究 KY；产品生产与科技开发 CP；基本建设 JJ；仪器设备 SB；出版 CB；外事 WS；财会 CK；声像 SX；实物 SW。

二、文书档案的整理

（一）基本概念

1. 全宗

全宗是指一个独立的机关、组织或个人在社会活动中形成的档案的有机整体。凡是一个机关、社会组织或著名人物在工作活动中形成的全部档案称为一个全宗。同一全宗的档案不能分散，不同全宗的档案不能混淆。

【阅读资料 9-2】

全宗的有关知识

2. 立档单位

立档单位即全宗的构成者，是形成全宗的独立社会组织或著名人物，一个独立的单位和著名人物就是一个立档单位。成为立档单位的 3 个条件为独立行使职权、设有会计单位或经济核算单位和设有管理人事的机构或人员。

3. 归档文件

归档文件是指立档单位在其职能活动中形成的，办理完毕应作为文书档案保存的纸质文件材料。

4. 文件的整理

文件的整理是指归档文件以"件"为单位进行装订、分类、排列、加盖归档章、编制归档文件目录、装盒，使之有序化的过程。

5. 案卷

案卷是指由互有联系的若干文件组合成的档案保管单位。

6. 立卷

立卷是指将若干文件按形成规律和有机联系组成案卷的过程。

7. 全宗号

全宗号是指档案馆给归档单位的代号。

8. 档号

档号是以字符形式赋予档案实体的，用以固定和反映档案排列顺序的一组代码。

9. 件号

件号即文件的排列顺序号，是反映归档文件在全宗中的位置和固定归档文件排列顺序的重要标志。件号以年度为界，每年必须从 1 编起，不能跨年度连续编号，按保管期限分别编流水号。

件号包括室编件号和馆编件号。

（1）室编件号的编制方法是在分类方案的最低一级类目内，按文件排列顺序从"1"开始标注，每种保管期限各编一个流水顺序号，如2008年永久件号：1、2、3……82；2008年30年件号：1、2、3……73；2008年10年件号：1、2、3……243。

（2）馆编件号在单位档案移交给档案馆后由档案馆填写，没移交的不填写。

（二）文书档案整理的要求

文书档案整理的要求包括以下几个方面。

（1）立档单位在其职能活动中形成的、办理完毕、具有保存价值的各种纸质文件材料必须齐全完整，已破损的文件应予托裱、修复，字迹模糊的文件应予复制。

（2）整理归档文件所使用的书写材料、纸张、装订材料等应符合档案保护要求，应除去归档文件上会生锈的金属物，并用细线或其他对纸张无害的黏合剂重新将文件缝（黏）合。

（3）凡文件尺寸大于A4纸规格的，要按A4规格进行折叠或裁剪，小于16开规格及破损的要进行托裱。

（三）文书档案整理的方法

文书档案整理的方法有以下两种。

（1）"立卷"方法。"立卷"方法适用于手工管理档案。案卷是档案的基本管理单位，在计算机管理、检索档案已经十分普及的情况下，没有案卷也可以方便地查找档案，因此"立卷"整理文书档案的方式逐渐被淘汰。

（2）按"件"整理方法。按"件"整理方法在整理程序上较为简化，下文只介绍以"件"为单位整理文书档案的方法。

（四）文书档案整理的步骤

1. 收集

收集是归档整理的前提和根本，文件材料没有收集齐全完整，归档整理就不能很好地反映立档单位的历史面貌和工作情况。以下为文件材料的收集范围。

（1）会议材料，包括本单位年度工作会议材料（总结、计划）、表彰材料、专业会议材料、代表发言材料；本单位在上级工作会议上的发言、汇报，经验材料，典型材料，交流或发表的论文，考察报告。

（2）综合材料，包括会议记录本（党委、党组会议，行政、办公会议）等；各类花名册、登记簿（干部职工、党员、专业技术人员等花名册及主要业务工作登记簿）；年报表（业务、党员、人事劳资等各种统计报表）；各种介绍信存根（党团组织关系、干部调动、行政事务等）、协议、合同。

2. 鉴定

鉴定是指立档单位按照《机关文件材料归档范围和文书档案保管期限规定》（国家档案局令第8号）的归档范围、要求判断收集的文件材料，应归档的文件材料必须归档，剔除无须归档的文件材料。无须归档的文件材料主要包括以下几种。

（1）上级机关的文件材料中，普发性不需本机关办理的文件材料，任免、奖惩非本机关工作人员的文件材料，供工作参考的抄件等。

（2）本机关文件材料中的重份文件，无查考利用价值的事务性、临时性文件，一般性文件的历次修改稿、各次校对稿，无特殊保存价值的信封，不需办理的一般性人民来信、电话记录，机关内部互相抄送的文件材料，本机关负责人兼任外单位职务形成的与本机关无关的文件材料，有关工作参考的文件材料。

（3）同级机关的文件材料中，不需贯彻执行的文件材料，不需办理的抄送文件材料。

（4）下级机关的文件材料中，供参阅的简报、情况反映，抄报或越级抄报的文件资料。

3. 装订

装订是指用不锈钢钉或线将归档文件以"件"为单位装订，以方便保管利用。

（1）整理单位。以"件"为归档文件的整理单位。文件正本与定稿为一件，正文与附件为一件，原件与复制件为一件，转发文与被转发文为一件，计算机及其网络环境中形成的正本与发文稿纸为一件；报表、名册、图册、会议记录、介绍信存根等按其原来的装订方式，一个自然本（册）为一件；来文与复文为一件，未装订成套的会议材料各为一件，正文与文件处理单为一件。

（2）文件的装订。归档文件按"件"装订，正本在前，定稿在后；正文在前，附件在后；原件在前，复制件在后；转发文在前，被转发文在后；复文在前，来文在后；不同文字的文本，无特殊规定的，中文在前，外文在后；有文件处理单的，文件处理单在前，正文在后。文件左侧、下侧对齐，用不锈钢订书钉装订，较厚的文件采用"三孔一线"的方法装订。

4. 分类

归档文件分类可以按年度—机构（问题）—保管期限的顺序分类，即首先将归档文件按年度分开，再分机构或者问题，最后分保管期限，其适用于机构规模较大、内设机构相对稳定、分工明确、归档文件数量较多的单位；也可以采用年度—保管期限的顺序分类，就是先将归档文件按年度分类，再按保管期限分类，其适用于内设机构简单、规模较小、归档文件数量不多的单位。同一全宗应保持分类方案的一致性。

（1）分年度。

①先将文件按其形成的年度分开，一般文件归入文件形成年度，法规性文件归入公布或批准年度，以落款日期为准，如2009年形成的《2008年工作总结》应归入2009年。

②跨年度的请示与批复归入批复年度；跨年度的规划、计划一般可归入文件内容针对的第一个年度，如2009年形成的《2009—2010年工作规划》应归入2009年度；跨年度的会议文件可以归入会议开幕的年度；跨年度的非诉讼案件材料应归入结案年度，如某单位2007年立案、2008年结案的某信访案件材料应归入2008年度。

③几份文件作为一件，"件"的日期应以装订时排在最前面的文件的日期为准。来文与复文为一件，以复文日期为准划分年度。

④会议记录本以该本最后一次会议记录时间为准划分年度。

⑤文件没有标注日期时，需要分析该文件的内容、格式、字体以及各种标识，通过对

照等手段来考证和推断文件的准确日期或近似日期，并据此按年度合理归类。

（2）分问题。将文件按其内容所反映的问题、事务分类组合。会议文件按届次组合；统计报表、名册等文件按照格式名称组合；单位在管理和业务工作中形成的文件一般按单一问题组合；工作计划、总结等文件可以按责任者或名称组合；简报按名称或期号组合；其他文件材料可按照特殊形式组合。

（3）分机构。这里的机构是指本单位内设机构，不是上级发文单位。采用机构分类，有一个机构就设置一个类，哪个机构发文或者承办的文件就归入哪个机构的类别。

例如，某公司内设行政部、财务部、人力资源部、服务部、技术开发部、业务综合部、信息整理部7个机构，行政部每年形成和收到承办的文件就归入行政部一类，人力资源部形成或承办的文件归入人力资源部一类。各类档案按照机构习惯的顺序排列。

（4）分保管期限。机关文书档案的保管期限定为永久、定期两种。定期一般分为30年、10年。

永久保管的文书档案主要包括：

①本机关制定的法规政策性文件材料；

②本机关召开重要会议、举办重大活动等形成的主要文件材料；

③本机关职能活动中形成的重要业务文件材料；

④本机关关于重要问题的请示与上级机关的批复、批示，重要的报告、总结、综合统计报表等；

⑤本机关机构演变、人事任免等文件材料；

⑥本机关房屋买卖、土地征用，重要的合同协议、资产登记等凭证性文件材料；

⑦上级机关制发的属于本机关主管业务的重要文件材料；

⑧同级机关、下级机关关于重要业务问题的来函、请示与本机关的复函、批复等文件材料。

定期保管的文书档案主要包括：

①本机关职能活动中形成的一般性业务文件材料；

②本机关召开会议、举办活动等形成的一般性文件材料；

③本机关人事管理工作形成的一般性文件材料；

④本机关一般性事务管理文件材料；

⑤本机关关于一般性问题的请示与上级机关的批复、批示，一般性工作报告、总结、统计报表等；

⑥上级机关制发的属于本机关主管业务的一般性文件材料；

⑦上级机关和同级机关制发的非本机关主管业务但要贯彻执行的文件材料；

⑧同级机关、下级机关关于一般性业务问题的来函、请示与本机关的复函、批复等文件材料；

⑨下级机关报送的年度或年度以上计划、总结、统计、重要专题报告等文件材料。

【阅读资料 9-3】

文书档案保管期限表

5. 排列

把同一年度的文件按照永久、30 年、10 年 3 个保管期限分开,即 3 条流水号分开排列,同一保管期限的排在一起,不同保管期限的再分别排序,不同年度、不同保管期限的文件不能排在一起。

在同一保管期限内,把同一机构或相同问题、有内在联系(同一次活动、同一项工作、同一个会议)的文件排在一起,即同一事由的相关文件排列在一起。排列顺序应相对固定。

在同一保管期限、同一机构、相同问题或事由内,按成文时间的先后顺序排列。

6. 编号

归档文件编号是指将归档文件在全宗中的位置标记为符号,并以归档章的形式在归档文件上注明。编号使归档文件在全宗中的位置得以确定,并为后续的编目工作以及查找利用档案的存取提供了条件。

归档文件应依分类方案和排列顺序逐件编号,在文件首页上端的空白位置加盖归档章并填写相关内容。归档章设置如图 9-1 所示。

全宗号	年　度	室编件号
机构或问题	保管期限	馆编件号

图 9-1　归档章

【案例 9-4】

归档章示例

某学校党群综合类 2008 年永久的第一份文件盖的归档章如图 9-2 所示。

	2008	1
DQ11	永久	

图 9-2　某学校党群综合类文件归档章

该归档章的说明如下。

(1)全宗号是档案馆给立档单位编制的代号,档案室如没有全宗号可暂时不填。

(2)年度是文件形成的年度,以 4 位阿拉伯数字标注公元纪年,如 2008。

(3)室编件号是档案室根据不同的保管期限分别从 1 开始编制的流水号。

(4)机构(问题)是文件形成或主办部门的简称或代号,学校按问题分类,填党群 DQ 或行政 XZ 的类目号,如 DQ11 是党群综合。

（5）保管期限填归档文件的保管期限，如永久。

（6）没有移交档案馆，不填馆编件号。

7. 编目

归档文件应依据分类方案和室编件号顺序编制归档文件目录（见表9-12）。归档文件应逐件编目，来文与复文为一件时，只对复文进行编目。

表9-12 归档文件目录

件 号	责任者	文 号	题 名	日 期	页 数	备 注
1	××局	×人字〔2008〕1号	关于李××同志任职的通知	20080105	2	
2	××局	×人字〔2008〕2号	关于王××同志任职的通知	20080106	3	
3						
4						

归档文件目录包括件号、责任者、文号、题名、日期、页数和备注等项目。

（1）件号，指文件排列的顺序号。

（2）责任者，指发文的组织或个人，即文件的发文机关或署名者。具体要求为：①填写责任者时一般应使用全称或通用简称，如"××省教育厅"，不能使用"本厅""省教育厅"等含义不明、难以判断的简称；②联合发文责任者过多时，可适当省略，但立档单位是责任者的，必须抄录；③未署责任者的归档文件，编目时应根据文件内容形式等特征加以考证并填写。

（3）文号，指文件的发文字号，是由发文机关按发文次序编制的顺序号，一般由机关代字、年度、顺序号组成，如穗府办〔2008〕18号；没有发文字号的不填写。文号栏内不得填写诸如"会议文件之一"等文件顺序号，亦不得填写"情况反映"等刊物名册。

（4）题名，即文件标题，由责任者、问题和文种三部分组成。没有题名或题名不规范的，应根据文件内容重新拟写或补充标题，外加六角括号（〔 〕）附于原标题之后。如"××省档案局关于转发档发〔2008〕18号文件的通知"，应重拟写题名并抄录为"××省档案局关于转发〔国家档案局关于汛期档案安全管理的几点意见〕的通知"。

（5）日期，指文件的形成时间，以8位阿拉伯数字标注年、月、日，如20080708。

（6）页数，指每一件归档文件的总页数，文件中有图文的页面为一页。

（7）备注，用于填写归档文件需要补充和说明的情况，包括密级、缺损、修改、补充、移出、销毁等。进行归档文件整理时，如某文件需说明的情况复杂，目录备注栏填写不下，也可在备考表中详细说明，并在目录相关条目的备注项中加"*"号标示。

8. 装盒

装盒是指将归档文件按室编件号顺序装入档案盒。

装盒要求包括以下几方面内容。

（1）不同年度、不同保管期限、不同机构形成的文件不能装在同一档案盒内。

（2）归档文件应严格按照件号的先后顺序装入档案盒，与归档文件目录中相应条目的排列顺序相一致，保证检索到文件条目后能对应找到文件实体。档案利用完毕后归位时，同样要注意将其按件号顺序装入相应档案盒中，否则，在以件为单位进行管理的情况下，一旦归位错误，就很难再找到。

（3）档案盒只是归档文件的装具，不具备保管单位作用，因此不要求同一事由的归档文件装入一个盒内，只需按照文件排列顺序依次装盒，一盒装满后再装入下一盒，顺次装盒即可。

（4）备考表放在盒内所有归档文件之后，用以对盒内归档文件进行必要的注释说明。项目包括盒内文件情况说明、整理人、检查人和日期（见图9-3），具体如下：①盒内文件情况说明，填写盒内归档文件需要说明的情况，包括文件收集的齐全完整程度、文件本身的状况（如字迹模糊、缺损）等，整理工作完毕后归档文件如有修改、补充、移出、销毁等情况，应在备考表中加以说明；②整理人，填写负责整理归档文件的人员的姓名，以明确责任；③检查人，填写负责检查归档文件整理质量的人员的姓名，以示对整理质量的监督检查；④日期，填写归档文件整理完毕的日期。

```
               备 考 表
  第 5 件缺第 5 页。第 6 件是传真件，字迹模糊，已经复印附后面。



                                整理人：张某某
                                检查人：陈某某
                               2008 年 12 月 1 日
```

图 9-3　备考表格式

档案盒封面和脊背填写全宗号、年度、保管期限、起止件号、盒号等必备项。其中，起止件号填写盒内第一件文件和最后一件文件的件号，中间用"-"连接。

9．上架排列

同一年按永久、30 年、10 年顺序上架排列，各期限适当留有空隙，便于插件和移交档案馆。

10．编制检索工具

编制归档文件检索工具的要求包括以下几方面内容。

（1）归档说明（全宗说明）内容包括本单位主要工作概况、本年度内设机构及机关党政主要领导任职变化情况、本年度文书档案归档情况（含归档工作的组织情况、文件材料完整与否、档案数量、有何缺陷等）。

（2）打印归档文件目录（采用标准 A4 型纸打印）。

（3）装订归档文件目录夹，将归档说明、归档文件目录（永久、30 年、10 年）合订成册，归档文件目录夹封面、脊背设置全宗名称、年度、保管期限、机构问题等项（见图 9-4 和图 9-5）。

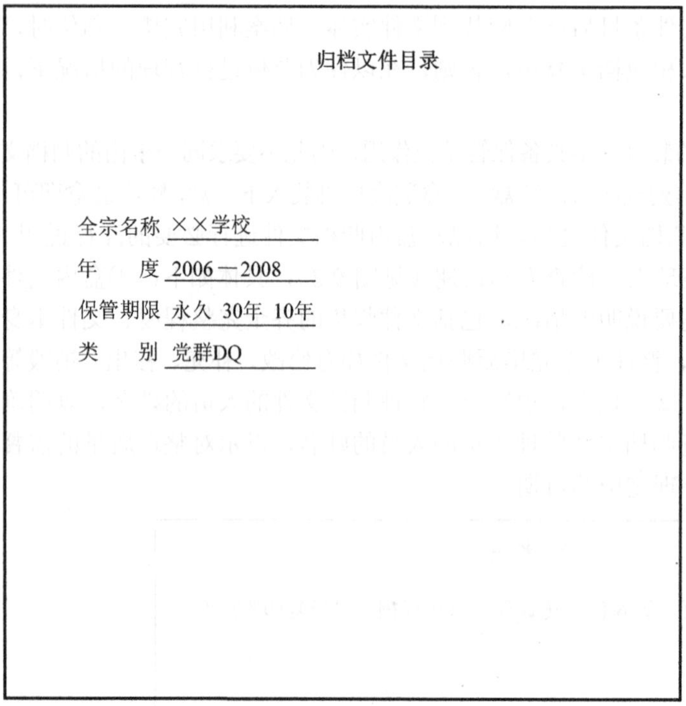

归档文件目录

全宗名称 ××学校

年　　度 2006—2008

保管期限 永久 30年 10年

类　　别 党群DQ

图 9-4　归档文件目录夹封面式样

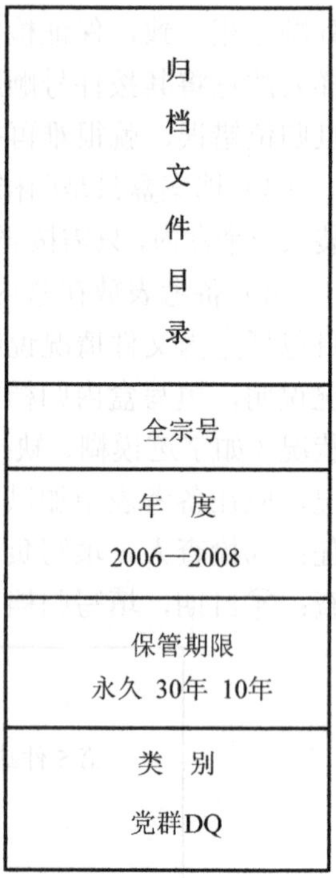

归档文件目录

全宗号

年　度
2006—2008

保管期限
永久 30年 10年

类　别
党群DQ

图 9-5　归档文件目录夹脊背式样

图 9-4 和图 9-5 中，全宗名称为立档单位的名称，填写时应使用全称或规范化简称；年度填写本目录所登录文件的形成年度，如 2006—2008；保管期限根据目录中文件的保管期限填写，如永久、30 年、10 年。

第五节　公 文 管 理

公文管理是指以安全保密和充分发挥公文效用为目标，在公文形成、传递、运转、存储、利用、整理归档、清退销毁等环节中所进行的规划、组织、控制、监督、保管、整理、统计、提供服务等职能活动。党政机关公文含电子公文，电子公文处理工作的具体办法另行制定。法规、规章方面的公文，依照有关规定处理。外事方面的公文，依照外事主管部门的有关规定处理。

一、公文管理的原则

1. 健全公文管理制度

各级党政机关应当建立健全本机关公文管理制度，确保管理严格规范，充分发挥公文的效用。

2. 统一管理

党政机关公文由文秘部门或者专人统一管理。管理方式在秘书的文书工作中具体表现为五个统一，即统一公文办理制度、统一公文运转程序、统一审核用印、统一整理归档和统一清退销毁。

3. 确保公文安全保密

设立党委（党组）的县级以上单位应当建立机要保密室和机要阅文室，并按照有关保密规定配备工作人员和必要的安全保密设施设备。公文确定密级前，应当按照拟定的密级先行采取保密措施。确定密级后，应当按照所定密级严格管理。绝密级公文应当由专人管理。公文的密级需要变更或者解除的，由原确定密级的机关或者其上级机关决定。

二、公文管理的内容

公文管理是公文处理工作的重要保障，贯穿公文处理全程。根据《条例》第七章相关规定，公文管理包括以下几方面内容。

1. 公文的密级管理

公文的密级管理是保障公文安全保密的有效措施。秘书人员在工作中应遵循以下四点：一是公文密级确定前，应采用预先拟定的保密措施；二是公文密级确定后，严格遵照所定密级管理；三是绝密公文实施专人管理；四是公文密级的变更或解除，应由原确定密级的机关或上级机关决定。

2. 公文的印发传达管理

公文的印发传达范围应当按照发文机关的要求执行；需要变更的，应当经发文机关批准。

涉密公文公开发布前应当履行解密程序。公开发布的时间、形式和渠道，由发文机关确定。

经批准公开发布的公文，同发文机关正式印发的公文具有同等效力。

3. 公文的复制、汇编、翻印管理

复制和汇编机密级、秘密级公文，应当符合有关规定并经本机关负责人批准。绝密级公文一般不得复制、汇编，确有工作需要的，应当经发文机关或者其上级机关批准。复制、汇编的公文视同原件管理。复制件应当加盖复制机关戳记。翻印件应当注明翻印的机关名称、日期。汇编本的密级按照编入公文的最高密级标注。

4. 公文的撤销和废止管理

公文的撤销和废止由发文机关、上级机关或者权力机关根据职权范围和有关法律法规决定。公文被撤销的，视为自始无效；公文被废止的，视为自废止之日起失效。

5. 公文的清退和销毁管理

清退是指秘书部门根据相关规定和要求，定期或不定期地将办理完毕的公文退回发文机关或由其指定的单位。涉密公文应当按照发文机关的要求和有关规定进行清退或者销毁。

不具备归档和保存价值的公文，经批准后可以销毁。销毁涉密公文必须严格遵守有关规定履行审批手续，确保不丢失、不漏销。个人不得私自销毁、留存涉密公文。

6. 公文的移交管理

机关合并时，全部公文应当随之合并管理；机关撤销时，需要归档的公文经整理后按照有关规定移交档案管理部门。工作人员离岗离职时，所在机关应当督促其将暂存、借用的公文按照有关规定移交、清退。

7. 公文的发文立户管理

发文立户管理是对制发公文机关的管理，属于公文源头管理。新设立的机关应当向本级党委、政府的办公厅（室）提出发文立户申请。经审查符合条件的，列为发文单位，机关合并或者撤销时，相应进行调整。

本章参考文献

[1] 陈祖芬. 秘书文档管理[M]. 北京：中国人民大学出版社，2011.

[2] 丁晓昌. 秘书文档管理[M]. 北京：高等教育出版社，2011.

[3] 冯惠玲. 电子文件管理教程[M]. 北京：中国人民大学出版社，2001.

[4] 国家档案局. 电子文件归档与电子档案管理概论[M]. 北京：中国档案出版社，1999.

[5] 韩英. 文书学[M]. 2版. 济南：山东大学出版社，2010.

[6] 胡伟，卢芳，赵修磊. 信息、文书与档案管理[M]. 北京：科学出版社，2010.

[7] 胡伟，郑雅君. 秘书实务[M]. 北京：北京师范大学出版社，2016.

[8] 纪如曼，王广宇. 文书处理与档案管理[M]. 上海：上海财经大学出版社，2015.

[9] 刘萌. 文书与档案管理[M]. 2版. 北京：电子工业出版社，2014.

[10] 麦穗. 现代公文"拟办"研究[D]. 广州：暨南大学，2012.

[11] 徐彦，戈秀萍，何柳. 文书工作与档案管理[M]. 3版. 大连：东北财经大学出版社，2015.

[12] 杨桐. 领导干部公文写作模板[M]. 北京：中国人事出版社，2011.

[13] 杨戎，黄存勋. 文书处理和档案管理[M]. 上海：华东师范大学出版社，2013.

[14] 赵映诚. 文书处理与档案管理[M]. 3版. 北京：高等教育出版社，2013.

第十章 参谋辅助

第一节 概述

一、参谋辅助的含义

习近平在《秘书工作的风范——与地县办公室干部谈心》一文中指出:"办公室还有一个重要工作就是发挥参谋作用,及时提出决策建议,并能把领导的决策化为具体意见。如果我们办公室能够综合四面八方的情况,并进行分析,像国外'智囊团'那样,经常提出一些重大的决策建议,就能为领导迅捷进行决策选择提供便利。"因此,秘书一定要发挥好参谋助手功能。

参谋辅助即为上级提供参考性建议与策略,辅助其决策,或助其弥补不足之处。参谋工作是秘书工作的重要内容,秘书人员一定要充分认识参谋工作的巨大价值,掌握多种参谋方式,努力做好参谋工作,为组织创造良好的经济效益。

二、参谋辅助的流程

参谋工作是为领导决策服务,因此领导决策的步骤决定了秘书参谋工作的流程。领导进行科学决策的步骤一般为:确定目标;准备决策方案,并对其进行科学论证;确定决策的内容;在组织落实过程中采取措施,保证方向正确的同时接收相关反馈信息。

结合领导决策的步骤,以下为秘书人员进行参谋辅助的流程。

第一,广泛调研,掌握情况。没有调查研究就不可能有科学的决策,在领导准备就某一问题做出决策时,秘书要针对领导关注的内容,到基层进行调研,以收集大量信息,全面有效地掌握相关的真实情况,了解相关问题,为领导决策提供有效的参谋意见。

第二,提出决策实施方案。在领导准备决策实施方案时,秘书要根据之前定下的决策方向以及通过广泛调查研究收集到的相关信息,及时、全面、准确地向领导汇报相关情况,并综合考虑各方面因素,通过对多种可能的方案进行分析、比较后,提出可行性高、操作性强的一种或几种决策实施方案,供领导选择参考。

第三,为决策下达做好准备工作。在领导对决策实施方案进行科学论证时,秘书要为相关的决策讨论会议做好准备工作,从而保证集体讨论的效率,尽快实现意见集中。另外,秘书还要负责拟定相关文件,确保决策在讨论通过后及时、有效地上传下达。

第四,确保决策顺利实施。领导正式下达决策后,秘书的参谋辅助工作主要表现为要确保决策的顺利实施、推行。秘书人员要通过督办的形式及时对决策的贯彻落实情况进行了解,并及时向领导汇报决策实施过程中出现的相关问题,总结其中的经验,并通过建议等方式补充领导的思路，完善决策内容，确保决策的顺利实施。

第五，做好决策执行期间的反馈总结工作。秘书人员要对决策的执行情况做好跟踪反馈，并及时总结，为今后的工作积累经验，逐步建立、完善同类事件的执行、处理标准。

第二节　参谋辅助的原则与方式

一、参谋辅助的原则

（一）尽职不越位

秘书人员必须要注意自身的从属性位置，严格把握言语分寸，不可出现自作主张的"越位"之举。

（二）善谋不决断

秘书要善于谋划，但不能擅自拍板，只有领导才握有决策权。

（三）规劝不失当

秘书人员进行参谋规劝时要注意方式方法，要围绕工作中心进言，指陈利害，讲明得失，不要冒犯领导，要根据领导的性格特点和心理状态把握好进言的时机和语气，否则就有可能遭到领导的拒绝，甚至造成僵局。

二、参谋辅助的方式

根据分类角度的不同，参谋辅助可以分出不同的方式。

（一）按照工作性质划分

按照工作性质划分，参谋辅助可以分为服务式参谋、协助式参谋、跟踪式参谋与鉴诚式参谋四种。

1. 服务式参谋

（1）收集政策性信息，为领导决策服务。收集有关方针、政策、法律条款和有关规章制度，做好法规性准备，使决策符合法规要求。

（2）收集环境性信息，为领导决策服务。收集组织内外各相关方面的信息、资料，做好信息储备，使决策适应组织内外环境条件的变化，符合组织运转的实际需要。

（3）收集参谋性信息，为领导决策服务。收集组织内外各相关方面的参谋建议和要求，做好多元化的群体智能准备，使决策建议在多元群体智能综合的基础上，符合决策民主化的要求，进而实现决策科学化。

2. 协助式参谋

协助式参谋要求秘书在形成决策的过程中充当重要的协助者，而不是主持者和表决者，具体表现在如下几个方面。

（1）处理和收集信息，草拟供领导选择的多种可行方案；参与对各种方案的分析、比较和评价。

（2）领导人初选决策方案后，秘书要通过信息处理工作，参与对初定的决策方案的反复论证，并对论证中发现的不足和问题征求补充意见，提出修正意见和建议，并将合理的意见和建议融入决策方案，使之得到充实和完善。

（3）对于进行了补充、修正和完善的决策方案，秘书要配合有关专家建立模型，进行实验和验证，使决策方案更为可靠。对于已经确立的决策方案，秘书要用合理的公文形式、准确流畅的语言撰写公文，表述决策方案，使群众易于理解，从而准确地执行决策。

3. 跟踪式参谋

（1）决策前，秘书要调查、收集并研究各方面的信息，利用调研工作为领导决策做准备，提供各方面的服务。

（2）决策确立目标阶段，为了使所选择的目标的不确定性减少到最低限度，秘书需要调研与该目标有关的全面、详细、真实的材料，以供决策者参考。

（3）决策方案准备阶段，秘书应通过简单调研辅佐领导决策。

（4）选定决策方案阶段，在选择方案过程中，任何一个层次上发现问题，秘书都必须根据问题产生的原因与性质，及时地进行调研，以便修订补充决策。

（5）评估决策实施效果中，秘书应对决策实施过程中出现的情况和问题进行调研，分析原因并辅佐领导不断地修正决策，以保证决策得以顺利实施和取得最佳效果。

4. 鉴诫式参谋

（1）秘书在决策实施之后，通过反馈的信息对照决策计划，检验实施决策的效果，运用比较、分析、总结等方法辅佐领导人以及其他组织成员发现和总结决策方案本身以及实施过程中的经验和教训、成绩和缺点、长处和短处。

（2）秘书通过信息反馈分析总结决策实施的结果，写入总结材料，记录在案，为制定新的决策提供重要依据。

（3）秘书通过信息反馈，对于那些遗留的问题和不足之处，可建议领导人采取必要的措施进行补救以减少损失。

（二）按照工作形式划分

按照工作形式划分，参谋辅助可以分为书面参谋和口头参谋两种。

1. 书面参谋

（1）工作计划。拟定工作计划是秘书人员的一项重要工作内容。要做好工作计划，必须对具体事项进行全面的谋划。工作计划是否全面、周密、科学直接关系到计划方案的执行效果，进而影响到领导决策行为的执行力度。在交办秘书拟定计划、方案的任务时，领导提出的要求往往是大方向的、宏观的，不会太具体，而秘书要把宏观变成微观，在结合领导提出的大方向的基础上，把要求转变为可以具体实施的计划方案，并做出必要和适当的补充，确保计划方案具备可操作性和科学性，并能顺利付诸实践。秘书在拟订计划方案时势必会融入个人的思考，这实质上是发挥了参谋的职能。在做计划方案时，秘书要做到精心策划、周密安排并慎重考量各方面因素，切实为领导更好地开展工作服务。

（2）调研报告与建议。秘书通过到基层开展实地调研，向领导提交数据翔实、情况丰富的调研报告，是有效的参谋方法之一。通过调研报告的形式总结相关经验，反映基层一线出现的问题，可以为领导决策提供重要的参考，可以在归纳情况、分析问题、总结经验的基础上，结合自身认识，提出工作建议。对于一些具体问题或者隐患，调研报告这种较为正式的形式往往能有效地引起领导的重视，无论意见或建议最终能否被采纳，基本上都可以发挥其应有的作用，实现为领导提供参谋服务的目的。但应该明确的是，秘书开展调研需慎重考虑。秘书工作的主要任务是协助领导处理日常事务，在一般情况下，很难有大量时间进行专项调查，除非领导专门授权，否则秘书独立开展调研的机会并不多。假如秘书在未经授权的情况下独立开展调研行动，即使是主动提交调研报告，也会显得不合适。如果秘书率先发现了问题，认为确实有开展调研的必要，应该采取向领导建议的方式，在得到领导认可和授权的情况下，再放开手脚，积极开动脑筋，完成调研任务。

（3）日程安排。领导的工作日程通常由秘书来统筹安排。秘书在为领导安排日程时要保证活动有序高效地进行，各项流程合理顺畅，各类资源利用合理。

（4）拟办意见。秘书在拟办公文时，需要提出初步的办理意见，并且附上相关的背景材料，以供领导审批文件时参考，这不仅能提高领导的工作效率，还能减轻其工作压力。在公文拟办工作中，秘书要注意实事求是，全面、准确地提出拟办意见。拟办意见要对相关内容做适当的阐述，交代存在的主要问题，明确提出如何办理、是否可行。对于复杂问题，应该在拟办意见中体现备选方案，供领导研究参考。对于重大事项，应在拟办意见中明确指出建议开会集体讨论决定；对于还未成熟的事项，应该建议领导暂时不做决策，等到时机成熟时再做决定。

（5）领导演讲稿。为领导起草演讲稿也是秘书参谋工作的重要内容。近些年，机关单位提倡领导同志自己起草演讲稿，提倡即席讲话，但由于工作繁忙，日程安排紧凑且每天需要批阅大量文件，多数领导没有时间静下心来写演讲稿，往往都是提出思路，然后交由秘书来完成这项工作。秘书在写演讲稿的过程中，要站在领导的高度，明确大局形势与国家方针政策，结合本单位的根本利益，契合单位发展目标要求，系统思考讲话的背景、场合与对象，认真分析讲话人与听众的角色关系，同时要符合讲话人的教育背景和文化水平，按照其惯有的语气风格来撰写演讲稿。

（6）谈话材料。领导经常要参加会见与会谈，需要与不同的人打交道，需要懂得各行业的知识，因此秘书需要精心准备谈话材料。

2. 口头参谋

（1）工作请示。秘书工作的从属性、被动性决定了秘书必须向领导汇报工作内容，请示工作安排。那么，到底哪些事需要向上司请示，哪些事秘书可以自行处理呢？一般来说，规定属于秘书职责范围内的日常工作，秘书可以自行处理，无须请示上司。只有遇到新情况或新问题，秘书自己不能做出判断时，才需要请示上司。但是，秘书的职责范围往往不是很明晰，这就给秘书人员造成很大的困惑。秘书要向领导请示某项工作时，需预先进行全面思考，准备好解决问题的对策方案，在请示领导时，一并提出，供领导参考。一位称职的秘书，绝不能让领导做直接的"问答题"，即要领导直接回答"怎么办"，而应该让领导做"选择题",即要领导回答"怎么做更好"。

（2）工作提醒。秘书作为服务领导的工作人员,有责任弥补领导工作的不足。秘书往往不便直接指出领导的错误,而应该采取旁敲侧击的方法,用暗示性的语言予以提醒,避免因领导的疏漏产生不良后果。

（3）决策建议。高级秘书,如办公室主任等,可能会经常参与决策,此时要发挥参谋助手的作用,提出有建设性的可行性建议。

【案例 10-1】

厂办主任的建议①

某罐头厂生产的桃、梨罐头的销路不好,厂家经过市场调研了解到苹果罐头的销路很好,于是厂长想改产苹果罐头。厂办主任建议:"我厂最好不要转产,一是本厂生产的罐头在省内外还有些名气,加之本地区盛产桃、梨,原料不成问题,这是本厂优势,若改换产品,就失去了这些优势;二是本厂没有生产苹果罐头的经验,本地区又不盛产苹果,若改产苹果罐头,则要到外地采购原料,势必会提高成本,与外地厂家比,处于劣势;三是由于生产桃、梨罐头的厂家改产苹果罐头,桃、梨罐头原料的价格必然下跌,本厂不改变产品,同样可获利。

这位主任的劝谏很有力量。对于生产苹果罐头好,还是生产桃、梨罐头好,他从原料、技术、无形资产、市场走向等多个方面进行比较分析后做出了合理的判断。

本章参考文献

[1] 曹有根,杨洪青,董丽娟. 试论秘书的参谋作用[J]. 河北科技师范学院学报(社会科学版),2005（3）:97-99.

[2] 常崇宜. 论秘书参谋作用[J]. 秘书工作,1996（1）:27.

[3] 陈合宜. 秘书学[M]. 6版. 广州:暨南大学出版社,2010.

[4] 丁晓昌,冒志祥. 秘书学与秘书工作[M]. 苏州:苏州大学出版社,2002.

[5] 范立荣. 现代秘书工作手册[M]. 北京:首都经济贸易大学出版社,2012.

[6] 方国雄. 秘书参谋十论[J]. 秘书工作,1996（4）:23-24.

[7] 何青,何雯. 秘书参谋作用的再认识[J]. 攀枝花学院学报,2009（1）:34-35.

---

① 本案例源于网络并经作者加工整理。

[8] 张传禄，张泽金，胡伟. 守口如瓶[J]. 秘书工作，2014（8）：56-60.
[9] 胡伟，卢芳，赵修磊. 信息、文书与档案管理[M]. 北京：科学出版社，2010.
[10] 胡伟，潘雅雯，韩苗苗. 对2014年《国务院政府工作报告》语言的研究分析[J]. 秘书之友，2014（8）：40-43.
[11] 胡伟，邹秋珍. 演讲与口才[M]. 2版. 北京：清华大学出版社，2013.
[12] 胡伟，唐燕儿，温子勤. 应用文写作[M]. 北京：北京大学出版社，2014.
[13] 胡伟，张玉金. 成果导向型教学模式的开发、应用与推广[J]. 秘书之友，2008（11）：26.
[14] 贾凡. 秘书之职　重在参谋：浅谈秘书参谋职能[J]. 中国集体经济，2012（13）：139-140.
[15] 李桂凤. 秘书参谋的一般规律[J]. 秘书之友，2007（10）：7-9.
[16] 李明伦. 秘书参谋的时机与场合[J]. 秘书，2003（3）：7-8.
[17] 李善阶. 秘书参谋作用论析[J]. 秘书，1995（1）：12-13.
[18] 李玉福. 秘书参谋六忌[J]. 秘书之友，2007（5）：18-20.
[19] 李欣. 李欣文集[M]. 北京：高等教育出版社，2008.
[20] 刘君. 秘书参谋职能研究[D]. 广州：暨南大学，2013.
[21] 陆瑜芳. 秘书实务[M]. 上海：上海社会科学院出版社，2006.
[22] 孟庆荣，陈征澳. 秘书工作案例及分析[M]. 2版. 北京：清华大学出版社，2011.
[23] 钱世荣. 秘书参谋功能新论[J]. 长沙大学学报，1997（3）：44-47.
[24] 孙宗国，喻锦霞. 论秘书的参谋活动[J]. 现代商贸工业，2008（5）：60-61.
[25] 石咏琦. 做最得力的秘书[M]. 北京：北京大学出版社，2011.
[26] 史玉峤. 秘书素质与修养通论[M]. 北京：中国社会科学出版社，2011.
[27] 司徒允昌，陈家桢，张相平. 秘书学教程[M]. 上海：上海人民出版社，2009.
[28] 眭达明. 清朝秘书政治[M]. 济南：山东人民出版社，2013.
[29] 孙荣，杨蓓蕾，袁士祥. 秘书工作案例[M]. 上海：复旦大学出版社，2005.
[30] 谭一平. 我是职业秘书[M]. 北京：机械工业出版社，2008.
[31] 王怀志，郭政. 参谋助手论：为首长服务的艺术[M]. 西安：西北大学出版社，1994.
[32] 王茜. 田家英秘书工作研究：兼及预防党政秘书腐败[M]. 北京：知识产权出版社，2012.
[33] 王守福. 秘书参谋活动的一般规律[J]. 秘书工作，1996（3）：24-25.
[34] 王守福，董召伟. 好雨知时节：秘书参谋时机谈[J]. 秘书之友，1999（8）：4-7.
[35] 习近平. 摆脱贫困[M]. 福州：福建人民出版社，1990.
[36] 香港专业秘书学会. 职业秘书实务[M]. 北京：研究出版社，2010.
[37] 严华. 高级秘书与行政助理（第一辑）[M]. 广州：暨南大学出版社，2010.
[38] 严华. 高级秘书与行政助理（第二辑）[M]. 广州：暨南大学出版社，2012.
[39] 颜利平. 关于秘书工作的参谋职能的探讨[J]. 产业与科技论坛，2009（7）.
[40] 颜宇. 秘书参谋艺术的重要作用和意义[J]. 才智，2011（3）：194.
[41] 杨春雨. 秘书参谋的时机与场合的选择[J]. 秘书之友，2007（10）：15-16.

[42] 杨殿钟. 办公厅工作常见的 160 个问题与 114 个失误事例[M]. 北京：人民出版社，2010.

[43] 杨锋. 秘书工作案例与分析[M]. 广州：暨南大学出版社，2010.

[44] 杨树森. 秘书实务[M]. 北京：高等教育出版社，2011.

[45] 叶绿美. 论秘书与咨询机构参谋工作之异同[J]. 宁波大学学报（人文科学版），2000，13（1）：103-106.

[46] 余小清，王公年. 浅论秘书参谋在工作中的重要性[J]. 现代经济信息，2010（10）：191.

[47] 张南. 浅议秘书参谋的方法及其运用艺术[J]. 中国商界，2010（7）：262.

[48] 张清明. 秘书参谋职能概论[M]. 武汉：武汉大学出版社，2001.

[49] 张同钦. 秘书参谋职能概论[M]. 北京：光明日报出版社，2004.

[50] 赵燕. 秘书工作案例分析与拓展[M]. 北京：中国物资出版社，2011.

第十一章 团队管理与协作

第一节 秘书团队管理

一、如何打造高效秘书组织

（一）建设秘书组织文化

秘书组织文化即办公室文化，体现在办公室的定位、办公室的管理和服务特色、体制之中，以理想追求、价值观念、行为准则和道德规范表现出来，反映了秘书的精神。办公室文化包含着秘书人员的工作方式、生活方式、应变方式和风气习惯等，反映了办公室的作风，同时也体现在办公室制发的文件材料、办公室的环境布置和工作人员的服饰方面，反映了办公室的形象。

办公室文化是与办公室工作相伴而生的一种潜在的、活化的文化内容，它一经产生，又反过来对办公室全体人员的心理与行为产生全面持久的影响。它通过语言的、非语言的、象喻的、隐喻的潜在文化形式，对办公室工作人员及办公室管理和服务的对象产生一种经常性的、潜移默化的作用，使他们经常处于一种强烈的氛围之中，于不知不觉中接受陶冶和感染。同时，办公室文化又作为一种不成文的心理契约，对办公室工作人员的行为具有自然的约束力，规范着他们的行为。我们必须重视办公室文化的建设，充分认识加强办公室文化建设是一项以人为本的复杂工程，需要精心培育和长期建设，以及不断地创新。

办公室文化与办公室主任的个人风格和管理风格有很重要的关系，因此要培育优良的办公室文化，办公室负责人即办公室主任必须以身作则，创造并维护、弘扬一种优秀的秘书组织文化。首先，办公室主任要具有高尚的人格魅力，以自己的人格力量折服下属、领导、同事。其次，要形成一套能吸引人、管理人、激励人的管理风格，在充分调查分析每个工作人员的个性的基础上，最大限度地调动工作人员的劳动热情和聪明才智，做好办公室的各项工作。再次，要以发展的眼光和创新的意识把工作的立足点放在全局的高度，着眼于组织的长远发展，把全体工作人员对利益的认识统一到组织乃至社会的整体利益上，从而形成共同的价值观体系和精神，这是秘书组织文化建设的坚实基础；要让每一个秘书人员都能很好地意识到自己的责任；要创造机会让秘书人员与领导一起讨论问题、参与决策；要适当给秘书人员创造释放压力的环境，缓解他们的紧张情绪；要指导秘书人员做好职业生涯规划，给秘书人员创造更多的上升通道。最后，要塑造良好的办公室形象，要特别注重改善物质环境，保持干净整洁的办公环境、简单明了的办事程序、先进的办公手段、规范的文件材料、规范的职业着装等，同时，日程表、工作简讯、安排值班等定期完成的工作一定要做到准时高效。

总之，优秀的办公室文化应该是对外树立起创新、超前、高效的办公形象，对内创造出一种分工明确、团结协作、集思广益、奋发向上，能充分发挥每个工作人员能动性的工作和学习环境。

（二）制定秘书团队制度

在项目规模较小的时候，团队领导既要承担善于解决各种技术问题的技术专家的角色，又要通过传帮带的方式实现人管人；在项目规模较大的时候，团队领导必须通过立规矩、建标准来实现制度管人。

规章制度包含纪律条例、组织条例、财务条例、保密条例和奖惩制度等诸多方面。良好的规章制度应表现为执行者能感觉到规章制度的存在，但并不觉得规章制度是一种约束。

破窗理论认为，如果有人打破了一个建筑物的窗户玻璃，而这扇窗户又得不到及时的修理，别人就可能受到某些暗示性的纵容去打破更多的窗户玻璃。久而久之，这些破窗户就会给人造成一种无序的感觉。秘书团队的领导者是规章制度的制定者和监督者，更是遵守规章制度的表率，此外还应该及时制止下属违反规章制度的行为，否则就会滋生不良风气，影响组织的形象和工作效率。

（三）营造积极进取、团结向上的工作氛围

要营造积极进取、团结向上的工作氛围，办公室主任需要做到奖罚公正，对于工作成绩突出者一定要让其实现精神和物质的双丰收，对于出工不出力者要进行相应的处罚；要让每个成员都承担一定的压力，不能凡事大包大揽，成为"所有的苦，所有的累，我都独自承担"的典型，办公室主任越轻松，说明管理得越到位。另外，在生活中，办公室主任需要多关心和照顾成员，让大家都能感受到团队的温暖。

二、如何做好办公室领导工作

（一）办公室领导工作的作用

（1）指挥作用。办公室主任有责任指导组织各项活动的开展，帮助秘书人员认清形势，明确目标和实现目标的途径。

（2）激励作用。秘书人员遇到挫折和限制时，办公室主任需要引导、鼓励，激发下属的事业心、忠诚和献身精神，强化其进取心和工作动力。

（3）协调作用。由于个性不同和外部环境因素的干扰，组织成员在思想和行动上不可避免地会产生分歧，办公室主任需要协调好组织成员间的关系，共同完成组织目标。

（二）办公室领导工作的内容

1. 正确处理好各种关系

办公室主任要正确处理好各种关系，加强团结，促进协作。首先，办公室主任要处理好秘书团队与领导之间的关系，做好服务工作，积极发挥组织协调的作用，努力维护领导

班子的团结，在领导间传达信息时，不可断章取义，也不可带有情绪；其次，要处理好决策部门与执行部门的关系，认真开展督查工作，确保决策意图得到正确的贯彻落实；最后，要处理好本部门与基层部门之间的关系，既不能把本部门利益置于其他部门之上，又不能厚此薄彼，在不同部门之间制造隔阂。

2. 自觉维护领导的权威

办公室部门是领导与基层之间的枢纽，代表着领导班子的形象，作为该部门的领导，办公室主任要自觉维护领导的权威，并将这种思想贯穿于秘书工作中。首先，要正确领会领导的意图，准确传达决策信息，坚决执行各项方针政策，做到令行禁止；其次，要依法办事，不得向基层单位提出超过他们职责范围的要求，不可过分"关照"领导的私事；最后，要加强对秘书人员的管理，防止"打着旗号办事"等不正之风出现，把秘书的"隐性权力"控制在其职责范围之内。

3. 全面掌握各种信息

科学的决策离不开客观全面的信息，作为领导的助手和领导班子的成员，办公室主任需要树立"角色意识"，把自己摆到"领导"的位置，从全局的角度把握和思考问题，要特别关注社会、组织和员工等多方面的信息，及时收集、整理有价值的、重要的信息，为领导决策服务。此外，办公室主任还要积极发挥"补偿功能"，围绕领导班子当前的主要任务，有重点、有目的地开展信息工作，并整合各方面的意见建议，适时提出参考建议，辅助到关键处、服务到点子上。

4. 提前做好各项准备

办公室工作非常琐碎，高效率工作的前提是做好充分的准备工作。办公室主任要强化工作的前瞻性和预见性，做到超前谋划、及早安排，不能总是被动应对。要按照工作部署和领导的思路积极主动地去想、去做、去实施，在方方面面做到思考在前、服务在前、落实在前，这样才能创造性地完成各项工作任务。

5. 及时总结经验教训

办公室主任要善于在工作完成之后认真回顾全过程，研讨工作规律、得失体会及问题成因，及时总结经验，相互交流看法，共同吸取教训，从整体上提升办公室的工作水平。

6. 不断加强业务学习

办公室主任要用发展的眼光看待工作，要不断完善知识结构，既要学习现代科学理论，熟悉前沿知识和办公室业务知识，又要掌握现代工作技能和谋事处事的本领，通过自身不懈的学习实践，汲取他人的工作经验为己所用，脚踏实地地勤奋工作，不断挖掘自己的潜能，为组织和社会做出应有的贡献。

第二节 团队协作

团队协作包括两方面内容，即协调和合作。

一、协调

（一）协调的含义

协调是使一个组织中所有单位的活动同步化、和谐化，以达成组织目标的重要管理职能。从管理学角度看，协调是指管理者从系统整体利益出发，运用各种手段，正确妥善地处理系统之间、人员之间的各种关系，为实现系统目标而共同奋斗的一种管理职能。

（二）协调的原则

（1）从属性原则。秘书协调工作是一种非权力性的受权协调，只针对上级领导和领导机关交办的协调事项。领导没有交办的事项，秘书部门可提出建议，待批准后再采取行动，但不能先斩后奏。

（2）及时性原则。在重大决策贯彻前、重大会议召开前、重要活动开展前，秘书要始终坚持超前调查，提前介入。例如，发现群众因存款被骗、作案人外逃而有集体上访的苗头时，一方面应做好群众工作，另一方面应协调法院提前介入、快速审理，并组织公安局、司法局和信用社共同配合。

（3）分层负责原则。该由哪一层级协调就由哪一层级负责协调，不要上移矛盾，也不要越权协调。

（4）原则性与灵活性相结合原则。按政策办事的同时灵活处理。

（5）全局性原则。对各种影响因素进行科学分析，进而通过个体优化的组合，形成整体优势，取得整体的理想效益。

（6）调研原则。通过调研掌握事实，方可正确协调。

（三）协调的形式

（1）领导小组协调。领导小组是一种议事协调机构，一般由组长、副组长、组员和办公室组成，其中，组长和副组长由权力层级较高的领导担任。成立领导小组的目的是打破部门利益，统一配置资源。

（2）项目协调。例如整治江堤项目，市委秘书部门可召集水利、林业、航运、航道、财政等有关部门参与。

（3）工作计划协调。在各部门初步拟定工作计划，交送领导审定之前，秘书部门应会同有关部门，对其中需做协调的问题，逐一准备好协调意见，以供领导审定。

（4）公文协调。公文协调包括草拟文稿的协调、发文的协调以及文字和公文规范的协调。

（5）会议协调。这是指对会议的时间、地点和出席列席人员的协调，会议议题的协调，会议纪要的协调，决定事项的协调，以及决策协调。

（四）常用的协调方法

1. 沟通协调法

管理过程中出现矛盾，多数是因为信息沟通不畅或信息传递中出现某种干扰。秘书虽不具有解决问题的强制权力和支配权力，但具有枢纽职能，通过及时传递真实全面的信息，促进彼此相互沟通，即可消除隔阂或误会，解决矛盾，恢复协调状态。

2. 变通协调法

若矛盾双方在非原则问题上各执一词，使矛盾激化，引起失调，秘书可采取变通协调方法。具体应注意：一要肯定有关各方所坚持的看法和观点中的合理部分，淡化各方的对立情绪，使其在心理上得到满足。二要避开差异之处，提出一个令各方都可以接受的协调方法，强化各方的认同感。三要强调变通协调方法对各方都有利，事业的整体利益需要各方的协调配合，促使各方接受变通协调方法。

3. 融合协调法

对于因局部的权利冲突和利益冲突而引起的各方在整体配合上的失调，可采用融合协调法。协调此类问题应注意：一要从失调问题中的相关因素入手，将其中的共同之处、相容之处与差异之处、对立之处分开。二要强调整体目标、整体利益的重要性，使各方都充分认识到配合失调对整体是极为不利的。三要在各方相同、相近或相容的基础上，提出一个令各方都可以接受的协调方案，对差异之处以有关政策法规为依据，采取灵活、折中的方法加以处理。

4. 政策法规协调法

实践中，有一些失调现象是由于理解或执行有关政策、法规时出现偏差造成的，秘书受命处理此类失调问题时应注意：一要了解失调现象是由于对哪些政策法规的理解或执行的偏差造成的。二要全面理解有关政策法规，准确把握其精神实质，并对照失调现象具体分析在哪些方面出现了偏差。三要让有关各方一起学习相关的政策法规，提高认识水平。四要在提高认识的基础之上，统一认识，共同研究，遵照政策法规研究出恢复协调配合的具体办法。

二、合作

合作是指个人与个人、群体与群体之间为达到共同目的，彼此相互配合的一种联合行动。它并不是合作者之间的简单组合，而是需要个体或群体之间相互配合、相互支持。如今，合作在人们的生活、工作和学习中发挥着越来越重要的作用。

要提高合作能力须抓住以下几个重点。

1. 理解合作目标

合作任务要明确，合作目标要清晰，在共同目标之下，每个人有自己的任务与目标，大家拧成一股绳，心往一处想，劲往一处使，才能形成团队合力，达成合作目标。

2. 明确职业角色

在合作过程中，为了完成共同的合作目标，个体必须接受安排并认同自己要扮演的角色，摆正自己的位置，避免角色错位。

3. 明确工作任务

最好以适宜的沟通方式征求合作者对于合作计划的意见和建议，经过多次磨合，帮助他们明确自己的工作任务。工作任务要具体可行，对一项任务量很庞大的工作来说，可以将其分解成多项具体任务，最好用文字的形式确定每个人的任务与责任，这样更有利于工作的执行。

4. 激发工作热情

与人合作时，要学会激发自己与合作者的工作热情，多发现合作者的优点，用赞扬的方式激励他人。

5. 培养信任感

（1）开诚布公地让合作者充分了解合作信息。

（2）在进行决策或分配奖励时保证客观公平、不偏不向。

（3）忠诚于团队，维护团队的利益，用言语和行动支持工作团队。

（4）保密，不泄露合作信息。

（5）与人合作时，通过自身的技术和专业才能以及良好的商业意识引起他人的仰慕并培养信任感。

6. 消除消极因素

对于团队中存在的"不做事却多事"的"害群之马"，要从大局出发，将其清除出团队，也可以采取限制其行动的办法，或者采取"冷处理"的方式，对其置之不理，使多事的人感到无趣。

7. 遵守合作承诺

与人合作时，答应他人的事情一定要履行承诺，做到最好。

8. 分享合作成果

在分享合作成果时，要考虑到合作的长远发展，确保那些起关键作用的人得到激励，尽量实行"多劳多得，少劳少得"的分配制度。

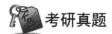 考研真题

本章参考文献

[1] 达夫特. 管理学[M]. 北京：机械工业出版社，2005.

[2] 陈洪安. 管理学原理[M]. 上海：华东理工大学出版社，2006.

[3] 戴春绿. 管理学基础[M]. 哈尔滨：黑龙江科学技术出版社，2006.

[4] 邓丽明. 管理基础[M]. 北京：高等教育出版社，2003.

[5] 胡伟. 管理学[M]. 北京：化学工业出版社，2009.

[6] 胡伟. 现代企业管理[M]. 北京：化学工业出版社，2009.
[7] 胡伟，郑雅君. 秘书实务[M]. 北京：北京师范大学出版社，2016.
[8] 李锋. 理学基础[M]. 北京：中国纺织出版社，2007.
[9] 阚雅玲，朱权，游美琴. 管理基础与实务[M]. 北京：机械工业出版社，2008.
[10] 单凤儒. 管理学基础[M]. 北京：高等教育出版社，2004.
[11] 尤群. 现代管理学[M]. 杭州：浙江大学出版社，2003.
[12] 尤建新. 高级管理学[M]. 上海：同济大学出版社，2008.
[13] 余江，张光辉. 管理学原理[M]. 北京：中国人民大学出版社，2004.
[14] 周志春，孙玮林. 管理学[M]. 杭州：浙江大学出版社，2004.